L'HOMME DE SABLE

CATHERINE TERNYNCK

L'HOMME DE SABLE

Pourquoi l'individualisme nous rend malades

ÉDITIONS DU SEUIL
*25, bd Romain-Rolland, Paris XIVe*

ISBN 978-2-02-097940-5

www.seuil.com

À mes filles, Stéphanie, Juliette, Capucine

Ah, certes, l'aventure individualiste se révèle plus risquée que nous ne pouvions l'imaginer ! L'individu n'est plus seulement fragilisé ou désemparé ; sa consistance secrète est en question. Les anxiétés nouvelles, telles que peuvent aujourd'hui les entendre tous les praticiens à l'écoute de la souffrance humaine – psychiatres, psychanalystes, médecins généralistes –, ne concernent plus seulement la précarité sociale. La peur confuse qui s'exprime dans le secret des cabinets médicaux tourne autour des questions de filiation, d'identité personnelle, d'inscription généalogique. L'individu contemporain sent possiblement menacée une part essentielle de lui-même qu'il a du mal à définir. Qu'est-ce au juste qu'un être humain ?

Jean-Claude Guillebaud,
La Refondation du monde (Seuil, 1999)

C'est pourquoi, quand le citoyen-écologiste prétend poser la question la plus dérangeante en demandant : « Quel monde allons-nous laisser à nos enfants ? », il évite de poser cette autre question, réellement inquiétante : « À quels enfants allons-nous laisser le monde ? »

Jaime Semprun, *L'Abîme se repeuple*
(L'Encyclopédie des nuisances, 1997)

Introduction

L'humain sans humus

J'ai d'abord pensé à un vice de fond. Ces hommes-là étaient modelés d'une étrange façon, mal posés sur leurs bases, flexibles, tourmentés. Cela devait tenir à leur histoire passée… Sans doute portait-on sa vie comme on s'était ancré au départ. Mais d'autres leur succédèrent et l'impression se renforçait. Cette faiblesse des racines ne cessait de m'intriguer.

Il a fallu des années pour que je me rende à l'évidence. Le sol s'était appauvri, anémié. Il devenait friable, inconsistant. Il se dérobait sous les pas. Le sol humain se vidait de son humus. Il virait au sable.

Nous étions en train de devenir des hommes de sable…

Celui qui s'adresse à un psychanalyste dit toujours quelque chose de l'époque dans laquelle il vit. De son côté, l'époque ne cesse de vouloir se faire entendre à travers l'homme qui s'exprime. Dans chaque rencontre, chaque histoire racontée, chaque tourment de vie, j'entendais, presque inaudible, la même question inquiète : à quoi se tenir ? Sans la terre comme appui, où prendre racine ? Sans ancrage, y a-t-il encore un trajet possible ?

Accepter de telles questions, c'était déjà pressentir que les grands équilibres nécessaires au maintien de l'humain étaient menacés. Nous avons cru que les réserves seraient infinies. Nous avons exploité les mines, dilapidé les gisements, puisé indéfiniment. Jusqu'où le sol allait-il se laisser ainsi attaquer ? Que resterait-il de ce qui constituait sa richesse, cet humus patiemment déposé au cours des siècles, cette mémoire collective lentement décomposée, cette pourriture féconde d'où germe la vie ? Que resterait-il de notre culture ? Il fallait réagir, mais comment fortifier ce sol trop pauvre ? Comment fertiliser l'« humus humain »[1] ?

Longtemps je me reprochais mon inquiétude : est-ce que je ne m'alarmais pas exagérément ? Avec l'âge ne devient-on pas trop sensible à la fragilité du monde ? Mais j'avais beau les écarter, ses pensées insistaient. Il m'apparaissait de plus en plus clairement que nous avions dérangé l'ordre du monde, brisé ce qui était jusqu'alors lié, cassé les cycles de vie.

La terre s'ensauvageait. Les ressources naturelles s'épuisaient. Les puits étaient creux et de plus en plus profonds. Le temps lui-même s'affolait. Notre humanité surchauffée respirait mal. Je finis par acquérir l'intime conviction d'une menace imprécise et majeure. Comme certaines civilisations se sont laissé endormir sous les sables de l'oubli, nous pouvions disparaître.

On nous exhortait de tous côtés à sauver la planète. Ne devait-on pas, dans la même urgence, venir au secours de l'humain ? Si l'air devait rester pur, si l'herbe devait rester verte, ne fallait-il pas aussi que le monde des humains reste habitable ? Que faisait-on de la terre des hommes ?

Dans ce clair-obscur, l'homme de sable a pris forme. Longtemps, dans l'espace quotidien des rencontres analytiques, il va et il vient. Il se dégage de l'imbroglio des vies et des histoires qu'il m'est demandé d'écouter. Il apparaît puis s'efface, comme s'il savait, déjà, qu'il y avait un certain risque à se révéler. Il est donc, au départ, un homme ordinaire. Un homme qui, pour des raisons très variables, me prend

1. « L'humus humain » est une expression utilisée par Lacan : « Le savoir pour Freud désignait l'inconscient. C'est ce qu'invente l'humus humain pour sa pérennité d'une génération à une autre. » Jacques Lacan, « Note italienne » (1973), in *Autres Écrits*, Paris, Seuil, 2001, p. 311.

à témoin de sa vie, me demande d'entendre certains tourments, de l'éclairer face à certains choix, de le soutenir à travers certaines épreuves.

Avec le temps, cette silhouette évanescente, alternativement présente et éclipsée, me devient familière. Cet homme aux contours flottants n'en finit pas de vouloir se définir. Il m'arrive de le sentir très proche et, à d'autres moments, éloigné, en des lieux que je ne peux rejoindre. Je le reconnais par l'atmosphère bruissante qui l'habite ; il m'échappe par l'énigme qui le constitue. Qui est-il ? Dans quelle étrange matière s'est-il modelé ? De quel désir est-il habité ?

L'homme de sable n'est donc pas une personne réelle mais une figure lentement agrégée au fil des rencontres et d'une pratique exercée. Il est une fiction issue de mon écoute analytique, formée à partir de confidences déposées, de tourments vécus, de conflits mis en scène et d'impressions initialement disparates. Il est une condensation de vies et d'humeurs.

Longtemps, j'ai cherché en lui une cohérence, une logique de l'être. Plus je m'obstinais, plus l'intelligibilité se refusait, toujours prête à se brouiller ou à se contredire. Je compris que je faisais fausse route. L'être humain n'est pas réductible à la compréhension que l'on cherche à en avoir. Pas plus qu'il ne l'est à une histoire, un statut ou un caractère.

La figure insaisissable vers laquelle je me tendais était pétrie de contradictions, rugueuse et pourtant aimable, libre mais contrainte, idéaliste quoique terriblement matérialiste. Sauvage par certains aspects, très civilisée par d'autres. Effrontée et étonnamment fragile sous la cuirasse.

Un seul aspect se détachait de cet ensemble contrasté. C'était l'impression d'une lassitude. Je sentais bien que cet homme-là avait du mal à porter sa vie. Il semblait avoir perdu sa capacité d'étonnement. Constamment, il doutait du trajet et du sens. Il était en appel de reconnaissance, en besoin de réassurance. En l'écoutant, il m'arrivait de penser que l'humanité est une très vieille personne.

Une fiction est toujours fragile. L'homme de sable aurait pu se laisser oublier. À mon étonnement, à mesure que je le côtoyais, il trouvait une force croissante. Je me prenais de sympathie pour ce personnage incertain. Je m'habituais à suivre ses tracés de vie sans cesse brisés et redessinés. Il m'arrivait de m'attendrir de son être mal agrégé, toujours inachevé. Lui, de son côté, semblait vouloir me désigner des dangers dont l'imminence lui était perceptible.

À ses côtés, j'acceptais de me rendre vers ces lieux endommagés par l'individualisme avancé, des espaces où les fondements humains étaient en difficulté.

Je rencontrais un monde où le souci de soi avait créé d'étranges solitudes (chapitre 2) puis, un peu plus loin, un autre, aussi déconcertant, sur lequel régnait un enfant enchanteur et menacé (chapitre 3). Je traversais des espaces désertiques où la matière pèse si lourd qu'elle en effraye l'esprit (chapitre 4). Je marchais sur la crête étroite du temps, craignant à chaque pas qu'il ne s'écroule sur l'instant et ne refuse, un peu plus, de porter la transmission (chapitre 5). Je me laissais guider vers des terres sauvages où l'autorité s'exerce mal et où il est devenu difficile de mener le petit à hauteur d'homme (chapitre 6). Je m'arrêtais un moment, grisée par l'irrésistible appel des mères (chapitre 7), puis j'acceptais de me laisser porter par les eaux invisibles et silencieuses de la filiation (chapitre 8). Enfin, parce que chuchotait encore le vieux rêve, je me suis mise en quête de cet introuvable jardin où, dit-on, tout est innocence (chapitre 9).

Ainsi, avons-nous marché ensemble de longues années, souvent à tâtons, parfois en myope, attentifs au monde nouveau que nous traversions, animés par une même volonté de le penser et de le comprendre.

L'homme de sable est l'homme d'un itinéraire. Il est le témoin d'une humanité qui cherche la passe, qui tente de se frayer un passage. Il est une figure d'achèvement mais aussi d'émergence. Il est à l'entre-deux-mondes, au remplacement d'une culture par une autre.

À cet itinéraire qui est une aventure de l'esprit, j'invite le lecteur. Je parlerai d'un espace psychanalytique longuement foulé. Je ne m'adresse pas seulement au spécialiste mais à l'homme curieux, et peut-être soucieux, de son époque.

À tout récit de vie se mêle la rumeur du monde. Écouter l'un, c'est inévitablement entendre l'autre. Je m'apprête donc à varier les prises de vue, à passer de l'homme à la culture et de la culture à l'homme. Je regarderai le paysage d'en haut ou d'en bas, de loin ou de près. J'ai l'espoir que ces regards croisés puissent s'éclairer mutuellement.

I

Des hommes à la tête lourde

D'où vient cette étrange fatigue ?

Le ciel était trop bas, le monde trop étroit. Nous rêvions de grands espaces, d'une fraternité sans père, d'une éducation sans maître, d'une terre sans mémoire... Nous serions artisans de nos vies, bâtisseurs, maîtres d'œuvre. L'utopie était de taille, la déconvenue fut à sa mesure : tout n'était pas possible, tout ne pouvait être permis.
Je suis l'homme de ce désenchantement. Je me découvre inquiet, fatigué d'avoir à me porter. Ce que j'apprends, c'est que le vide pèse.

Récemment, un homme d'âge mûr, au regard un peu éteint, à l'allure courbée, formulait une demande de psychanalyse de la façon suivante : « J'aimerais seulement trouver un lieu où poser ma tête. » Cette entrée en matière était en elle-même significative. L'homme d'aujourd'hui, cet homme qui pense beaucoup, qui décide sa vie et l'organise, est un homme à la tête lourde, un homme psychiquement fatigué.

Le constat déborde largement le périmètre étroit de la psychopathologie. L'idée de fatigue psychique traverse l'espace du travail, celui de la famille, de l'école et de la santé, à tel point qu'elle est indissociable de notre société contemporaine. Toute une culture semble gagnée à ces humeurs de sable que sont la morosité, l'inquiétude, le doute, le désœuvrement. Nous vivons dans une « société du malaise », dit

Alain Ehrenberg[1]. Certains psychanalystes parlent de « mélancolisation du sujet postmoderne »[2]. Le philosophe Christian Godin va même jusqu'à envisager l'idée d'une humanité qui s'acheminerait vers la mort parce qu'elle n'a plus la volonté de continuer : « L'humanité est en train de perdre collectivement, universellement, le désir de vivre. Une dépréciation de soi sans pareille, à l'échelle mondiale, emporte l'espèce humaine[3]. »

Pour comprendre cette menace d'épuisement au-dessus de nos têtes et de nos vies, il faut en cerner l'origine.

Chemins des dieux

Progressivement, vers le milieu du XXe siècle, dans un univers charpenté à l'extrême, se lève un souffle nouveau. Il n'est au départ qu'un peu d'air frais. Sur son passage naissent des questions nouvelles : serait-il possible de reculer les limites, de bousculer les interdits, de se dégager des contraintes ? Existerait-il un art de vivre plus libre, plus léger ? Y aurait-il d'autres façons de concevoir l'existence ?

C'est tout un système de valeurs traditionnelles, structuré autour d'une transmission verticale, qui se fissure. L'idée d'une hiérarchie commence à blesser les esprits. Pourquoi l'autorité viendrait-elle d'en haut ? Le ciel est-il habité ? Y a-t-il encore quelque chose à espérer du côté des maîtres et des pères ?

Avec ces questions nouvelles, le doute se propage dans le vieux monde. Ce qui jusqu'alors était évident, soudain, ne l'est plus. On assiste à un effacement des générations,

1. Alain Ehrenberg, *La Société du malaise*, Paris, Odile Jacob, 2010.
2. Serge Lesourd, « La mélancolisation du sujet postmoderne ou la disparition de l'Autre », *Cliniques méditerranéennes*, n° 275, 2007, p. 13-26.
3. Christian Godin, *La Fin de l'humanité*, Seyssel, Champ Vallon, 2003, p. 216-217.

des sexes, des cultures. On se met à parler d'épanouissement personnel, de bien-être, de libération. À mesure que les interdits cèdent, que les lois s'effondrent, que les valeurs traditionnelles se perdent, un homme nouveau se dresse. Avec l'étonnement de ce qui vient au monde, il se déploie. Nous sommes dans les années 1970.

À cette période de prospérité économique, les terres sont nourricières, les logiques économiques montent en puissance. Sous l'impulsion conjuguée d'une invitation croissante à consommer et de la libération des mœurs, les modalités d'existence se modifient. Les femmes maîtrisent leur procréation et s'engagent vers la cité. Le phénomène du « démariage » se généralise. Entre ruptures et recompositions, la famille apprend à s'organiser autour d'une parenté variable.

Dans l'histoire de l'Occident, la mutation est sans précédent. Elle tient à la conjugaison d'une idéologie libertaire, d'une inflation consumériste et d'une avancée extrêmement rapide des technosciences, c'est-à-dire à la rencontre totalement inédite du permis et du possible. L'homme des années 1970, cet homme aux pieds ailés qui foule à grandes enjambées l'existence, est un homme prêt à jouir des bénéfices de la liberté, sans souffrir aucun de ses inconvénients.

Mais ce temps des insouciances n'est pas fait pour durer. Ce que chacun comprend progressivement, c'est que s'épanouir ne suffit pas à s'accomplir. Ainsi s'est graduellement opéré le glissement d'une liberté d'indépendance à une liberté d'autonomie. Quand la première jouit de s'émanciper : « Tu peux... », la seconde invite à se réaliser. Toujours plus : « Puisque tu peux, sache que tu dois... »

L'espace des libertés nouvelles devient le lieu d'une construction de vie, d'une trajectoire personnelle. À chacun d'être « son propre projet »[1], de décider celui qu'il veut être, d'assumer ses choix à partir des règles qu'il s'est fixées.

1. Jean-Paul Sartre, *L'Être et le Néant*, Paris, Gallimard, 1980 [1943].

Il s'agit de faire de l'existence une œuvre, la plus belle, la plus cohérente, la mieux réussie possible. Autour de ce vœu progressivement intériorisé naît l'individu « maître d'œuvre ». « Je suis l'auteur de ce que je suis. Et ce que je suis, je ne le dois qu'à moi-même… », dirait ce *self-made man* interrogé sur son existence. « … Je suis l'artisan de ma vie, l'architecte de ma personne, le forgeron de mon être. Je suis auto-entrepreneur. Tout est à construire, à vouloir, à fabriquer. Brique après brique. »

Ce qui s'impose à toute une génération, c'est de devenir sa propre référence. « *I, me and myself…* » Le seul contrat sera passé avec soi-même, ou plus exactement avec l'idéal de soi-même, dont découle une obligation, toujours plus grande, à s'auto-fonder, à s'auto-inventer, à s'auto-construire, à s'auto-dépasser.

L'invitation ambiante est de tenir la trajectoire, de développer ses talents, de se donner les moyens de les réaliser. « On doit réussir sa vie comme on réussit son régime, remarque la philosophe Michela Marzano. On doit réussir ses enfants comme on réussit ses vacances. On doit réussir son couple comme on réussit une sauce[1]. »

Pour réussir sa vie, il faut le vouloir. Le temps n'est plus aux vœux mais à la volonté. Que chacun soit acteur de sa propre réussite. « Va de l'avant, fais-toi confiance », dit-on à l'enfant. « Donne-toi les moyens, crois en toi », répète-t-on à l'adolescent qui pourrait douter. « Si tu veux, tu peux. Tu peux encore. Tu peux plus. Toujours plus. » Compétence, excellence, performance hantent les esprits. À ce prix, « n'importe qui peut désormais devenir quelqu'un[2] ».

Autour de cette exigence de réalisation personnelle très

1. Michela Marzano, *Extension du domaine de la manipulation*, Paris, Grasset, 2008, p. 183.

2. Le sociologue Alain Ehrenberg aborde cette question, à partir du phénomène de la compétition sportive, dans *Le Culte de la performance*, Paris, Calmann-Lévy, 1991 ; rééd. Hachette Littératures, « Pluriel », 2008.

médiatisée, les techniques se multiplient, les experts se mobilisent, les marchands prolifèrent. La psychothérapie n'est plus seulement une méthode, elle devient une véritable « conception du monde ». C'est la thèse, reprise par Alain Ehrenberg, du sociologue Philip Rieff, qui présente, dès 1966, le point de bascule à partir duquel l'autorité du thérapeute s'impose en relais à celle des institutions traditionnelles[1].

Dans ce type de construction de soi permanente, la réflexivité s'impose. Louis Roussel note que, dans les sociétés traditionnelles, les normes très consensuelles dictaient les conduites, épargnant à chacun d'avoir à penser sa vie. Sauf destin extraordinaire, celle-ci était une histoire écrite par avance. Avec la montée de l'individualisme, l'effacement des références laisse place à un large débat sur ce qu'il est bon et moins bon de faire[2]. La liberté ambiante contraint toute personne à se définir au cœur d'un imbroglio de repères confus, de lois qui se contredisent, de messages épars : si c'est possible, est-ce permis ? Si c'est possible et permis, est-ce bon pour moi ? Est-ce que je veux ? Comment envisager les conséquences de ce que je décide ? Ici s'ouvrent les abîmes du doute, du tourment et de l'anxiété. Il n'est plus possible de vivre sa vie sans avoir à la penser, sans s'exercer dans différents domaines à un constant travail de discernement et de clairvoyance. Nous vivons dans une « société psychiquement épuisante pour les individus », constate Marcel Gauchet : « Nous sommes voués à vivre désormais à nu et dans l'angoisse, ce qui nous fut plus ou moins épargné depuis le début de l'aventure humaine, par la grâce des dieux[3]. »

D'où, sans doute, cette préoccupation obsédante du sens. Jusqu'alors, celui-ci était collectivement donné par une

1. Philip Rieff, *The Triumph of Therapeutic*, Chicago, University of Chicago Press, 1966 ; rééd. 1987.

2. Louis Roussel, *La Famille incertaine*, Paris, Odile Jacob, 1989.

3. Marcel Gauchet, *Le Désenchantement du monde*, Paris, Gallimard, 1985, p. 302.

culture judéo-chrétienne, pour laquelle l'idée de transcendance représente le sens suprême. Il y avait une vie et puis une autre, après la vie. Il y avait un temps de l'âme après celui du corps. Un paradis à mériter, un salut à chercher, pour certains des êtres chers à retrouver...

Mais ce sens, si puissant qu'il suffisait, à lui seul, à orienter toute l'existence, à en ordonner les séquences et les rites, cesse progressivement de s'imposer comme une évidence. Il n'escorte plus les enfances, ni les vies. Et ce sens éclipsé, il va falloir le chercher ailleurs, le débusquer dans l'immanence et le quotidien... Privé de repères ontologiques, l'individu devient avide de repères existentiels : « Qu'est-ce qui pourrait donner sens à mon travail, à mon couple, à mon histoire ? » se demande-t-il sans cesse. « Où va le chemin ? Comment identifier l'objet de ma quête ? » Ce qui justifie la vie terrestre, n'est-ce pas le bonheur ? Et dans cette même logique latente où tout dépend de soi, il appartient à chacun de le vouloir, d'en faire son mot d'ordre : « Débrouille-toi comme tu veux, mais sois heureux ! »

Face à cette liberté qui oblige, l'homme-individu se charge donc progressivement de lui-même. Jadis, la figure du destin pouvait tempérer les relations humaines et les préserver d'une surcharge de responsabilité. À défaut de pouvoir, il fallait bien accepter. À défaut de comprendre, il fallait bien consentir. Mais lorsque tout relève de la décision, il n'y a plus de place pour le destin. Il n'y a plus de tolérance pour l'aléatoire. Face aux épreuves et aux difficultés de la vie, il n'est plus possible de s'en tenir à la seule commodité de la malchance, à la naïveté de la providence, à la faiblesse de l'espérance. Dans ce qui lui arrive, chacun perçoit l'espace de sa responsabilité et se pose la question de sa participation involontaire : aurait-il contribué à cet échec ou à cet accident ? Aurait-il pu l'éviter ? Jusqu'à quel point en est-il responsable ?

Ainsi l'homme occidental traverse-t-il le dernier tiers du

XXe siècle sans mémoire ni héritage, dans un monde où la compétition s'accroît, où les habitudes de consommation se généralisent, où les technologies s'emballent. Homme à la nuque raide, musclé de volonté, hanté par l'obsédant murmure de sa conscience : « Individu, que fais-tu de toi-même ? »

Chemins de sable

Sous le velours des plaisirs et des libertés, une poigne invisible se resserre pourtant. Insensiblement, par petites touches. Ce qui est étonnant, c'est que l'homme tarde à en prendre conscience. De plus en plus tendu vers son propre idéal, il refuse l'idée qu'il n'est pas libre. Encore grisé de s'être affranchi des lois, des croyances et des tutelles, il se laisse saisir par une culture de plus en plus exigeante, compétitive et normative. Il ne prend pas la mesure des contraintes qu'il s'impose, des servitudes qui le modèlent en sous-main. Aveuglément, croyant agir pour son bien-être, il se laisse asservir par ses propres exigences.

Ainsi marche-t-il vers le siècle nouveau, courbé sous le poids d'une charge invisible. Désormais, tout repose sur lui. Face à la nécessité d'autoréférence intériorisée, il se trouve contraint de décider, de choisir, de vouloir et de réinventer. Par tâtonnements, essais et erreurs, il cherche un savoir-faire, une compétence. Il ne peut compter que sur ses capacités personnelles, sa subjectivité et son discernement. Il n'est plus l'homme ailé d'autrefois. Il n'est plus l'homme à la nuque raide. Il est devenu un homme à tout faire. Il se courbe, il se fatigue, il s'inquiète. À ceux qui sont là pour l'écouter, il peut bien l'avouer : il est habité d'une profonde désillusion. L'ouverture au grand monde devait l'exalter…, il a du mal à en suivre la cadence et la mobilité. La consommation devait lui apporter le bonheur…, il se découvre, insatisfait, *addict* au grand marché qui promet toujours plus, toujours mieux. Le savoir technologique allait faire de lui le maître du vivant..., il s'aperçoit que ce savoir pose des questions nouvelles auxquelles il ne sait pas répondre.

Quand se font sentir les premiers signes du malaise, la déconstruction culturelle est largement engagée. Depuis plusieurs décennies, le monde occidental vide sa mémoire comme il le ferait de ses greniers. Il jette aux encombrants et balaye devant ses portes. Ainsi a-t-il grandement dilapidé l'héritage, persuadé que le neuf suppléerait à l'ancien, que le bien-être du grand marché et les promesses de la technologie suffiraient à le rendre heureux. Tout ce qui, dans cette allégresse libertaire, fut ainsi dégagé se révèle progressivement manquant. Aujourd'hui, il n'y a plus grand-chose qui fasse sol. Or, sans un appui suffisant de valeurs, de croyances, d'idéaux partagés, à quoi tenir ? Où se fonder ?

Si, comme plusieurs générations de psychanalystes le pensèrent, le malaise du XIXe siècle pouvait être lié à un excès de civilisation, le malaise de la seconde partie du XXe siècle émerge des ruines de celle-ci.

Ce que l'homme-individu découvre, c'est que le vide pèse. Sans le soutien d'une culture, le vide ontologique est insoutenable pour un seul être humain. Mais cette vérité n'est, pour lui, pas pensable. Ce qu'il en devine confusément se résume à ce qu'il éprouve. Et ce qu'il éprouve, c'est l'écart croissant entre la charge qui pèse sur lui et les capacités dont il dispose pour la supporter. C'est l'impression difficilement partageable de vivre au-dessus de ses moyens psychiques. Là ne s'arrête pas son intuition. Ce qu'il perçoit aussi, avec une acuité nouvelle, c'est sa propre implication dans la déconstruction : « Je me suis trouvé enrôlé, malgré moi, dans un désastre auquel j'ai participé sans le savoir », pourrait-il dire. « Me voilà privé de ce que j'ai moi-même rejeté, carencé de ce que j'ai refusé. À qui puis-je en vouloir ?

À moi-même, "*mere player*"[1], pauvre marionnette, ou à ceux, invisibles, qui actionnèrent les fils ? Aujourd'hui, que me reste-t-il ? Comment marcher dans une culture si peu, si mal portante ? »

Derrière cette fatigue culturelle, il faudrait donc reconnaître la charge d'un énorme ressentiment, les accents d'une colère doublée de mauvaise conscience qui n'arriverait pas à se dire. Le deuil d'une espérance n'est jamais indemne de dépit. À l'épreuve de la réalité, le grand rêve n'a pas tenu. Nous sommes confrontés à la violence de la lucidité rétrospective : non, tout n'est pas possible ; tout ne peut être permis[2]. Pourrions-nous nous mépriser de ne pas rejoindre l'idéal dont nous avions rêvé ? L'homme pourrait-il vouloir se venger d'un monde qui ne s'est pas plié à ses volontés ? interroge Chantal Delsol[3]. Dans ce cas, faut-il encore sauver l'utopie ou y renoncer ? Y renoncer, n'est-ce pas prendre le risque de nous enfoncer un peu plus dans le « désêtre » ? Comment sortir de l'impasse ?

Nous sommes passés de l'espoir d'un monde meilleur à la volonté de construire le meilleur des mondes pour nous rendre à l'évidence que notre individualisme, libéral et compétitif, était réservé aux meilleurs : face à l'usage de la liberté, nous ne sommes en effet pas égaux. Pour un certain nombre, l'exercice qui consiste à penser sa vie, à la choisir, à la vouloir, est difficile. Un clivage s'opère entre ceux qui ont échappé partiellement à la déconstruction culturelle, qui ont pu grandir à l'appui d'un sol, c'est-à-dire d'une filiation, d'une autorité, d'une intelligence symbolique, et d'autres

1. Joyce McDougall, *Théâtres du je*, Paris, Gallimard, 1991.

2. Les logiques médiatiques, sensibles à cet épuisement individualiste, soutiennent l'idéologie de performance jusqu'au paradoxe, diffusant par exemple l'idée qu'il est possible d'exceller sans effort (« Maigrissez sans effort ! »), ou encore qu'il existe une compétence pour les nuls…

3. Chantal Delsol, *Éloge de la singularité. Essai sur la modernité tardive*, Paris, La Table ronde, 2000, p. 52 *sqq.*

qui n'ont pas eu cette chance. D'un côté, ceux qui ont les moyens psychiques de s'accommoder aux exigences individualistes, d'en soutenir la cadence volontariste et de les tempérer par un certain humanisme. De l'autre, ceux qui ne sont pas taillés pour la course, qui renoncent ou se perdent en chemin. Ce sont les précaires, les « inutiles au monde » comme les appelle Robert Castel[1], toujours en passe d'être distancés, marginalisés, oubliés.

Disons les choses autrement : l'individualisme est, sur le plan de l'humain, un système qui convient aux plus forts, aux mieux lotis, aux plus entreprenants, qui ont grandi dans des espaces symbolisés et structurés. Les autres, beaucoup d'autres, étourdis par trop de liberté, engourdis par trop de jouissance, simultanément libres et asservis, repus et carencés, sont prédisposés à tous les dangers, à tous les abus, à toutes les dérives… Ce sont les vraies victimes de notre temps, qui sont en difficulté pour tenir leur trajet de vie et parfois leur rang d'humain.

Dans son combat avec la nature, le talent de l'homme est d'avoir toujours eu conscience de sa faiblesse. Il est d'avoir appris très tôt que sa vie dépendait de l'équilibre fragile des éléments. Sur cet oubli, qui est aussi un orgueil, l'homme aux pieds ailés, l'individu « maître d'ouvrage » aurait-il trébuché ?

Cette insoutenable lourdeur de l'être

La dépression est le trouble fonctionnel le plus répandu et le plus significatif de la postmodernité. Expression d'un mal-être diffus, elle a bien souvent valeur d'appel à l'écoute ou à l'aide et constitue un motif fréquent de consultation.

Selon une enquête menée en mai 2009 par l'Institut national

1. Robert Castel, *La Métamorphose de la question sociale*, Paris, Fayard, 1995, p. 11.

de prévention et d'éducation pour la santé (INPES), elle toucherait, en France, trois millions de personnes. Près de huit millions de Français ont vécu ou vivront une dépression au cours de leur vie[1]. Cette « tombée au cœur de soi-même », comme l'appelle Maurice Bellet, est emblématique d'un syndrome marqué par la fatigue et l'anxiété. Elle fait l'objet d'une attention soutenue dans les médias. Les consultations et les congrès sur le thème de la fatigue se multiplient.

Des magazines divers, des émissions télévisées diffusent l'idée selon laquelle la dépression peut arriver aux bien-portants. Qui de nous n'a, un jour, songé au recours psychotrope ou psychothérapique ? Qui n'a, dans son entourage proche, une personne dépressive ? « Je suis en dépression », disait récemment une de mes connaissances. Sur le même ton, elle aurait dit : « Je suis en congé ou en formation… » Ce mal d'époque, considéré par beaucoup comme plus psychologique que psychiatrique, est devenu quelconque. Quand la maladie mentale, souvent bruyante, déconcerte et fait peur, la dépression s'installe avec discrétion. On s'habitue par ailleurs à l'idée que le déprimé ne soit pas nécessairement un dépressif. Il n'est peut-être qu'un homme surmené, en ponctuel « *burn-out* », brûlé, consumé de l'intérieur, dépassé par l'accumulation d'événements auxquels il ne fait plus face.

Qu'est-ce qu'un déprimé ? est-on tenté de se demander. Où se situe la frontière entre le trouble dépressif véritable et le simple surmenage psychique ? Qui est déprimé ? Qui ne l'est pas ? La notion de dépression est devenue si consensuelle qu'on ne sait plus très bien ce qu'elle signifie. La réalité clinique et le mot qui la désigne semblent être pris dans la même nébuleuse. Ce trouble, associé à de nombreuses affections

1. L'âge moyen de survenue du premier épisode se situe autour de trente ans. Les dépressions représentent 15 % des motifs de consultation auprès des services hospitaliers. Les femmes sont deux fois plus concernées.

psychiques, recouvre des réalités disparates [1]. On parle couramment d'« états » ou d'« épisodes » dépressifs. Certains cliniciens différencient la dépression de la dépressivité, qui traduit davantage un état latent, liminaire, jamais totalement advenu, mais toujours susceptible de se manifester, selon une singularité atypique. Il y aurait des personnes sub-dépressives, ainsi désignées en raison de leur vision péjorative du monde et de leur lecture chroniquement pessimiste ou anxieuse des événements, qui se maintiennent sur un fond de négativité sans décompenser plus gravement. Dans d'autres cas, la cyclothymie est plus marquée, la symptomatologie plus franche, la rupture dépressive davantage perceptible. À cela s'ajoute qu'une personne qui se désigne comme déprimée ne l'est pas nécessairement, quand une autre l'est parfois sans le savoir. On parle d'équivalent dépressif, de dépression masquée et même de « dépression souriante ».

Certains thérapeutes, parmi lesquels des médecins généralistes, ne s'attachent pas à ces nuances cliniques. Pour eux, est déprimé celui ou celle qui réagit positivement à la prise d'antidépresseurs. Dans cette logique rétroactive, ce qui prouve le mal et permet de le nommer, c'est l'efficacité du remède.

Cliniquement parlant, le syndrome dépressif se caractérise par la conjugaison d'un certain nombre d'éléments précis. La chute de l'humeur est constante, marquée par une tristesse permanente, inajustée, parfois accompagnée de fantasmes suicidaires qui peuvent aller jusqu'à la volonté de se donner la mort. Un ralentissement psychomoteur accompagne cette humeur perturbée, entraînant des troubles des fonctions de base : sommeil, appétit, concentration, mémoire, l'ensemble générant une sorte de panne de l'action. La symptomatologie dépressive est néanmoins très variable d'une

1. L'entité bipolaire, la psychose maniaco-dépressive est la seule à présenter un caractère endogène et héréditaire.

personne à une autre, plus ou moins imprégnée d'éléments névrotiques, parfois chargée d'addictions ou émaillée de somatisations, de consommation de médicaments non psychotropes, appelés à abraser la souffrance morale.

Sur le plan psychogénétique, l'origine de la dépression adulte est à rechercher dans l'enfance : mille chemins, mille histoires, à chaque fois singulières, y mènent. Les parents bien sûrs, les aïeux, toute la généalogie est là, qui peut expliquer... Mais, de façon constante, la personne prédisposée à la dépression véritable est, depuis longtemps, anémiée sur un plan narcissique. Pour des raisons qui tiennent au passé, son psychisme n'a pas été suffisamment irrigué d'amour et de sécurité. L'image qu'elle s'est construite d'elle-même reste imprégnée de négativité, de discrédit, de mépris et de dénigrement. Au déprimé, le monde ne promet rien.

Le mal-être dépressif déborde en réalité largement le périmètre de la psychopathologie et celui de la psychogenèse. Pour le cerner davantage, il faut se laisser mener à l'interface d'une double occurrence : celle du contexte culturel et celle de la prédisposition personnelle.

Ce qui caractérise la vie psychique, c'est qu'elle est constamment en mouvement, en flux, en déplacement. Devenir humain, s'humaniser, c'est se laisser traverser par d'incessants courants, conscients et inconscients. C'est consentir à être travaillé, en profondeur, par des forces mêlées et contraires, des lignes de faille en constante mobilité. Cette rumeur psychique nous échappe en grande partie, mais elle n'en est pas moins constitutive de nous-mêmes, fondatrice du sujet.

On évoque aujourd'hui beaucoup le déclin du conflit intrapsychique. On oppose classiquement les pathologies du conflit, les névroses, qui témoignent d'une division entre le désir et l'interdit, aux pathologies du déficit, les dépressions marquées par l'impossibilité de faire advenir le conflit. On constate que les premières ont tendance à diminuer quantitativement, au profit des secondes de plus en plus répandues.

Si cette approche garde sa pertinence, la prise en charge des personnes déprimées nous invite à la nuancer. C'est en effet simplifier les choses que de réduire la dépression à une panne d'action et de la considérer comme exempte de tout conflit. La personne dépressive ne cesse de dire, au contraire, à quel point elle souffre d'être la proie de tensions intérieures qu'elle ne parvient pas à contenir, ni à transcender. Le conflit n'a pas disparu, mais il s'est déplacé. Il s'exerce moins fréquemment entre le désir et l'interdit mais davantage dans d'autres espaces psychiques. Il donne lieu à d'autres dilemmes, plus ou moins lisibles, il divise et tourmente d'une autre façon.

Une première zone de conflictualité se révèle fréquemment autour de la notion d'effritement psychique. Mettons-la brièvement en scène : Sébastien est un homme du vaste monde, un voyageur impénitent. Il est aussi un funambule à l'équilibre fragile… Cet homme jovial, aimable, volontiers rieur en séance, travaille pour une firme multinationale, sur plusieurs continents. Il parle couramment quatre langues, jongle entre les fuseaux horaires, les téléphones portables et les adresses Internet. Lorsque je l'écoute, je suis sensible à son besoin de s'emplir de toutes les humeurs de l'existence, à son inconditionnelle ouverture à ce qui vient. À certains moments, pourtant, ce quadragénaire s'effondre : « Je me désagrège, je suis un homme en miettes. » Et ce n'est pas qu'une parole, c'est le constat d'une réalité tragique, celle de l'effondrement qui se répète et l'oblige à suspendre toute activité, quelque temps.

Contrairement à Sébastien, Camille, jeune femme inquiète d'elle-même, est une voyageuse immobile. Ou encore, comme il m'arrive de le penser, une « romancière en quête d'auteur ». Chez cette quadragénaire, à bien des égards talentueuse, l'écart entre le rêve et l'action est très marqué.

Tout est là en puissance mais échoue à se réaliser. Camille est en grand besoin d'être et en difficulté d'accomplissement. Elle me donne parfois l'impression de tâter son existence du bout d'elle-même, comme une baigneuse le ferait, au bord d'une mer froide. Très vite, elle se retire, se désengage. Elle a fait des études, sans conviction. Elle a croisé quelques hommes, sans passion. Sa vie professionnelle et affective a une allure fragmentée, lacunaire. Des histoires sont là, des morceaux d'histoires, des bouts de romans, mais l'auteur, inexplicablement, s'est éclipsé. « Où en suis-je de moi-même ? » se demande régulièrement cette jeune femme. Elle pourrait dire : « Qui suis-je ? Suis-je vraiment ? »

Ces deux patients, aussi différents soient-ils dans leur histoire de vie et l'expression de leur souffrance dépressive, sont habités d'un même tourment. Ils sont divisés entre l'appel de tous les possibles et la recherche d'une unité. L'un et l'autre tentent de se rassembler autour de ce qu'ils perçoivent confusément comme un danger d'effritement identitaire.

L'homme contemporain a grandi au sein d'un pluralisme culturel qu'il a intériorisé et dont il a fait une composante de sa vie psychique. Il a buissonné dans la diversité des modèles et des références. Il s'est construit à partir d'initiatives dispersées, d'expériences variées, d'identifications labiles et souvent fragmentées. Cet homme pluriel, qui s'accommode si bien de sa multiplicité intérieure, se tient pourtant en exigence d'unité. Il cherche sa singularité. Car ce dont il ne doute pas, c'est que sa vie soit une œuvre unique et précieuse à ce titre. Ce qu'il veut, c'est une cohérence, une continuité susceptible de légitimer les détours, les ruptures et les changements. Ce qui lui importe, c'est de travailler constamment à une meilleure définition de lui-même. Une éthique individualiste tiendrait à ce principe d'unité, visant l'intuition d'une synthèse identitaire. Elle consisterait à articuler les différentes parties de soi, à les rapprocher, les confronter, les assembler.

Là, entre dispersion et cohésion, se révèle un espace de conflictualité que ne connaissaient pas les générations antérieures : l'homme fatigué, menacé de dépression, est aux prises avec une impossible saisie de lui-même, une quête unitaire toujours manquante. En lui, les lieux sont si hétérogènes, parfois si contradictoires, qu'il ne parvient plus à s'habiter, à « faire sujet ». Il s'éprouve friable, mal agrégé. Quelque chose s'effrite dans la tessiture même de son être. Saisi par cette inconsistance foncière, ce mal des sables que tente parfois de contrer un surcroît de narcissisme ou de volonté, il échoue à devenir ce qui est attendu de lui : un homme qui se rêvait entier, compact, puissant de son intégrité. Un homme indivis, un individu.

Un autre espace de conflictualité se révèle couramment autour de la notion d'insuffisance. Chez celui qui en est habité, la tension s'exerce entre l'idéal et la réalité de soi. « Pourquoi vivez-vous en dessous de vous-même ? », ne cesse de demander une indistincte rumeur ambiante. « Vous avez pourtant les moyens de votre réussite. Vous pouvez... *Yes, you can !* » Un ton plus bas, la même voix murmure : « Vous n'y parvenez pas ? Faites-vous ce qu'il faut ? Êtes-vous heureux en couple ? Épanoui au travail ? Pratiquez-vous un sport ? Vous alimentez-vous bien ? En un mot, voulez-vous vraiment atteindre votre idéal ? »

De l'écart, plus ou moins conflictualisé, entre cet idéal rêvé et la réalité de soi surgirait la dépression d'insuffisance. On y verra la réplique inversée d'un fantasme d'autosuffisance, le paradigme négatif de l'exigence individualiste. L'insuffisance sera éprouvée face aux multiples enjeux de réussite, d'excellence professionnelle, de compétence parentale, de perfection esthétique, de succès sportif... Le déprimé n'est pas seulement le perdant, le loser, il est celui qui, prisonnier d'une autoréférence excessive, s'impute l'échec de l'idéal non atteint. Le risque encouru par l'autoréférence, c'est l'autodépréciation[1].

Et puisque l'idéal est aujourd'hui d'être heureux, on en vient à penser que la sensibilité à la dépression n'est pas étrangère à notre crispation culturelle sur le bonheur. Nous pourrions nous sentir d'autant plus vite déprimés que pèse sur nous cette obligation d'être heureux. « Qu'est-ce que je serais heureuse, si je n'avais plus à être heureuse », soupirait une analysante, paraphrasant avec humour l'une des boutades de Woody Allen[2].

Il y a quelques années, j'ai rencontré un jeune homme fortement déprimé, infirme à la suite d'un grave accident de moto survenu alors qu'il avait dix-huit ans. La nostalgie de la griserie éprouvée au moment où était survenu l'accident occupait toutes ses pensées. Pendant les premiers mois, les séances eurent invariablement pour sujet ce temps à jamais perdu où, enivré par la vitesse, il dévalait de vastes autoroutes, ignorant les signalisations et les contrôles, négligeant tout ce à quoi le commun des mortels avait à se soumettre. Avec l'énergie d'un évident désespoir, cet homme, amputé à vie, s'accrochait à cette image, quasi-démiurge, de lui-même. Il fallut des années de travail en commun pour qu'il soit en mesure de renoncer à la nostalgie de cet idéal brisé et commence à composer avec le réel qui, désormais, était le sien.

Ce scénario est à entendre comme une métaphore. Nombreux sont aujourd'hui ceux qui, emportés par le fantasme d'autocréation, se sont ainsi blessés de s'être trop brutalement démystifiés. Eux aussi sont porteurs d'une étrange boiterie de l'esprit, comme le reste d'un rêve de toute-puissance qui aurait mal tourné et n'aurait pu éviter la chute.

1. Les rêves qui mettent en scène cette impression d'insuffisance, d'incapacité ou d'impuissance sont fréquents en cours d'analyse : chuter, s'enliser, tomber dans un trou, se sentir en impasse, arrêté ou empêché dans un mouvement, courir sans avancer, ne pas pouvoir échapper à un danger.
2. « Ah ! qu'est-ce que je serais heureux si j'étais heureux ! »

La pierre angulaire de l'individualisme, c'est l'autonomie. Ce qui est nouveau, c'est la chronologie dans l'acquisition de cette autonomie. L'homme des générations précédentes mettait du temps à la conquérir. Longtemps, il expérimentait sa dépendance à plus grand que lui. Il avait, pour s'émanciper, un trajet à accomplir, des étapes et des rites à franchir. L'homme d'aujourd'hui, tenu dès l'enfance pour un égal en droit, fait l'économie de cette conquête. Il considère pour acquis ce qui lui a été donné d'emblée. Ce qu'il aura en revanche à apprivoiser beaucoup plus tard, c'est l'expérience de sa fragilité à laquelle son autonomie précoce ne l'a pas préparé.

Dans cette lecture, la dépression, la chute, la tombée en soi-même, lorsqu'elle survient, serait appelée à freiner la toute-puissance qui sommeille à l'horizon virtuel du trajet individualiste. Elle confronte au deuil inéluctable d'une représentation indivise et idéale de soi-même. Voilà ce que tu es : humain, juste humain…

Car une vie, ce n'est pas une œuvre à édifier. Ce n'est pas une cathédrale. C'est plutôt un chemin, avec ses lenteurs, ses errances et ses pas perdus. Il n'y a parfois rien d'autre à faire que consentir : « Il ne faut pas "vouloir" les choses, il faut les laisser s'accomplir en moi », disait Etty Hillesum[1]. Vient ce moment où l'homme apprend à se reconnaître dans le faillible. Cette vulnérabilité, jusqu'alors évitée, s'impose dans sa brutale nécessité : « J'avais grandi avec l'idée que l'on avait à choisir ce que l'on voulait vivre. J'apprends à vivre avec ce que je n'ai pas choisi, disait un homme à la fin d'une longue thérapie… J'ai abandonné quelques puissantes pensées, quelques certitudes musclées, je vais mieux… ». Puis, dans un rire, ce grand lecteur ajoutait : « Au fond je m'appelle Brodeck et je n'y suis pour rien ! » L'élan de sagesse joyeuse auquel je participais, en riant à mon tour, me parut alors

1. Etty Hillesum, *Une vie bouleversée*, trad. Philippe Noble, Paris, Seuil, « Points », 1995, p. 220.

ressembler à une sortie de l'impasse individualiste, un réengagement de l'humaine et fragile condition.

Comme Brodeck, le héros du romancier Philippe Claudel, chacun apprend, un jour ou l'autre, à composer avec ce qu'il ne peut changer : son époque, la société dans laquelle il vit, mais aussi son hérédité, sa filiation, sa taille et sa tête... Face au vieux rêve d'autocréation qui ne cesse de vouloir renaître, chacun trouverait un peu de sérénité à s'entendre parfois rappeler : « Vous vous appelez Brodeck et vous n'y êtes pour rien ! »

En amont de toute histoire dépressive, il y a la rencontre toujours inédite d'une prédisposition personnelle et d'un contexte culturel.

Cet homme à la tête lourde n'est pas seulement affaibli par les excès individualistes, il l'est aussi par le jeu intrapsychique des contradictions qui l'habitent : il est à la fois très évolué et très inconstant. Il est cérébral et pourtant encombré par ses pulsions. Il est libre et menacé par d'innombrables dépendances. Il est aventurier et terriblement anxieux. De telles contradictions ne doivent rien au hasard car le monde dans lequel il vit est à la fois sophistiqué et abrupt. Depuis trente ans, l'écart ne fait que se creuser entre, d'un côté, les exigences individualistes et, de l'autre, le déclin des valeurs humanistes. Le déprimé est un homme qui s'épuise à sauver l'individu en lui, cette représentation indivise et exigeante dont il s'est convaincu d'avoir besoin pour exister.

La prise en charge de la dépression est à la fois médicale et psychologique. Les deux abords chimio- et psychothérapiques sont assez couramment proposés en complémentarité[1].

1. Les antidépresseurs ne sont ni des euphorisants ni des analgésiques, mais essentiellement des régulateurs de l'action, des désinhibiteurs, comme le souligne à plusieurs reprises Daniel Widlöcher dans *Les Logiques de la dépression* (Paris, Fayard, 1995).

En matière d'antidépresseurs, la situation en France est paradoxale : trop de gens prennent des psychotropes sans en avoir besoin alors que bon nombre de patients, réellement déprimés, négligent d'y recourir, soit par défaut de diagnostic, soit en raison d'un suivi insuffisant, susceptible d'entraîner un arrêt prématuré du traitement. Par ailleurs, les avancées pharmacologiques ont été, ces dernières décennies, beaucoup plus importantes que celles de la formation à la psychothérapie spécifique de la dépression qui, bien souvent, demeure empirique et intuitive.

Celui qui est authentiquement déprimé est toujours « de l'autre côté… ». De l'autre côté des autres, c'est-à-dire inaccessible au goût de vivre, à la raison et à la volonté. De l'autre côté de lui-même, c'est-à-dire hors de son « je désirant ». Le déprimé est comme vidé d'une part essentielle de lui qu'il a du mal à définir. À la place, il n'y a plus qu'un noyau de fadeur qui le plonge dans un univers d'indifférence.

Pour le psychanalyste, il n'y a parfois rien d'autre à faire que de se laisser mener vers l'« en-bas », comme le nomme Maurice Bellet[1], et tenter, lorsque c'est possible, d'extraire un point de conflit, de le remonter en surface, comme un archéologue exhumerait un objet de fouille afin de le faire parler d'une histoire oubliée.

C'est un danger de banaliser la dépression, de la réduire à une fatalité déficitaire, ou encore d'y voir un banal phénomène de fatigue dont une cure de jouvence psychotrope viendrait à bout. Il faut au contraire lui redonner une dimension critique et, à ce titre, susceptible de remaniements psychiques. On parlera, dans certains cas, de « dépression de réaménagement ».

Dans le développement de l'être humain, tout progrès procède d'un deuil accompli. Avant d'être un trouble psychique, l'affect dépressif est un phénomène normal, inhérent

1. Maurice Bellet, *La Traversée de l'en-bas*, Paris, Bayard, 2005.

à la croissance et à la vie. La maladie est humaine [1]. Le sujet se fait toujours dans la perte. « Meurs et deviens », disait déjà Bouddha. La maladie dépressive peut se comprendre comme une objection à ce travail de deuil et une tentative, plus ou moins difficile, pour réengager celui-ci. Bien souvent, il y a dans cette mort traversée une vie qui couve. Il y a quelque chose à perdre et à sauver, un équilibre nouveau à trouver, un souffle à prendre, un art de vivre à réinventer. Cette compréhension anthropologique des humeurs dépressives contemporaines est dans ma pratique psychothérapique celle que je cherche à privilégier.

Avec sa force de déstabilisation, sa bousculade, avec cette puissance de « mise en pagaille », pour parler comme Winnicott, ce mal d'époque permet, dans certains cas, de dénouer un peu le contrat passé avec l'idéal, de s'alléger du poids de l'œuvre et des exigences de l'autofondation. La guérison représente moins un retour en arrière, à l'état d'avant la maladie, qu'une étape nouvelle, permettant une redéfinition de soi entre l'autonomie et la vulnérabilité, entre la vérité et l'image, entre l'histoire familiale et le trajet personnel…

Alors la tombée se révèle être une traversée. La dépression devient une épreuve potentiellement féconde au cours de laquelle l'exigence individualiste se tempère et se refonde dans un terreau humaniste, l'homme-individu s'efface devant l'homme-sujet.

1. La psychanalyse parle d'« accès à la position dépressive ».

II

Un certain goût de solitude

« Et si vous étiez moi ? »

Depuis longtemps, je fais avec ce que je suis. Je modèle mon argile. Je persévère dans mon être. Autant vous le dire, j'ai du mal avec moi-même. Je suis friable, multiple, contradictoire.
Y aurait-il quelqu'un qui puisse m'aider à me rassembler ?
Quelqu'un dont le seul regard dirait : tu existes !
Mais personne ne voit. Il y a plein de monde autour et personne n'est là.

« D'où vient que je me sente si seul ? », se demande régulièrement cet homme, en thérapie depuis plusieurs mois. Il a pourtant – et il aime s'en souvenir – une famille et de nombreux amis. Mais la question insiste qui, régulièrement, relance notre commune perplexité : d'où vient cette impression de solitude ?

Le sentiment de solitude, à différencier de la solitude réelle, est un état éminemment subjectif qui recouvre des réalités psychiques différentes. Dans certains cas, ce qui prédomine, c'est un éprouvé de manque, de perte ou de vide intérieur : l'environnement paraît désolé, désertique ou déprécié. À cet état se mêle parfois l'impression d'une menace diffuse. La solitude est alors éprouvée au cœur d'un univers hostile. Le sujet est moins seul avec lui-même que seul contre tous.

Pour le psychanalyste, la notion d'altérité représente d'abord une expérience originaire d'une impensable violence, un choc, sans doute l'un des plus importants qu'ait à supporter le psychisme humain. Le bibliste André Wénin rappelle l'émergence de l'altérité dans la construction de la femme biblique : Pour créer la femme, « Dieu prend un côté de l'humain et il ferme la chair à la place... L'entrée en relation suppose ainsi une perte, un en moins [1]. » L'autre s'inscrit en soi au prix d'une effraction. Pour qu'il advienne, l'intégrité doit être entamée, l'œuf être fendu, le narcissisme originaire brisé.

L'altérité ne fait pourtant pas qu'entrer par effraction, elle altère, transforme, modifie. En ce sens, elle est constitutive de l'identité. Ce travail, grandement mobilisé pendant les premières années de l'existence, consiste à façonner en soi-même un lieu pour l'autre, à lui offrir une sorte d'hospitalité psychique. Ce que la psychanalyse appelle la « relation aux objets internes » ou encore la « relation d'objet » désigne cet espace intérieur qui, au gré des rencontres réelles, s'imprime graduellement, et avec de plus en plus de force, dans la vie psychique, entraînant une progressive et relative permanence dans la relation à autrui. À partir de cette matrice première s'exerce l'altérité, par alternance entre l'ouverture à l'autre et le retour vers soi, c'est-à-dire entre les deux pôles altruiste et narcissique de la relation.

Le grand pacte noué avec soi-même

Dans la société traditionnelle, l'homme n'a pas une claire conscience de lui-même. Il ne se perçoit pas encore comme une entité singulière. Pour faire face à la précarité de la vie et à la toute-puissance du destin, il se confond avec le groupe. Avec le recul de la mort, il s'individualise progressivement

1. Jean-Pierre Lebrun et André Wénin, *Des lois pour être humain*, Paris, Érès, 2008, p. 183.

mais continue à se définir par rapport à la collectivité dans laquelle il vit : tout homme est d'abord un fils, un mari, un citoyen. Il appartient à une religion, une patrie, un rang social, une famille. Au cœur de ces paramètres, dans un espace de déploiement relativement restreint, il tisse ses liens. L'identité est alors essentiellement reçue du corps social et, sauf destin extraordinaire, n'est pas appelée à évoluer.

Le temps de l'individualisme[1] s'installe à mesure que la prééminence du groupe s'efface sous l'aspiration à être soi-même. Devient individu cet homme qui cherche à s'extraire du collectif et prend une conscience de plus en plus aiguë de ce qu'il ambitionne d'être : une entité autonome, entière, indivise.

La relation à autrui va s'en trouver modifiée. Ce qui faisait lien jusqu'alors, c'étaient les appartenances, les filiations, les grandes communautés de valeurs portées par les institutions. Ce qui rendait seul, c'était la fixité, l'étanchéité des rapports sociaux, le poids des hiérarchies, le difficile dialogue entre parents et enfants, entre hommes et femmes. L'autre était là mais souvent inaccessible, interdit de parole, de rencontre. Aujourd'hui, les liens courent plus libres, mais également plus fragiles. Ils se nouent et se dénouent, profilent d'autres formes de solitude et d'autres moyens pour s'en protéger : le culte du réseau, l'organisation de communautés partagées, les rassemblements éphémères et intenses autour d'événements ou d'affinités, par exemple.

En deçà de ces premiers constats sociologiques, nous le sentons bien, une évolution plus fondamentale s'est opérée dans les rapports humains.

1. Le mot apparaît au XIXe siècle. Tocqueville le définit comme « un sentiment réfléchi et paisible qui dispose chaque citoyen à s'isoler de la masse de ses semblables et à se retirer à l'écart, avec sa famille et ses amis. De sorte qu'après s'être ainsi créé une petite société à son usage, il abandonne volontiers la grande société elle-même ». Alexis de Tocqueville, *De la démocratie en Amérique*, vol. II, chap. 2, cité in Caroline Eliacheff et Daniel Soulez-Larivière, *Le Temps des victimes*, Paris, Albin Michel, 2006, p. 17.

Dans l'anthropologie contemporaine, l'éthique d'altérité est assez faible. Pour l'individu qui a un sens aigu de lui comme personne, l'ordre premier, c'est l'ordre du moi. La nécessité culturelle de porter seul sa trajectoire de vie est d'une telle force qu'elle engage chacun à nouer un pacte avec lui-même, pacte exigeant, indestructible, au regard duquel les relations à autrui peuvent, dans un certain nombre de cas, se subordonner ou se réduire au contractuel. Voici, dans deux domaines différents, une illustration de ce glissement.

La première est relative au phénomène du démariage. Sous l'angle du pacte individualiste, on y verra autre chose qu'une simple commodité d'usage signant la lassitude des sentiments, mais davantage le résultat d'un conflit d'idéal : si l'autre me prive de ce que j'estime être mon droit, s'il entrave ce que j'aspire à être, s'il étouffe un aspect de ma personnalité, je me dois de le quitter. On peut trahir par fidélité à un ordre supérieur et, pour l'individu, il ne fait pas de doute que cet ordre supérieur, c'est lui-même. *Ego semper fidelis*. Voilà où réside la teneur du pacte noué avec soi-même. Hier, le sens du devoir imposait à l'époux malheureux de rester : « Quoi qu'il advienne, nous vieillirons ensemble… » Aujourd'hui, le pacte avec soi-même invite à la séparation : « Puisque nous n'avons plus rien à nous dire… à quoi bon supporter la misère d'une vie commune ? » L'alliance s'est en quelque sorte déplacée : elle engage désormais l'individu avec lui seul. Ce qui importe, c'est que le trajet soit autonome et, si possible, heureux.

Une autre illustration de l'exigence du pacte noué avec soi-même est celle de l'« enfant pour soi » : que je sois marié, célibataire, homosexuel, cet enfant, j'y ai droit. J'y ai droit parce que j'en ai besoin. J'en ai besoin pour me réaliser à travers tous les possibles de moi-même. Que l'enfant désiré donne un sens à ma vie, qu'il me permette de m'accomplir dans ma trajectoire d'homme ou de femme, qu'il me révèle à moi-même…

Dans cette même logique pourrait s'inscrire la légalisation de l'euthanasie (actuellement interdite en France, permise en Belgique et en Suisse) : la vie n'attend plus rien de moi et je n'espère plus rien d'elle. Pour ma dignité, que me soit donné le droit de décider du moment de la fin…

Ce pacte d'essence individualiste s'est noué très précocement. Dès son plus jeune âge, en effet, l'enfant s'est habitué à l'idée qu'il lui fallait en passer le moins possible par l'autre, mais, au contraire, apprendre à s'en passer, pour devenir lui-même. L'altérité restera profondément marquée par cette empreinte de départ. « J'ai grandi avec la clé de la maison autour du cou… disait un analysant. Je mesure, aujourd'hui, le message ambigu de cette clé : "Rentre à la maison, débrouille-toi, tu es libre mais surtout, ne pèse pas trop sur notre existence !" »

De nombreux récits de vie se dégage l'impression réitérée d'une tension entre le besoin de se lier et la peur de dépendre : que les autres soient là, qu'ils me préservent d'une certaine solitude, mais qu'ils n'obligent pas, ne restreignent pas, qu'ils ne portent pas atteinte à une autonomie pressentie comme essentielle et fragile.

Si l'expression « vivre libre ensemble » fait aujourd'hui florès, c'est qu'elle propose aux familles l'espoir de conjuguer le lien et l'indépendance. À la fixité des appartenances et des filiations succèdent les relations de réseaux et d'affinités, plus intuitives, plus affectives et, surtout, plus réversibles. À chacun de se mouvoir au gré des flux affinitaires. Zygmunt Bauman, lorsqu'il évoque ce qu'il appelle les « relations de poche » [1], décrit bien ce monde liquide où les échanges sont marqués par l'effusion, l'adhésion spontanée et la brièveté. La rencontre peut être intense, mais elle engage peu. Elle se préserve de la profondeur et de la durée.

1. Zygmunt Bauman, *L'Amour liquide. De la fragilité des liens entre les hommes*, trad. Christophe Rosson, Rodez, Le Rouergue-Chambon, 2004.

Ce qui, en revanche, est attendu, c'est, dans un rapport autocentré, que l'autre se mette au service du grand pacte noué avec soi, qu'il comprenne, soutienne, révèle[1]. Davantage même, qu'il apporte une reconnaissance. Car là réside la maille faible de l'autofondation : dans le besoin intarissable d'une validation de soi, dans la quête d'une légitimité toujours manquante. « Je n'en finis pas de me construire, mais toi, l'ami, l'époux, l'enfant, toi seul, as ce pouvoir de valider l'ensemble. À moi la fabrique, à toi la signature ! »

« Et si vous étiez moi ? » me disait régulièrement Sonia au cours d'une thérapie qui dura plusieurs mois. « Si vous étiez moi, que feriez-vous ? Que diriez-vous ?... » Cette ponctuation venait scander le texte serré de ses propos. Et je l'entendais avec une certaine perplexité. Car c'était à peine une question, davantage un appel, jeté dans ma direction, mais sans adresse véritable, à être rejointe, confortée, peut-être même légitimée dans ce qui était perçu comme une incertitude, un flou intérieur.

Au-delà du contexte singulier où il était formulé, cet énoncé pourrait être emblématique d'un certain type de lien, aujourd'hui fréquent, dans lequel le pôle altruiste s'infléchit vers le pôle narcissique. Tout se passe comme si l'altérité n'avait pas été originellement expérimentée de la même façon qu'aux générations précédentes et n'occupait pas le même statut dans l'identité.

Le psychanalyste dira qu'aux altérités de type œdipien, dans lesquelles les différences sont reconnues, succèdent des altérités de type plus narcissique, dans lesquelles ces mêmes différences, prises dans le dédoublement mimétique ou projectif, s'estompent. Cette disposition autocentrée, le facétieux Woody Allen la résume en un mot : « Nous ne ferons plus qu'un, mon amour... Moi ! »

1. En langage psychanalytique, on parlerait d'étayage ou de relation anaclitique.

Tout ce qui ne vient pas apaiser le manque originel, tout ce qui ne sert pas le moi aux abois, se charge alors d'un potentiel sadique. J'ai, dans ce contexte, rencontré Julie pendant plusieurs années. J'hésite à qualifier notre relation, tant celle-ci, éprouvante, fut émaillée de susceptibilités, de ruptures et de reproches : je n'avais pas assez parlé ou trop. Je n'avais pas compris, voire, même, je n'avais pas écouté… Au contact de cette patiente, je pouvais me vivre comme totalement inadéquate. Et, d'une certaine façon, je l'étais, dans mon impuissance à me rendre là où j'étais attendue, à l'endroit même du mal ou du manque à être.

Dans ce type de prise en charge, d'innombrables heures se passent à repenser le rapport entretenu avec autrui, à réajuster les pôles centripète et centrifuge de la relation, à tenir le double bord narcissique et altruiste de l'altérité. Une solide alliance de fond est, sous cette humeur de querelle, nécessaire pour traverser toutes les embûches de la relation psychothérapique et tendre vers cette idée maîtresse : le malentendu est fatal ; on a beau vouloir se rejoindre, on se manque toujours un peu. Entre soi et l'autre, quelque chose échappe inévitablement. Même celui qui est là pour écouter n'entendra, ne comprendra, ne consolera jamais assez. Il faut bien apprendre à composer avec cette irréductible absence dans la présence, cet écart dans la ressemblance, cet incompris dans l'entente[1].

À l'image de cette jeune femme, si vite meurtrie, si mal comprise, serait l'homme d'aujourd'hui. « Qu'est-ce qui vrille ? Qu'est-ce qui blesse les chairs ? D'où vient que cela fasse si mal ? », s'étonne-t-il constamment. Moins la trace d'altérité s'est précocement déposée dans la psyché, plus la confrontation avec l'autre réel risque d'être ultérieurement

1. Comme le rappelle Lacan à partir du *sumbolon*, entre les deux moitiés rassemblées qui devraient former la pièce d'argile, il y a toujours une fente, un défaut de structure, un déficit.

éprouvante et de mener à des incompréhensions majeures. « Je sais bien que je suis algique, me disait un homme, la première fois où je le rencontrais. Tout me fait mal. Tout m'écorche, tout me blesse. Mais de le savoir n'y change rien. » L'homme « algique » serait celui qui, pour n'avoir pas été suffisamment « entamé » dans sa psyché, n'en finit pas de se sentir lésé dans la réalité. Chez lui, toute frustration, tout incompris peut prendre une portée traumatique. Trop près, l'autre menace. Trop loin, il abandonne. La proximité est aussi problématique que la distance. Entre « le moi et le toi », il manque un espace tiers qui pourrait donner du jeu, du mou, du relatif à l'échange. De là ce soupçon envers l'autre, en passe de se généraliser, cette sensibilité nouvelle à détecter, non loin de soi, l'ombre d'on ne sait quel pervers qui, en toute impunité, pourrait manipuler, abuser, duper…

Derrière certaines vies jonchées de déceptions, de ruptures et de violences, derrière certains vécus de harcèlement ou de victimisation, il y a parfois cette carence d'altérité initiale dont rien ne peut être dit. Rien, sauf peut-être l'intuition suivante : jadis, l'altérité n'a pas fait son travail qui est d'altérer l'intégrité narcissique. Il peut y avoir beaucoup de monde tout autour, mais l'autre n'est pas en soi. Il n'y a pas fait son lieu, il ne s'y est pas logé. Il reste au bord, sur le seuil. C'est un hôte de la marge, un rôdeur toujours un peu suspect.

On ne se débarrasse pas de la question de l'autre toute une vie. Il arrive que l'on réapprenne sur le tard ce que l'on n'a pas expérimenté au tout début de la vie. Toujours dans la difficulté, parfois dans la douleur. Nombreuses sont aujourd'hui les personnes qui se trouvent ainsi engagées, bon gré mal gré, dans ce réapprentissage tardif. « L'homme, disait Léon Bloy, a dans son pauvre cœur des endroits qui n'existent pas encore et où la douleur entre afin qu'ils soient[1]. » Vient

1. Cité in Jean Cooren, *L'Ordinaire de la cruauté*, Paris, Hermann, 2009.

alors ce moment où la brèche d'altérité, si longtemps évitée, se découvre. Surgit la figure de l'étranger, de celui qui n'est pas du pays, ce « visage du pauvre », dont parlait Emmanuel Levinas[1]. Certaines passions amoureuses, certaines formes d'amitié, telles des fulgurances altruistes, peuvent constituer une destitution du pacte souverain noué avec soi. « À casser l'œuf, se fait l'homme », disait Jacques Lacan. La voie n'était pas tracée et voilà qu'elle entaille, « effracte ». La psyché altérée se trouve défaite. Ça saigne à blanc. L'autre entre sans frapper et s'impose. Il n'y a rien d'autre à faire que de le laisser prendre possession du lieu. « C'est la première fois que je rencontre vraiment quelqu'un », disait une quinquagénaire dans sa détresse amoureuse. Au cours de la même séance, elle ajoutait : « Je frappais depuis si longtemps emmurée à l'intérieur de moi-même... Me voilà délivrée. Je glisse hors du connu. » Au-delà de l'émoi amoureux lui-même, ce qu'elle découvrait et tentait de ressaisir, c'était l'expérience intime et tragique, lorsqu'elle est tardive, du surgissement de l'autre en soi et de la vulnérabilité soudaine à laquelle elle confronte.

Présence à soi, disponibilité à autrui

Certaines personnes semblent, plus que d'autres, présentes à elles-mêmes. L'intuition qui se dégage à leur contact est celle d'un ordre intime, d'un équilibre de fond dont émane une force particulière, perceptible à l'entourage. De tels individus semblent « maîtres en la demeure ». Nous venons de remarquer que cette qualité de présence à soi est très liée à celle de la présence de l'autre en soi. Plus l'identité s'est nourrie de l'autre intériorisé, plus elle s'est fortifiée à ce contact.

1. Emmanuel Levinas, *Totalité et infini*, La Haye, Martinus Nijhoff, 1961, p. 229.

Cette présence à soi engage la disponibilité à autrui. Lorsqu'une personne éprouve la force de sa vie intérieure, elle parvient plus facilement à faire abstraction d'elle-même, à se déprendre de ses propres intérêts, à les subordonner à ceux d'autrui. Elle est en mesure de supporter certaines déceptions ou frustrations, de se laisser toucher par les souffrances de l'autre, de les accueillir et de les partager. Michel Terestchenko relève cet aspect à travers certains fragments du journal d'Etty Hillesum : « Chez moi, tout va de l'intérieur vers l'extérieur, non en sens inverse. Généralement, les mesures les plus menaçantes – et elles ne manquent pas en ce moment – viennent se briser sur ma certitude intérieure et ma confiance et, ainsi filtrées en moi, perdent le plus clair de leur caractère menaçant[1]. » On ne parvient à se déprendre de soi que si l'on est suffisamment présent à soi-même.

Mais lorsque, en raison d'une altérité mal acquise, la présence à soi est pauvre, l'autocentration devient une nécessité palliative. Ainsi, certains adultes, excessivement préoccupés d'eux-mêmes, expriment l'impression de n'être rien, de ne servir à rien, de n'avoir ni leur place ni leur compte… Chez eux, le moi est une préoccupation centrale, mais le sujet est évanescent. L'adhérence à soi cherche à combler l'inconsistance subjective. « Ah, si je pouvais m'oublier un peu, soupirait un analysant, je suis comme Sisyphe avec son rocher… Ce lourd tracas de moi que je ne cesse de soulever et qui retombe inlassablement. »

De ce patient et d'autres, on pourrait dire qu'ils sont porteurs d'un non-lieu qui les fascine. Ils vivent juste posés au bord d'eux-mêmes, comme tournés, captivés par une ellipse intérieure. Pour cette raison, ils souffrent d'une infirmité majeure : ils sont impuissants à la rencontre. Au

1. E. Hillesum, *Une vie bouleversée*, *op. cit.*, p. 127, cité in Michel Terestchenko, *Un si fragile vernis d'humanité*, Paris, La Découverte, 2005, p. 282.

sens fort du mot, une rencontre, c'est un transfert de présence, un transfert secret, éminemment singulier, qui incessamment réinvente l'autre en soi. Après s'être quittés, ceux qui se sont vraiment rencontrés se sentent plus vivants et plus aimants. Il y a une restauration circulaire et nutritive entre la présence à soi et la disponibilité à autrui. À l'inverse, il y a un appauvrissement cumulatif entre l'absence à soi et l'incapacité altruiste.

Sous l'angle d'une présence appauvrie à soi-même pourraient être rapprochées deux formes de mal-être très présentes dans la clinique actuelle : la dépendance affective et la phobie sociale. Sous leur apparente contradiction – la dépendance affective témoigne d'un attachement excessif à l'autre quand la phobie sociale vient dire au contraire la peur éprouvée à son égard –, ces deux troubles révèlent une même inconsistance subjective par défaut d'autre en soi.

Lorsque je rencontre Toinon, âgé de dix-sept ans, elle est plongée depuis deux ans dans un enfer passionnel. L'une de ses enseignantes, au centre de son existence, est devenue le pôle affectif vers lequel, incessamment, refluent toutes ses pensées. À espérer une entrevue, à interpréter une note, une parole, un regard échangé, Toinon s'épuise. Hors de cette relation, plus rien n'existe qu'un vécu d'étrangeté, un état de délabrement dépressif. Interminables sont les week-ends, les vacances passés dans l'errance représentative de l'absente. La jeune fille ne vit qu'à l'approche réelle ou fantasmée de son professeur. Alors une onde de vie l'anime et lui donne l'impression d'être plus présente à elle-même[1].

Carla, trentenaire discrète, exerce avec compétence un métier solitaire, mais elle souffre de ce qu'elle appelle son « bout d'enfer » : elle se sent incapable de prendre place et parole dans une assemblée. Utiliser les transports en commun

1. L'exemple est tiré de Catherine Ternynck, *L'Épreuve du féminin à l'adolescence*, Paris, Dunod, 2000.

ou marcher seule en ville représente pour elle une épreuve difficile à surmonter. À l'origine de ces troubles, elle évoque le regard paralysant d'autrui. « Tous les autres confondus en un seul. Un autre gigantesque dont, dit-elle, je me sens soudain devenir la proie… » De quel autre était-il question ? Il a fallu que l'histoire infantile se déploie pour que je comprenne que ce qui effrayait Carla, c'était moins le regard des autres qu'un tragique lieu d'absence intérieure.

Chez Toinon et Carla, l'autre n'est pas manquant de n'être plus, mais absent de n'avoir jamais (ou si peu) été. De là, l'attraction ou la crainte qu'il inspire. D'un côté, il sera recherché désespérément sur un mode addictif. De l'autre, il sera craint sur un mode phobique[1]. Sans l'autre en nous, il n'y a qu'une masse de vide affolante, une impensable solitude.

Dans le prolongement de ce vécu solitaire, il faut mentionner cet état psychologique particulier, et à bien des égards énigmatique, que représente la bouderie. C'est une erreur de réserver cette humeur à l'enfance. La bouderie peut avoir été apprise assez tôt, mais elle traverse les âges. Le boudeur n'est pas rêveur. Il n'est pas non plus distrait. Dans une sorte de force d'inertie, il se retire de toute relation sans parvenir à se relier à lui-même. Il n'est plus ni avec l'autre réel ni avec l'autre en soi. Ni dehors ni dedans, mais terriblement absent des deux scènes. L'adulte boudeur se laisse aspirer par des ruminations sans contenu précis mais à tonalité anxieuse ou dépressive. Ainsi, Gilles, jeune homme de structure obsessionnelle, m'explique-t-il passer des heures dans un *no man's land* énigmatique. À quoi pense-t-il ? Où est-il ? Lui-même ne le sait pas vraiment. Il s'est englué dans une matière sans fond ni bord, loin de toute présence.

1. Cette ombre d'absence en soi n'est pas sans rapport avec la clinique du négatif décrite par André Green, où l'absence devient le noyau. André Green, « La mère morte », in *Narcissisme de vie, narcissisme de mort*, Paris, Minuit, 1982, p. 222-253.

L'autre virtuel, l'autre réel

Les supports technologiques, le portable, l'ordinateur, ont largement contribué à la mutation des liens entre humains. Avec la fluidité des messages électroniques, l'usage des blogs, des sites de rencontres, la relation tend à devenir une connexion.

Je suis attentive à la façon dont un patient s'entretient avec l'objet technologique, car cet objet culte occupe un statut particulier dans le réel de la vie comme dans l'économie psychique individuelle. Ainsi, la relation d'une personne avec son ordinateur s'apparente parfois à une étrange histoire de couple avec ses émerveillements, ses accents passionnels, mais aussi ses allures de scènes de ménage, ses dépits abandonniques ou persécutifs. Ainsi, également, le portable qui voisine avec le mouchoir et le trousseau de clés représente à la fois un petit objet de poche et une grande ouverture sur le monde. Il est une partie de soi et un vecteur d'altérité. Il est une chose et une personne, car, en étant gardien d'une multitude de contacts, il s'est lui-même personnifié. Il est un autre et, à ce titre, investi affectivement, émotionnellement. Il est donc une extraordinaire parade à l'éprouvé de solitude.

La proximité virtuelle a ceci de singulier qu'elle offre une présence mais n'oblige pas. « Je ne prends pas », disent certains patients, un peu gênés lorsque la sonnerie de leur portable vient rompre l'intimité d'une séance. Libre à chacun en effet de « prendre ou de ne pas prendre », de maintenir le contact ou de l'effacer, de valider ou de supprimer. D'innombrables autres sont là, à la disposition d'un clic, c'est-à-dire « si je veux, quand je veux ». « Vérifier plusieurs fois par heure le boîtier de mon BlackBerry sous ma veste me rassure, disait ce chef d'entreprise… Que tout le monde soit là…, mais que personne ne me dérange ! » « J'ai cent cinquante amis sur Facebook », remarquait de son côté cette jeune internaute, pourtant bien solitaire dans son existence. Dans le lien virtuel, le moi peut être relié et le sujet fondamentalement désengagé.

Ce qui est tout à fait inédit, c'est la façon dont toute une génération s'est habituée à faire cohabiter et à alterner deux modes de relation, l'un virtuel, l'autre réel.

Un vieux routier de Meetic résumait sa fréquentation du site de la façon suivante : « Surfer, contacter, rencontrer parfois et se hâter de passer à autre chose… voilà ce que l'on peut attendre d'un site de rencontres : un service. » Cet usage pragmatique est, sous ce laconisme utilitaire, plutôt rare. La plupart des internautes, lorsqu'ils s'inscrivent sur un site ou un blog, semblent animés par un certain désir de dialogue, un idéal de la rencontre, une attente affective. Pour cette trentenaire sans attache, « le site, c'est une grande famille, une fraternité à la fois proche et inconnue ». Pour cette adolescente, « c'est une magie de parler chaque soir sur Facebook à une amie de cœur qui habite l'Australie ». S'il y a en effet une magie de la rencontre sur les ondes, c'est que celle-ci permet de faire l'impasse sur le réel. L'ami d'Internet, c'est, à portée d'un clic, l'autre pris dans le dédoublement imaginaire ou l'illusion projective. L'autre tel qu'il est rêvé, non pas tel qu'il est.

En contrepoint de cette magie, il y a l'autre réel, « derrière le mur ou la haie mitoyenne », avec son bruit, son désordre et sa vie. Il y a les innombrables chamailleries inhérentes au quotidien, celles du voisinage, celles des couples et des familles, celles des automobilistes et des piétons, celles des enseignants et des élèves, qui n'en finissent pas de détromper l'illusion de l'espace virtuel : l'autre n'est pas comme on voudrait qu'il soit.

La capacité d'alterner les deux registres de la relation n'est pas donnée à tout le monde. Pour certains, souvent plus jeunes, l'espace virtuel peut constituer un évitement du réel, voire, à certains moments de fragilité, tenir lieu de réalité. En voici un exemple : à la demande de ses parents, inquiets devant l'effondrement de ses notes en terminale, je rencontre Jonathan. Il me faudra plusieurs entretiens pour comprendre que cet adolescent épuisé passe ses nuits à jouer au poker en ligne. Depuis quelques mois, il accumule les victoires et s'est fait une réputation dans un réseau d'internautes anonymes. Cette bataille virtuelle l'absorbe totalement et s'offre à lui comme moyen d'éviter la réalité plus éprouvante du baccalauréat.

La plongée dans l'univers des jeux vidéo et de l'interconnexion informatique représente un souci majeur pour les éducateurs d'aujourd'hui : la familiarisation précoce de l'enfant avec la rencontre virtuelle, lorsqu'elle n'est pas pondérée par le réel, n'influence-t-elle pas en profondeur la relation à autrui, lui conférant une dimension narcissique ? On dit qu'Internet crée de nouvelles formes d'addictions. Ne serait-il pas plus juste de penser que l'usage fait de cet outil vient révéler la qualité de l'expérience d'altérité et, dans certains cas, dévoiler l'inconsistance du monde intérieur ?

Y a-t-il encore un autre sexe ?

L'autre, c'est aussi l'autre sexe, le sexe de l'autre. Dans le domaine des relations entre hommes et femmes, les mutations sociologiques ont été, depuis cinquante ans, considérables. Avec le XXe siècle, en Occident, une longue étape de l'humanité marquée par la hiérarchisation des sexes au profit du masculin a pris fin. Ce bouleversement anthropologique est à resituer dans l'histoire longue des mentalités. Ce qui, plus récemment, en constitua un levier essentiel, c'est la déconnexion du féminin et du maternel, c'est-à-dire la maîtrise de la procréation : parce qu'elle s'est affranchie des servitudes physiologiques de la procréation, la femme a pu s'aventurer sur des terrains jusqu'alors exclusivement masculins[1].

Progressivement, entre hommes et femmes, les frontières deviennent moins étanches. Les séparations, moins marquées. On assiste à un glissement de mentalité et de comportement qui ouvre à de nouvelles façons d'être. Nous sommes ainsi passés du modèle de la différence des sexes, par lequel la femme se trouvait subordonnée à l'homme, au modèle de la ressemblance, marqué par une indifférenciation progressive. Quand d'innombrables générations d'hommes et de femmes s'étaient construites dans le contraste et la hiérarchie, les jeunes générations en présence cherchent à se modeler dans l'égalité et l'identique.

Hier, Elle et Lui, c'étaient deux anatomies, mais aussi deux langages, deux mondes, deux destins. Le sexe opposé était alors avant tout un sexe différent. Peut-être n'est-il opposé que pour maintenir sa différence. Aujourd'hui, le modèle faiblement différencié permet d'échapper à une appartenance sexuée trop étroite, à une adhésion trop marquée aux caractéristiques d'un seul sexe. On est passé d'un attrait pour les « belles différences » aux troublantes « séductions de l'unité », note Michel Schneider[2].

On a pu, un certain temps, se réjouir de cet effacement et y espérer la fin de tourments sexistes immémoriaux. Dans la réalité, cette gigantesque mutation qui, en quelques décennies, est venue bousculer les habitudes millénaires est aujourd'hui très inégalement assimilée. Ce que la clinique

1. Le droit à la contraception marque la réappropriation d'une série de libertés telles que l'accès aux études, au travail, au divorce. Ces différents mouvements, qui se sont articulés et renforcés, participèrent conjointement à la conquête de ce qui jusqu'alors était interdit aux femmes : un statut de sujet autonome.

2. Michel Schneider, *La Confusion des sexes*, Paris, Flammarion, 2007, p. 124.

vient en premier lieu révéler, c'est le vacillement des identités sexuelles : hommes et femmes se découvrent incertains dans l'assignation de leur rôle respectif, délogés de l'assurance qui en découlait, saisis, l'un et l'autre, par une sorte d'indécision, de brouillage, d'illégitimité foncière.

La différence sexuelle n'est pas niée. Elle existe, elle est reconnue, mais il revient à chacun de la neutraliser, de la réduire, de l'apprivoiser. À chaque homme, de composer avec sa part féminine. À chaque femme, de faire avec sa part masculine. À chacun, de réduire l'irréductible, d'arbitrer, d'aménager en soi-même masculin et féminin. L'autre sexe, ce n'est plus seulement le sexe de l'autre ; désormais, c'est aussi le sien. Tout un langage, entre hommes et femmes, s'est ainsi transformé. Quand, autrefois, un sexe pouvait dire à l'autre : « Dis-moi qui tu es, afin que, dans le contraire, je sache qui je suis », aujourd'hui, hommes et femmes, d'une seule voix, disent : « Je suis un peu toi, tu es un peu moi... Voilà ce qui permet de nous comprendre. »

Ce qui transparaît dans la façon dont, en consultation, les femmes évoquent leur rapport aux hommes, c'est bien souvent une sensibilité exacerbée à l'égalité. Des ombres lourdes chargent encore les mémoires : celle de la domination ancestrale, de la réduction de l'être féminin au corps, à l'immanence et, surtout, celle de l'impossible accomplissement de soi. Estomper la différence, c'est bien sûr repousser l'ombre de la supériorité masculine, mais c'est aussi assurer une égalité si récemment acquise qu'elle demeure encore, bien souvent, mal légitimée et problématique au quotidien.

Chez certaines femmes, on perçoit un conflit vivace entre une soumission aux valeurs ambiantes et une fidélité aux modèles hérités. Cette jeune Kabyle, trentenaire, universitaire, appelée à parcourir l'Europe pour partager l'avancement de ses recherches, souffre d'une agoraphobie sévère, invalidante : « Sortir de la maison, m'explique-t-elle un jour, ne fut pas dans l'usage de mes aïeules. Les femmes de ma lignée, celles que j'ai connues et d'autres, dont j'ai entendu parler, n'ont jamais vécu qu'à l'intérieur : dans les murs, sous le voile. Rien ne laissait penser qu'elles en souffraient. Par contre, franchir le seuil, se risquer au-dehors, présentait pour elles un danger qui n'échappait à personne. »

Dans d'autres situations, c'est plutôt la tension entre le modèle ambiant et le désir personnel qui nourrit le conflit : « J'ai grandi avec l'idée de construire une autonomie qui devait me préserver de toute dépendance, explique une quadragénaire. Il fallait rompre avec le schéma de domesticité ancestrale. Je suis aujourd'hui plus libre que d'autres femmes, plus seule aussi. Parviendrais-je à adoucir de telles exigences ? Est-ce que je le souhaite ? »

Au-delà de cette sensibilité égalitaire, ce qui participe à la mutation en cours des rapports hommes / femmes, et en constitue l'élément le plus nouveau, c'est la féminisation de plus en plus marquée du modèle de la ressemblance. Si hommes et femmes se rapprochent, c'est, pourrait-on dire, en terre féminine, dans un espace de féminisation de plus en plus marqué. Alors que le féminisme du début du XXe siècle s'était donné pour mission de combattre la différence des sexes « à la loyale », c'est-à-dire dans une vision éminemment contestataire, le postféminisme contemporain procède, de façon moins frontale, par englobement, par contagion. Il s'étend à l'insu de tous par capillarité, créant de nouvelles façons d'être à l'autre et à soi-même.

Les stratégies développées par les femmes, intemporellement vouées à la résignation, se révèlent progressivement être leur force. Les vertus féminines d'écoute, d'accueil, de sensibilité, de compréhension, de disponibilité à autrui cessent d'être perçues comme les marques stigmatisantes d'un sexe faible. Ces valeurs se trouvent, au contraire, recréditées, réhabilitées, appelées à devenir des références dans la vie familiale et sociale. Les femmes ont des mots, des gestes et des recettes. Elles sont, dit-on, du « sexe de la sollicitude »[1]. On assiste à l'intériorisation lente et progressive d'une pensée du féminin qui se mêle à des données inédites, des représentations plus anciennes et des comportements hérités.

Dans ce monde gagné aux valeurs et aux idéaux féminins, le masculin pourrait presque s'apparenter à un handicap. L'homme est moins à l'aise dans le maniement des sentiments, moins disposé à parler, à s'épancher, à partager ses émotions et sentiments. Son autorité ne va plus de soi. Son agressivité dérange[2]. Il est pressenti inapte aux soins et à l'assistance auxquels aspire toute une société inquiète et fatiguée de se porter. « Si seulement les hommes pouvaient être des femmes… », soupirait une analysante. Tout se passe comme si on s'habituait à l'idée que l'avenir de l'humanité devait se chercher du côté du féminin ou, plus précisément, du féminin maternel…

Dans cette évolution, certains hommes perçoivent pourtant une opportunité. Au contact des valeurs féminines ambiantes, ils accèdent à une ancienne féminisation contre laquelle ils avaient dû lutter pour se viriliser et retrouvent ainsi d'anciennes attaches au monde féminin de la mère. Ainsi, il y a encore dix ans, le moment où, dans une cure type, un analysant était confronté à certaines identifications féminines incluant une dimension de passivité constituait un moment difficile. C'est beaucoup moins le cas aujourd'hui. D'une façon générale, l'homme est moins défensif lorsqu'il analyse cet aspect de lui-même. Il est en général plus prêt à se reconnaître une certaine disposition féminine. Il s'en

1. Fabienne Brugère, *Le Sexe de la sollicitude*, Paris, Seuil, 2008.

2. Dans son ouvrage, *La Révolte contre le père* (Paris, Payot, 1968), Gérard Mendel note cette stigmatisation des valeurs viriles, perçue comme une menace, et met celle-ci en lien avec l'effroi laissé dans l'inconscient collectif par la représentation de l'homme nazi. Le féminin, présumé plus humaniste que le masculin, revendique ses droits et fait main basse sur l'espace affectif de la famille.

inquiète moins. Le féminin semble avoir perdu sa légendaire sauvagerie. Il n'a plus rien de ce « continent noir » par lequel le désignait Freud. Il est devenu une terre familière, colonisée, largement arpentée par les deux sexes.

Il y a bien sûr des contre-exemples à cette généralité : « J'ai du mal avec ma féminité... Les cuisines et les chambres d'enfants m'ennuient. Je ne suis ni sensible, ni bavard, ni esthétique... Je ne sais pas m'attendrir... Relève-t-on un tel handicap ? » Au moment où cette question est posée, elle est dénuée d'humour. Ce qui la rend grave, c'est, pour celui qui la formule, l'intuition d'avoir à choisir entre une féminisation culturellement attendue de lui et ce qu'il perçoit, à l'opposé, comme essentiellement viril dans le fondement de son identité.

Les réactions masculines, très variables, témoignent d'une même hésitation : adieu aux armes, perplexité, homosexualité affichée, rupture de lien, violence accrue... Quelles qu'en soient les expressions singulières, l'expansion du féminin dérange, déconcerte, inquiète : faut-il y voir les prémices d'un dangereux gynécocentrisme ou une tentative de rééquilibrer les places de chacun, un temps nécessaire à l'intégration d'une gigantesque et récente mutation ?

Ces deux aspects contemporains de la relation homme/femme, la moindre différence et la féminisation, ne sont pas sans conséquences sur la constitution de l'identité sexuelle. Celle-ci n'est pas d'emblée acquise. On ne naît pas fille ou garçon. Dans un cas comme dans l'autre, on le devient. Un trajet est à accomplir. Autrefois, l'enfant était vite rompu à la différence sexuelle. À chacun son école, son éducation et son vêtement. L'enfant contemporain grandit, au contraire, dans une éducation grandement bisexuée. Il se façonne dans le modèle largement féminisé de la ressemblance.

Or, face à ce modèle ambiant, filles et garçons ne sont pas à égalité. Quand la petite fille s'appuie sur sa ressemblance à sa mère pour aller vers la différence du père, le petit garçon doit d'abord se différencier de sa mère et de sa féminité, sous peine de ne jamais devenir un homme. Plus que la fille, l'enfant mâle a besoin d'éprouver la différence. En ce sens, l'éducation bisexuée, conjuguée à la féminisation des modèles ambiants, insécurise probablement davantage le trajet masculin. Au cours d'une bruyante crise du milieu de vie, ce quinquagénaire fait le constat suivant : « J'étais la troisième fille de la fratrie. Il était convenu qu'à l'image de mes deux grandes sœurs je devienne "une femme comme les autres !" et, gentil mari, père attentionné, je crois l'avoir été. Aujourd'hui je me pose la question : quel homme suis-je ? Ou, plus exactement, qu'est-ce qui fait que je suis un homme ? »

Il y a une étrangeté, peut-être même une inquiétude, à penser que, pour la première fois dans l'histoire de l'humanité, entre hommes et femmes, la différence est devenue réductible. Au bon plaisir de chacun, elle se plie, se négocie, s'accommode, jusqu'à en devenir inoffensive…

Certains, notamment les partisans de l'homoparentalité, en viennent à affirmer que la différence des sexes ne constitue plus une référence symbolique universelle et fondatrice de la structure familiale. Elle doit être considérée comme une simple différence anatomique, une variable dégagée de toute perspective identitaire. Dans cette optique, influencée par la théorie du genre qui refuse l'assignation de comportements et d'attitudes spécifiques à chaque sexe, la sexualité biologique se trouve dissociée de la sexualité psychique. C'est une position que réfute la psychanalyse, qui fonde une grande partie de sa théorie sur la notion de psycho-sexualité.

L'homme ou la femme qui s'inscrit dans cette logique pourrait dire : « Je suis moi. Je n'appartiens ni au masculin ni au féminin. Je suis délié de toute appartenance sexuée, libre de contracter des liens avec d'autres individus, hommes ou femmes, aussi libres que moi. » Pour cette personne, toutes les formes d'union sexuelle se valent dans la mesure où elles sont le fait de personnes libres et consentantes. Le sexe de l'autre n'est plus nécessairement l'autre sexe. Il a cessé de faire roc. On y bute moins. Tout simplement, on l'enjambe, on passe au-dessus : « Il se trouve, me dit Marie, que j'aime Sarah, mais si Sarah avait été un homme, j'aurais aimé l'homme Sarah. C'est la personne qui m'attache, plus que son sexe. Au fond, il est possible que j'aime le masculin d'une femme comme, en d'autres circonstances, je pourrais goûter au féminin d'un homme. »

À l'extrême, l'effacement de la différence sexuée mènerait à ce temps d'avant l'interdit de l'inceste, vers l'harmonie primitive des origines. On pense à ce paradis perdu et mythique où hommes et femmes se reproduisaient à l'identique, par parthénogénèse ou ensemencement d'éléments naturels (vent, soleil), avant que survienne cette violence de la pulsion, indissociable de la confrontation à l'altérité sexuelle.

Jeanne et Lucie vivent en couple depuis six ans. Lorsque je vois Jeanne la première fois, elle est engagée depuis deux ans dans un projet de procréation par insémination artificielle avec donneur inconnu. L'échec répété des tentatives, qui ont lieu en Belgique où elles sont légales, l'amène à se poser la question d'éventuelles résistances psychologiques à une maternité consciemment désirée. Peu de temps après notre première rencontre, Jeanne m'explique qu'un collègue de travail, sensible à son désarroi, lui a proposé ses « services procréatifs ». L'homme, connu de longue date, est présenté comme une personne respectable, désintéressée dans cette démarche. Lucie, de son côté, fortement déstabilisée par cette proposition imprévue, s'angoisse au point de ne plus être en mesure d'exercer sa profession. Dans ce contexte, relativement critique, je reçois les deux femmes à plusieurs reprises et je les écoute.

De cette situation humaine, éminemment complexe, je retiens un fil, certes intuitif et ténu : l'insémination avec donneur anonyme, pratiquée à l'étranger, maintenait entre Jeanne et Lucie l'illusion d'un « entre-soi » homosexué. L'altérité sexuelle était quasiment effacée, réduite à un simple voyage en Thalys, de l'autre côté de la frontière. « On se passe d'eux… », auraient pu dire les deux compagnes, jusqu'à ce qu'un homme de chair et de sexe se présente comme géniteur possible et fasse effraction dans cette thébaïde homosexuelle, posant, sans doute violemment pour chacune, la question jusqu'alors refusée de la différence des sexes.

Ce que l'on ne saurait oublier, c'est qu'à l'arrière-plan de l'effacement des différences se tient le fantasme de bisexualité, véritable agent secret de l'autosuffisance. Ce fantasme bisexuel, « cette pulsion à être les deux sexes », est au cœur de l'enfance. Une partie du travail d'adolescence consiste à y renoncer, à faire le deuil du « sexe vaincu », pour s'affirmer progressivement dans une identité sexuelle d'homme ou de femme. Le psychanalyste qui travaille avec des adolescents peut avoir l'impression que ce travail psychique est aujourd'hui plus difficile, plus incertain. Tout se passe comme si l'individu résistait à renoncer au sexe qui n'est pas le sien. Il veut être tout à la fois, homme et femme, masculin et féminin, père et mère. Il semble encore sous le charme de ces scénarios d'enfants auxquels il joua autrefois : « Je serai le papa et toi, la maman… Après on changera… » Cette fiction infantile non dépassée abrite le rêve androgyne, c'est-à-dire, si l'on se souvient du récit de Platon, le vœu inconscient « d'escalader le ciel et de se mesurer aux dieux », le fantasme démiurgique d'autosuffisance.

On en vient à penser que le rapport à l'autre sexe est devenu, lui aussi, tributaire du grand pacte noué avec soi-même, c'est-à-dire emporté dans une altérité autocentrée, plus narcissique qu'altruiste. L'autre sexe a toujours porté l'espoir de combler un manque à être. Mais quand, hier, le modèle de la complémentarité posait d'emblée la relation homme / femme comme la rencontre de deux êtres humains conscients d'être incomplets – « Ensemble, soyons un tout ! » –, le modèle de la ressemblance est aujourd'hui appelé à certifier l'illusion d'une complétude individuelle : « Dis-moi que je suis un tout ! » Le domaine de la procréation est, à cet égard, significatif : quand autrefois hommes et femmes se rendaient mutuellement parents, aujourd'hui, en passant par l'éprouvette, le donneur anonyme ou, plus exceptionnellement, la gestation pour autrui, un « appoint » de l'autre sexe suffira pour devenir géniteur tout seul.

L'homme d'aujourd'hui, qui nourrit l'illusion de vivre dans un monde façonné par lui-même, semble s'être convaincu qu'il a les moyens de se suffire à lui seul : « Pourquoi aurais-je à supporter de n'être qu'une moitié, puisque j'ai à ma disposition de quoi être un tout ? », se demande-t-il. En écrivant ces lignes, je pense à Laure, jeune femme indécise face aux multiples possibilités amoureuses qui s'offrent à elle. Elle approche la quarantaine et cumule des expériences homo- ou hétérosexuelles, y cherchant des réponses à une question identitaire qui la taraude : « Si je ne peux pas me décider, me dit-elle un jour, c'est sans doute parce que je ne peux pas me résoudre à l'ennui d'être simplement moi. Être les deux, c'est mon luxe et ma folie. »

Si elles ne peuvent pas toujours se dire de façon aussi explicite, de telles positions ne sont pas exceptionnelles. L'identité sexuelle se stabilise plus tardivement et reste plus réversible qu'autrefois. Le fantasme bisexuel, véritable folie de tous les possibles, se résorbe plus difficilement, plus lentement. Dans un certain nombre de cas, l'attrait libidinal pour le même sexe demeure latent, vivace et, malgré un engagement hétérosexuel, toujours susceptible de se réveiller.

À l'échelle de l'histoire occidentale, la fin de la subordination féminine représente un incontestable progrès. C'est aussi une conquête trop récente pour être assimilée. On ne peut en rester à cette crispation égalitaire, qui s'exerce parfois au détriment d'une réflexion sur les façons de vivre en bonne intelligence.

Le progrès modifie certes le débat, mais il ne l'épuise pas, il le relance : le modèle binaire avait le mérite d'ancrer puissamment le sentiment d'identité sexuelle, mais il enfermait les hommes et femmes dans une altérité souvent méfiante, susceptible et amère. Le modèle contemporain, faiblement différencié, permet d'échapper à une appartenance trop marquée, mais, en nourrissant l'espoir insensé d'être délivré d'un manque originel, il porte les germes d'une autosuffisance potentiellement déshumanisante. Il appartiendra aux jeunes générations de reprendre la question et de la mener plus loin.

« D'où vient que je me sente si seul ? »

À l'homme qui, au début de ce chapitre, se posait la question et à tous ceux qui sont habités par le même tourment, il revient d'engager la réflexion sur un terrain personnel, mais également de la resituer dans une dimension ontologique, car la solitude est humaine, inévitable, consubstantielle au principe de vie. Elle est probablement ce qu'il y a de plus tragique chez l'homme. La conscience que chacun en a est inégale, toujours influencée par la mémoire des premiers attachements.

Si l'expérience d'altérité s'imprime puissamment au commencement de la vie, elle ne cesse de se réécrire par la suite. Nous apprenons l'autre en vivant. Nous l'apprenons entre rencontres et absences, dans la douleur et dans la joie, en chair et en esprit. Ainsi parvenons-nous, dans le meilleur des cas, à apprivoiser cette part de solitude irréductible en la partageant. Aimer, ce n'est peut-être que cela, « prendre soin de la solitude de l'autre, disait Christian Bobin, sans jamais prétendre la combler, ni même la connaître[1] ».

1. Christian Bobin, *Un livre inutile*, Paris, Fata Morgana, 1992, p. 65.

III

Pédophilia…
Quel amour d'enfant ?

L'enfant, c'est l'enchanteur, l'exquise vulnérabilité, cette part de sacré sans laquelle la vie n'est plus qu'un peu de sable entre les doigts. Voilà bien ce qui l'expose et le met en danger. Le sacré invite toujours au sacrilège… De pauvres bougres, des brutes épaisses, se sont chargés de la besogne. Ces hommes-là, nous les désignons du doigt. Nous les punissons. Ils le méritent. Mais la question demeure, qu'il nous faut entendre : de quel amour aimons-nous l'enfant ?

L'enfant occupe aujourd'hui le cœur de la famille et peut-être même de la société. Néanmoins, il est le lieu de toutes les ambiguïtés. Il est un roi et une victime. Il est un ange et un démon. Il est un petit sujet et un objet manipulable. Il peut être désiré ou refusé, fabriqué ou détruit, adulé ou abusé… L'enfant est devenu l'objet passionnel de notre culture.

Cette passion pour l'enfant est un phénomène inédit dans l'histoire des hommes. Mais elle est pourtant l'expression ultime d'un mouvement qui s'est progressivement affirmé en Occident et témoigne d'une lente modification du regard porté sur l'enfance.

Jusqu'au XVIIIe siècle, le statut d'enfance reste très incertain. Le jeune enfant n'est pas reconnu dans sa singularité. Il est à peine un humain à part entière. Quand il n'est pas « un objet ennuyeux, indigne de retenir l'attention[1] », il est un petit être sans personnalité, un « poupart », un jouet entre les mains des adultes qui n'intéresse que dans la mesure où il distrait. Dans *L'Enfant et la vie familiale sous l'Ancien Régime* (1960), l'historien Philippe Ariès associe cette insensibilité parentale à l'omniprésence de la mort : comment s'attacher à un être si vulnérable qui risque à tout moment de vous être retiré ? Sous cet angle, on entend le fatalisme distant de Montaigne : « J'ai perdu deux ou trois enfants en nourrice, non sans regret, mais sans fâcherie[2]. »

Le « sentiment d'enfance » émerge conjointement à la représentation de l'amour maternel. Ce qui est nouveau, c'est l'association des deux mots, c'est-à-dire la double promotion du sentiment et de la femme-mère, dévouée à son enfant. S'amorce alors une lente évolution des mentalités au cours de laquelle l'investissement éducatif et affectif de l'enfant ne cessera de croître.

Parallèlement, la condition de l'enfant se modifie notablement. La scolarisation se généralise en Europe, marquée par l'émergence de pédagogies nouvelles. La pédiatrie voit le jour en 1872 et s'impose comme une spécialité médicale. Au XXe siècle, la psychanalyse entre dans les mœurs et les familles. Avec la naissance de l'enfant freudien, elle devient une culture. Chacun se sensibilise à la théorie des stades du développement et à l'importance des expériences précoces. Le bébé est une personne, un sujet en puissance.

Mais l'événement majeur du changement du statut de l'enfance qui nous introduit plus directement à la question contemporaine, c'est la maîtrise de la fécondité. Avec la légalisation de la contraception (1965) et de l'avortement (1975), l'enfant cesse d'être le fruit des aléas de la reproduction. Il

1. Cité in Élisabeth Badinter, *L'Amour en plus*, Paris, Flammarion, 1980, p. 206.
2. Montaigne, *Les Essais*, II, 8.

peut naître d'un désir procréatif distinct du désir sexuel. Est bien fini le temps où l'on attendait du ciel ou de quelque destin énigmatique un heureux événement… Désormais, on veut un enfant, on le décide, on le programme, on le fabrique, parfois même au prix d'un acharnement technologique…

L'enfant pour soi

Cette victoire de la culture sur la nature aura des conséquences importantes sur les rapports entre parents et enfants, plus largement sur l'aménagement des liens familiaux.

L'« enfant né du désir de ses parents », comme l'appelle Marcel Gauchet[1], « n'est plus le fruit de la force impersonnelle de la reproduction du vivant mais, dans une occurrence tout à fait inédite, un enfant né d'un vœu privé, un enfant attendu, d'emblée conçu en tant qu'individu, imaginé en tant que personne ». Parce qu'il a été désiré, « parce qu'il est le résultat d'un désir exprès, différencié du désir sexuel », il n'est plus un enfant parmi d'autres. D'emblée, il occupe une place singulière. Il se construit et grandit d'une autre façon. Sous l'angle du rapport à l'autre et à soi-même, l'enjeu est considérable. Paul Yonnet reprend et développe cette idée qu'il articule au recul de la mort : aujourd'hui, dans les sociétés développées, les nouveau-nés et leurs mères sont assurés de vivre. L'enfant désiré est le point de rencontre du repli de la mort et d'une longue histoire de maîtrise de la fécondité, ces deux éléments contribuant conjointement à façonner l'individu moderne et à organiser sa psychologie[2].

On a beaucoup parlé de cet « enfant du désir ». On l'a décrit. On a cherché à déduire certains aspects de sa personnalité

1. Marcel Gauchet, « L'enfant du désir », *Le Débat*, n° 132, 2004, p. 98-121.
2. Paul Yonnet, *Le Recul de la mort. L'avènement de l'individu contemporain*, Paris, Gallimard, 2006.

d'adulte, en particulier son besoin jamais assouvi, quasi structurel, d'éprouver le désir d'autrui, d'y chercher une reconnaissance, une confirmation de lui-même. Il est vrai que, parmi les questions très nombreuses qui traversent le cabinet d'un psychanalyste, celle-ci insiste pour être entendue : « Ai-je été désiré ? Suis-je un enfant du désir ou du destin ? » Ce qui est alors fugitivement entrevu, c'est une validation identitaire, l'espoir d'un meilleur accès à soi comme sujet. L'évocation fantasmatique de ce que l'on appelait jadis la « scène primitive » se charge aujourd'hui d'une interrogation narcissique. La question n'est plus : « Quelle jouissance animait ceux qui m'ont conçu, dont il me faut bien reconnaître que j'étais exclu ? » Mais plutôt : « Quand, pourquoi, comment m'ont-ils désiré ? Quel désir avaient-ils de moi lorsqu'ils ont décidé de me concevoir ? » Le glissement est de taille. Ce qu'il laisse entrevoir, c'est une profonde modification du rapport entre générations et de la dette symbolique.

Contrairement à ce qu'on aurait pu attendre, le fait d'avoir été désiré et de le savoir ne conforte pas nécessairement le sentiment d'existence ou le désir de vivre. Tout se passe, dit en substance Marcel Gauchet, comme si cette trace présumée à l'origine de soi ne cessait de vouloir être retrouvée, ultérieurement réécrite, retravaillée. Il s'avère impossible de s'en détacher. Notons pourtant que, si cette question – « Ai-je été un enfant désiré ? » – se pose avec autant d'insistance à l'individu contemporain, c'est peut-être en réponse à l'évanescence de son propre désir : « Comment pourrais-je trouver le goût de vivre quand, dès le tout début, le désir qui aurait pu donner la force d'impulsion a manqué ? » Ce fantasme rétrospectif exprimerait l'inquiète question de la présence de l'autre en soutien de la difficile trajectoire de vie.

Du côté des parents, l'« enfant né du désir » est également lourd de conséquences. Certes, le souci de prolongement de soi qui habite le désir d'enfant n'est pas quelque chose de nouveau. Freud, en 1914, notait la dimension narcissique du désir d'enfant qui, sur un plan inconscient, est appelé à combler le manque de ses parents et à maintenir l'illusion de leur toute-puissance infantile. Avant d'être de chair, l'enfant est de rêve. Et ce rêve est tissé de désirs secrets, de projections de l'idéal, d'éclats de mémoire. « *His Majesty the Baby* […] accomplira les rêves de désir que les parents n'ont pas mis à exécution : il sera un grand homme, un héros à la place du père ; elle épousera un prince, dédommagement tardif pour la mère[1]. » Ce qui a changé et qui modifie profondément la nature de la relation entre parents et enfants, c'est la teneur de cet investissement narcissique.

Dans le trajet individualiste, l'enfant est d'abord un projet. Bien souvent, il est anticipé comme un révélateur de soi-même. On fait un enfant pour se réaliser, pour trouver un sens nouveau à la vie, parfois même un sens tout court. L'enfant est d'autant plus « pour soi » que sa conception et sa naissance ne s'inscrivent plus nécessairement dans une conjugalité durable. L'enfant « fait pour soi » est celui du « démariage possible », du couple à la durée incertaine. Une quadragénaire m'expliquait vouloir un enfant d'un homme que, par ailleurs, elle envisageait de quitter après la naissance. Elle n'était ni déprimée ni à proprement parler immature, mais profondément ancrée dans un trajet individualiste. Son projet d'enfant découlait d'une logique « managériale » qu'elle résumait en une synthèse saisissante : elle venait d'avoir quarante ans et estimait que le temps biologique de la maternité courait à sa fin, alors que celui de sa vie de femme, indissociable de sa vie professionnelle, était encore à venir. Avoir un enfant, le mettre au monde et l'élever relevait donc d'une économie durable dans une logique de l'éphémère.

Si, bien souvent, le projet d'enfant s'intègre dans un projet de vie, il n'en constitue pas moins une mise à l'épreuve

1. Sigmund Freud, *Pour introduire le narcissisme* (1914), in *La Vie sexuelle*, trad. Denise Berger, Jean Laplanche *et al.*, Paris, PUF, 1969, p. 96.

de l'individualisme. La perspective de devenir parent est plus anxiogène et probablement davantage conflictualisée qu'autrefois. L'inévitable mise à disposition de soi, inhérente à l'état de parenté, se trouve, aujourd'hui, contrée par l'idéologie d'autonomie. Les jeunes parents sont plus que jamais conscients de ce qu'il en coûte d'avoir un enfant. Ce coût n'est pas que matériel. Il est temporel, psychique. Il sera anticipé en termes de liberté perdue, d'autonomie concédée. Décider d'avoir un enfant, c'est accepter de se rendre dépendant. Plus précisément, c'est consentir à dépendre de l'incontournable dépendance de l'enfant. C'est se mettre au service d'un tout-petit qui, pendant des années, aura besoin des adultes pour se construire. On conçoit aisément que d'importantes résistances se greffent à cette anticipation, parfois vécue comme une entrave à l'épanouissement de soi. L'enfant qui ne vient pas, « l'enfant qui ne se laisse pas faire », dirait Françoise Dolto – nous pensons à certaines stérilités inexpliquées sur un plan physiologique –, n'est peut-être pas étranger à cette représentation. Une future mère avancée dans sa grossesse relatait un rêve fait quelques jours auparavant. Elle se voyait au volant d'un véhicule encombrant, engagée sur une autoroute interminable. La teneur angoissée du rêve tenait à l'impossibilité, vivement ressentie, de ne pas trouver de sortie : « Voilà ce qui m'attend, commenta-t-elle soudain inspirée : un enfant à mettre au monde, à nourrir, à élever… Une conduite de vie, une voie dont on ne sort pas, une fois qu'on s'y est engagé… ».

En matière de procréation, l'ambivalence est donc extrême. Vouloir ou ne pas vouloir. Vouloir un enfant pour se réaliser ou ne pas le vouloir par peur de s'aliéner. L'écart entre ces deux tendances ne fait que s'accentuer. L'enfant est de plus en plus voulu, revendiqué comme un droit (c'est bien le débat actuel sur l'homoparentalité), fabriqué dans un acharnement procréatif et de plus en plus refusé, comme en témoigne la stagnation démographique en Occident.

Gardons à l'esprit, ainsi que le souligne Paul Yonnet, que la contraception procède du vœu de contrer la conception : « La contraception est une infécondité volontaire provoquée par l'emploi de méthodes anticonceptionnelles[1]. » Un certain nombre de personnes choisissent aujourd'hui de vivre sans descendance. En France, le taux de renouvellement des générations se situe à 2,1 enfants par femme. Il est actuellement bien en deçà dans plusieurs pays d'Europe. « La société qui prône le modèle de l'enfant du désir est aussi la société du refus de l'enfant[2]. » Dans son essai sur les itinéraires de la maternité, la psychanalyste Monique Bydlowski souligne cet aspect et remarque que, pour de nombreuses femmes, la vie de couple commence aujourd'hui par une période d'infertilité volontaire et la prise de contraceptifs : décider d'avoir un enfant, c'est revenir sur la décision de ne pas en vouloir[3].

Le sacre de l'enfant

Il y a environ soixante ans, sous la plume d'Antoine de Saint-Exupéry, un enfant étonnant a fait son entrée dans les familles. L'air de rien, il s'est mis à se moquer gentiment de la triste folie des adultes. Ce petit prince nous a émerveillés, impressionnés. Nous l'avons écouté et, auprès de lui, nous nous sommes pris à rêver d'être des enfants. La poésie ne fait pas de bruit. De là peut-être vient qu'elle n'inspire pas la méfiance... Nous n'avons pas tout de suite perçu la force subversive du propos.

La figure du petit prince cristallise une tendance qui, sous des influences diverses, va se renforcer pendant plusieurs

1. P. Yonnet, *Le Recul de la mort*, *op. cit.*, p. 186.
2. M. Gauchet, « L'enfant du désir », art. cité, p. 109.
3. Monique Bydlowski, *La Dette de vie. Itinéraire psychanalytique de la maternité*, Paris, PUF, 1998.

dizaines d'années et témoigne du changement de la relation entre parents et enfants : l'enfant n'a plus besoin de ses parents pour sortir de son immaturité affective. Et, ce qui est fondamentalement nouveau, cet enfant princier se met à parler. Du haut de son innocence, il s'adresse à l'adulte et lui enjoint de l'écouter. L'enfant sait, il énonce, il prescrit. Notons le fait : au moment même où l'individu devient sourd à ses aînés et à toute forme de transmission, il se met à écouter la sagesse d'un enfant. Au moment où il se refuse à honorer toute tradition, toute précédence, il transfère cet honneur vers l'enfant ignorant. Là est l'événement : l'enfant prend la parole. Il détient une vérité. Il donne des leçons. Il revendique ses droits. Il est une grande personne.

Il est vrai que l'enfant des sociétés traditionnelles ne dérangeait pas beaucoup. Longtemps, il se tenait sur le bord, conscient d'avoir à grandir pour rejoindre le monde des adultes. Il attendait son heure. L'enfant d'aujourd'hui, dès sa naissance, prend la parole en ces termes : « Je suis Hector. Je pèse trois kilos… Mes parents sont fiers de moi. » Ainsi s'introduit-il lui-même au monde : « Me voilà, faisons connaissance ! »

On parle d'un enfant-roi. Cette notion sur laquelle on s'entend peut-être trop vite désigne une représentation de l'enfant auquel tout semble dû et devant lequel s'inclinent des adultes. On parle également de pédocentrisme, d'infantolâtrie. Ces mots sont barbares. Ce qu'ils disent, c'est la force de l'investissement dont l'enfant désormais fait l'objet. C'est la fascination qu'il exerce sur l'adulte. Dans la famille contemporaine, l'enfant doit occuper le centre. Le laisser sur le bord, ce serait l'oublier, le négliger, peut-être même le maltraiter…

On en vient à se questionner : pourquoi l'enfant fait-il aujourd'hui l'objet d'une telle dévotion ? Qu'est-ce qui nous fascine en lui au point que nous le laissions occuper le centre de nos familles et, parfois, diriger nos vies ? Comment comprendre que nous lui accordions autant de droits sans attente de retour ? À quelles obscures raisons tient une telle vénération ?

Cette question est à resituer dans l'humeur de notre époque. Il y a peu de temps encore, l'individu était soumis, mais il était également orienté, soutenu, conduit. Le voilà libre mais à charge de lui-même. Le voilà autonome, mais seul et profondément désorienté. Insistons à nouveau sur ce fait : l'homme d'aujourd'hui est fatigué d'avoir à penser sa vie, à la vouloir, à la porter, à en redessiner les trajectoires. Au cœur de cet individualisme volontaire et surmené, il y a cet espace sensible, cette exquise vulnérabilité que représente l'enfance. Il y a cette « étrange défaillance de la douceur », comme disait E. Levinas [1], qui fait rupture avec l'exigeante construction de soi.

Parce qu'il est né du désir, l'« enfant pour soi » n'est plus tout à fait un autre. Il est un petit semblable. Il est le même. Le meilleur du même. Cet « enfant-soi » est plus que jamais invité à se constituer en reflet idéal de son parent. Il est appelé à lui renvoyer une image magnifiée de lui-même, à devenir le partenaire d'un jeu de mime où la fatigue s'estompe, où il devient possible de se redresser, de trouver un petit supplément d'âme. Et pour lui sera rêvé tout ce qui s'est avéré impossible pour soi, tant sont attendus en retour le goût de vivre, l'épanouissement, le bonheur. « J'ai appelé ma fille Éden », disait une mère visiblement épuisée, au cours d'une émission télévisée. Puis, après un silence : « Éden, pour que sa vie soit tout ce que la mienne n'est pas. »

L'enfant est cet élu qui, lorsque nous le regardons, nous permet de résister à la dure loi des hommes, à la différence des sexes et des générations, à la temporalité, à la finitude. Il est ce fragment d'innocence que chacun porte en soi. Il est, dans un monde sans transcendance, cette part de sacré sans laquelle la vie n'est plus qu'un peu de sable entre les

1. Emmanuel Levinas, *Difficile Liberté*, Paris, Albin Michel, 1994, p. 55.

doigts. Il est l'enchanteur d'une culture désenchantée. La vénération qui lui est portée viendrait dire l'impossible « mise à mort de l'enfant merveilleux » dont parlait Serge Leclaire, le meurtre de cette « représentation de plénitude, de jouissance immobile », toujours renaissante en chacun de nous[1]. Si l'enfant doit être merveilleux, si nous le regardons comme une merveille, c'est que nous cherchons encore en lui quelques fragments d'un rêve démiurgique, auquel, portés par l'utopie d'autofondation, nous avons voulu croire : « Et si nous étions comme des dieux ? » Et l'enfant, parce qu'il est un enfant, accepte de porter le rêve moribond, il s'anime des derniers souffles de l'illusion. Il se façonne dans cet émerveillement. Il a ses raisons pour cela : lui aussi voudrait bien croire que tout est permis, que tout est possible.

L'enchantement a un tel pouvoir attractif qu'il contribue à inverser les mouvements identificatoires entre générations. « Ce ne sont plus les enfants qui rêvent de grandir pour faire tout ce que leurs parents leur interdisent, dit Michel Schneider, ce sont les “grandes” personnes qui rêvent d'être toujours des petits enfants, pour en garder les plaisirs. Au fond, l'idéal collectif est celui de *L'Île aux enfants*, cette émission quotidienne des années 1970 par laquelle les baby-boomers ont bercé leur progéniture[2]. » À tel point que sortir de l'enfance s'apparente aujourd'hui à un véritable travail. « Je vous laisse l'enfant, j'emporte l'adulte... », disait ce quadragénaire après quelques années d'analyse. Puis, dans un demi-sourire : « Il fallait bien m'y résoudre ! » L'esprit contemporain résiste à conclure le jeune temps. Il s'y prolonge. De s'être modelés dans le regard émerveillé de leurs parents, certains adultes ont du mal à se remettre. Pour eux, s'émanciper est chose

1. « Il y a pour chacun, toujours, un enfant à tuer, le deuil à faire et à refaire continûment d'une représentation de plénitude, de jouissance immobile, une lumière à aveugler pour qu'elle puisse briller et s'éteindre sur fond de nuit. » Serge Leclaire, *On tue un enfant*, Paris, Seuil, 1975, p. 12.

2. M. Schneider, *La Confusion des sexes*, *op. cit.*, p. 16.

facile. Ce qui l'est moins et se trouve parfois reporté à plus tard, c'est de quitter, de perdre définitivement le temps béni des insouciances. Comment partir tout en restant ?

Plus l'enfant est vénéré, plus l'adulte s'interroge sur son propre vécu infantile estimé déterminant. Il s'en inquiète et s'en émeut. Il n'en finit pas de louvoyer du côté de cette part perdue. Il est vrai que le charme est puissant. Nous sommes intrigués par cet enfant d'autrefois en nous-mêmes. Nous n'en finissons pas de l'inviter. De toutes parts, il nous est conseillé de ne pas l'étouffer mais, au contraire, de lui donner la parole, de lui prendre la main. L'esprit d'enfance semble être devenu l'esprit du temps.

D'une telle fascination, nous ne pouvons plus méconnaître le double danger : que l'adulte grisé s'infantilise et que l'enfant résiste à se laisser humaniser. « L'infantilisme en Occident, remarque Pascal Bruckner, n'est en rien l'amour de l'enfance mais la quête d'un état hors du temps où l'on brandit tous les symboles de cet âge pour s'en griser, s'en étourdir[1]. » Pourrait être qualifiée d'infantile une culture qui vénère excessivement l'enfance et va jusqu'à en faire un dogme, oubliant peut-être qu'elle n'est pas une fin en soi et que sa principale mission, c'est d'en déloger le petit pour le mener à l'âge d'homme. En d'autres termes, le culte de l'infantile qui s'exacerbe actuellement dans nos contrées se déploie au détriment de notre culture humaniste. Quoi qu'on veuille en penser, l'enfant n'est pas l'avenir de l'homme.

Aujourd'hui, l'enfant n'est donc plus seulement réel. Il est devenu idéologique, mythique. Nous vivons, disait Lacan, à l'ère de l'« enfant généralisé »[2], née du déclin de la

1. Pascal Bruckner, *La Tentation de l'innocence*, Paris, Grasset, 1995, p. 107.

2. Jacques Lacan, « Allocution sur les psychoses de l'enfant » (1967), in *Autres Écrits*, Paris, Seuil, 2001, p. 369.

fonction paternelle, qui n'est pas étrangère à la perversion. Une telle sacralisation ne risque-t-elle pas de se retourner contre l'enfant lui-même ? Certains anticipent ce possible retournement, comme le philosophe Christian Godin lorsqu'il évoque l'« innommable détestation de l'enfant »[1]. Il est vrai que les sentiments les plus extrêmes coexistent dans l'inconscient. La haine couve toujours derrière une idéalisation trop marquée. Le sacré est toujours craint. Il contient les germes du sacrilège et du sacrificiel. L'enfant serait-il en danger ? En quoi consiste ce danger ?

Éros ou *philia*, quel amour d'enfant ?

Un très jeune père, encore sous le coup de la naissance de son premier enfant, explique avoir, sur les conseils de l'accoucheur, saisi la main du nouveau-né alors en cours d'expulsion. « Et quelques secondes, ajoute-t-il, nous sommes restés là…, lui, à moitié né, dont j'ignorais encore le sexe et moi, son père. Notre union était scellée. Un pacte d'amour… »

L'amour parental a toujours existé. Plus ou moins, à en croire É. Badinter qui le considère comme éminemment tributaire des époques et des mœurs, mais il n'était pas l'objet d'une question[2]. Il n'avait pas besoin d'être pensé, verbalisé. Il était une de ces évidences qui n'appellent pas de commentaire, sauf peut-être dans ses formes pathologiques. Pour le jeune parent, comme pour l'enfant aujourd'hui, la question de l'amour d'emblée se pose et très vite se complique. Nous baignons dans une mythologie amoureuse. Mais ces eaux amoureuses ont pris une couleur trouble.

Il existe en effet une clinique de l'inceste qui ne se résume

1. C. Godin, *La Fin de l'humanité*, *op. cit.*
2. É. Badinter, *L'Amour en plus*, *op. cit.*

pas à un grossier décryptage comportemental. Cette clinique que, par référence aux travaux de Paul-Claude Racamier, on a coutume de désigner sous le nom d'« incestuel »[1] serait à appréhender comme un vaste nuancier qui aurait ses couleurs, ses tonalités, ses déclinaisons multiples. Les couleurs de l'inceste dépassent le noir et blanc. Elles sont graduelles, en demi-teinte, souvent estompées. Elles tiennent à une certaine atmosphère familiale, à un climat affectif et relationnel où deviennent perceptibles un subtil mélange des identités et des générations, un empiètement discret des places et des paroles.

Ainsi se dessinerait l'amour d'inceste par opposition à l'amour chaste. Sur le plan étymologique, ces deux mots s'opposent. L'inceste (*incastus*), c'est le non-chaste. L'amour d'inceste s'apparente à une captation, une consommation de l'autre. Il convoite, prend, s'emplit. Il ne cesse d'obturer le manque, de combler la brèche. C'est l'amour du ça, l'amour d'*éros*. L'amour chaste, au contraire, est celui qui s'abstient, qui renonce au tout plein, au tout de suite de la rencontre. Il reconnaît l'insatisfaction comme structurelle du sujet et consent à réaménager constamment la perte. C'est l'amour *philia*.

Dans cette version élargie, l'enfant de l'amour d'inceste peut être aimé, passionnément aimé, mais il n'a pas cette chance d'être aimé d'amour chaste. Il est enclos dans la jouissance ou, plus exactement, dans le rapport à la jouissance de son parent. Il ne s'appartient plus lui-même. Il est pris en otage, confisqué, attendu comme un objet de complétude ou de comblement. C'est un enfant comblé – comblant[2]. Pour le dire autrement, l'amour chaste serait au plaisir ce

1. Paul-Claude Racamier, *L'Inceste et l'incestuel*, Paris, Dunod, 2010 [1995].

2. Dans la pensée psychanalytique, ce mode d'attachement correspond à ce qui a pu être décrit à propos de l'enfant phallus ou encore de l'« enfant-bouchon » dont parle J. McDougall, *Théâtres du je*, *op. cit.*

que l'amour d'inceste est à la jouissance. Le plaisir suppose l'intégration d'une privation. Il admet une abstention, une abstinence, contrairement à la jouissance qui n'en supporte aucune. Ainsi compris, l'amour d'inceste, plus fréquent qu'on ne le pense, définit toutes les formes de relations parent/enfant dans lesquelles l'économie de la jouissance prévaut sur l'économie de plaisir. Il prédomine lorsqu'une certaine connotation érotique imprègne les liens affectifs entre deux générations.

Cette plongée en eau trouble, cette immersion dans une culture familiale incestueuse n'est pas le fruit du hasard. Elle s'est faite sur plusieurs décennies, subtilement, à notre insu, et procède de la conjugaison interactive de plusieurs éléments.

En premier lieu, la privatisation de la famille. Ce n'est pas par hasard si l'extension de la notion d'inceste à celle d'incestuel, c'est-à-dire d'un comportement agi à une atmosphère suggestive, survient au moment où la famille, méfiante de la société, de ses dangers et de ses méfaits, commence à se rétracter sur elle-même. La « petite forteresse famille », comme la nomme Louis Roussel[1], désigne cette famille où l'on vit dans l'« entre-soi ». Elle définit un espace privé, construit autour d'un partage de l'intime, un espace où les liens sont moins filiatifs qu'affectifs ou affinitaires. Dans ce « logis », la différence des générations devient réductible. L'enfant se tient en grande proximité de l'adulte qui voit en lui un partenaire, un coéquipier, un confident, parfois même un parent. Les « nouvelles familles », dans lesquelles le jeu des filiations est souvent complexe, favorisent cet effacement. Ce qui peut alors faire symptôme, c'est l'aspect déstructuré et protéiforme du groupe, son apparence « magmatique », au sein de laquelle règne une promiscuité psychique propice aux courants incestueux.

1. Louis Roussel, *L'Enfance oubliée*, Paris, Odile Jacob, 1992.

Un deuxième élément prédisposant, c'est l'extrême difficulté de notre culture à tolérer toute forme de manque. L'enfant occidental ne doit manquer de rien. Il ne peut avoir la bouche vide, la main tendue, l'esprit vacant. Il doit être empli. De nourriture, mais aussi d'images, de sons, de loisirs, de vêtements, de technologies, de sucres et de peluches… Cet enfant représente une part importante du budget familial et se construit dans une logique marchande qui ne cesse d'inviter à s'emplir, à profiter, à convoiter. Il aura des vêtements de marque, un cartable neuf à chaque rentrée scolaire, une console et, de plus en plus tôt, un téléphone portable. L'enfant pléthore des pays riches doit consommer et faire consommer. Il est un minuscule rouage du grand marché, un maillon de la chaîne du plein. Est incestueuse la culture familiale qui entend et traite la demande comme un besoin à assouvir et non comme un désir en émergence.

L'amour d'inceste persévère dans l'idée que s'aimer, c'est se combler mutuellement. Mais jusqu'où se combler ? Jusqu'où assouvir ? À trop satisfaire le besoin, ne court-on pas le risque de saturer la demande, d'étouffer le désir ? L'amour d'abondance n'est pas nécessairement un amour de l'être. Il se peut même qu'il décourage le sujet naissant, qu'il désubjective. Il existe des amours sujeticides.

L'offense faite à l'enfant

Il y a aujourd'hui une dramaturgie sociale de la maltraitance autour de laquelle s'érige tout un système de prévention, de signalement et de dénonciation. Cette notion apparaît en 1960 à partir du « syndrome de l'enfant battu » qui établit un lien entre les symptômes corporels d'un mineur et une pathologie familiale. Le néologisme de maltraitance rassemble une série de comportements d'ordres différents, relatifs à la déviance, à la déficience, à la carence, au harcèlement, et apporte une visibilité nouvelle à une réalité extrêmement large, jusqu'alors indistincte parce que disparate. À partir des années 1980, ce concept connaît une vogue croissante. Il s'impose à nos consciences au moment où, sous de multiples influences, la famille s'éloigne de sa version traditionnelle et où se multiplient des configurations familiales de plus en plus atypiques.

Il est difficile d'affirmer avec certitude que la maltraitance augmente et tout aussi difficile de faire la part entre une augmentation réelle des faits et les conséquences d'un dépistage plus systématique[1]. Ce qui, en revanche, a changé, c'est notre perception de la maltraitance, indissociable du statut de l'enfant, de sa place dans la famille et des relations qu'il entretient avec les adultes. Il n'y a pas si longtemps encore, les pratiques éducatives admettaient une dimension coercitive, susceptible de participer au dressage des enfants. Dans l'état d'esprit actuel, les parents de l'époque seraient tous jugés comme gravement maltraitants.

Loin de nous l'idée de réhabiliter ces pratiques d'autrefois ou de nier la réalité de la maltraitance, mais il importe de mentionner l'intolérance contemporaine à toute forme de violence éducative et la latitude interprétative de la notion d'abus parental. « La médiatisation de la maltraitance dans le grand public et auprès de l'Éducation nationale ainsi que l'obligation légale de signaler ont fait monter en flèche le nombre de signalements : on ne vise pas seulement à

1. Selon une étude de l'Observatoire national de l'Action sociale citée par *La Croix* du 12 mai 2010, en 2008, 284 000 enfants et jeunes de moins de dix-huit ans bénéficiaient au moins d'une mesure de protection de l'enfance, soit 1,90 % des jeunes de moins de dix-huit ans. Environ 142 000 enfants avaient été confiés à l'Aide sociale à l'enfance (ASE), c'est-à-dire placés. Plus de la moitié d'entre eux dans une famille d'accueil, 39 % dans un établissement public. 74 % des enfants placés l'avaient été à la suite d'une mesure judiciaire. 142 600 enfants bénéficiaient d'une action éducative en milieu ouvert (AEMO).

protéger l'enfant mais à se couvrir», remarquent Caroline Eliacheff et Daniel Soulez-Larivière[1].

Cette sensibilité croissante à la maltraitance n'est pas étrangère à l'établissement d'une Convention internationale des droits de l'enfant qui attribue à celui-ci un statut juridique au même titre que les adultes. Cette convention, votée en 1989 aux Nations unies, a été contestée par un certain nombre d'experts de disciplines différentes : elle porte en effet un énorme soupçon sur l'asymétrie des générations perçue comme un danger et discrédite la fonction parentale déjà fragilisée en Occident. Elle incite les professionnels à penser l'enfant comme une victime potentielle et à chercher la solution du côté du signalement et de la séparation, sous-estimant le fait qu'une rupture dans la filiation est toujours tragique en début d'existence.

Si le temps du châtiment corporel est bien révolu, la perception de l'enfant comme «espèce en danger» ne cesse pourtant de s'affirmer. Il est vrai que, par son immaturité originaire, le petit de l'homme est en partie sans défense. Il est doublement livré à plus fort que lui : d'une part, à son monde pulsionnel qu'il ne maîtrise pas ; d'autre part, aux adultes dont il a besoin pour unifier ses pulsions partielles et acquérir une progressive autonomie.

Mais le danger en question dépasse cet aspect psychologique. Il a un fondement culturel. Il tient à la place de l'enfant, à la sacralisation dont il fait l'objet. Thanatos n'est jamais loin d'Éros. Nous sommes arrivés à ce moment, très déconcertant, de l'histoire des hommes où l'enfant peut inspirer l'effroi. Nombre de rêves d'analysants mettent en scène des représentations infantiles inquiétantes, destructrices ou dévoratrices. Ainsi ce jeu du loup, où le rêveur, père lui-même, se voit pourchassé par l'ombre d'un animal carnassier

1. C. Eliacheff et D. Soulez-Larivière, *Le Temps des victimes*, *op. cit.*, p. 119.

et, dans l'affolement, tente de lui échapper, jusqu'au moment où il prend conscience que ce loup a un visage d'enfant.

Nous pouvons avoir peur de cet enfant idole. Nous pouvons en avoir peur comme autrefois nous avons craint le père, c'est-à-dire celui qui occupait trop de place et détenait trop de pouvoir. Michel Foucault rappelle que, sous l'Ancien Régime, le crime le plus grave était le régicide. Après la Révolution, ce crime devint le parricide. De nos jours, le crime le plus choquant pour notre culture, c'est l'infanticide, le crime contre l'enfant, en particulier lorsqu'il revêt un caractère sexuel. C'est le risque du sacré d'appeler au sacrilège comme c'est le risque encouru par les idoles d'être profanées[1]. L'enfant sacralisé pourrait être en passe de devenir un enfant tabou, au point que l'adulte qui a pour mission de s'en occuper au quotidien en vient à vivre cette proximité comme dangereuse et à assimiler certains gestes tels que la fessée ou certaines formes de réprimande comme une véritable profanation, un crime de lèse-majesté. Parents, éducateurs et enseignants se mettent à douter de leurs attitudes et comportements. Certains vivent dans la crainte de commettre un acte répréhensible. Des fantasmes à tonalité sacrilège hantent les consciences. Les mères supportent mal de se sentir habitées par une agressivité pourtant inhérente à la confrontation éducative. Les pères, de leur côté, reculent devant une autorité qu'ils perçoivent comme abusive. Chacun vit dans la peur de l'irréparable. Comment ne pas casser ? Ne pas frustrer ? Ne pas stigmatiser ? Le spectre de l'incompétence parentale hante les familles, accrédité par le dogme tout-puissant selon lequel le mal-être d'un enfant ne peut qu'être imputé au comportement de ceux qui ont la charge

1. Denis Duclos, en 1997, parlait déjà d'une société pédoprotectrice considérant l'enfant comme un « patrimoine commun de l'humanité » qui serait à protéger car menacé de disparition. Denis Duclos, « L'enfance, une espèce en danger ? », *Le Monde diplomatique*, janvier 1997.

de l'éduquer. Il n'y a pas si longtemps, le *pater familias* corrigeait sans états d'âme ; aujourd'hui, le jeune père justifie une action éducative avec mauvaise conscience...

La véritable maltraitance, celle qui aujourd'hui fait l'objet d'une traque systématique, c'est la pédophilie. Sur ce point, la menace est extrême[1]. Elle plane sur les familles, les écoles, les centres aérés et les clubs sportifs. Les journaux télévisés, les hebdomadaires à grande diffusion, toujours tendus vers les basses rumeurs du monde, en témoignent régulièrement. Si autour de l'enfant un danger rôde, celui-ci désigne avant tout l'homme dans sa virilité, qu'il soit père ou parrain, instituteur, prêtre, médecin, baby-sitter...

Dans le monde de la petite enfance, l'inquiétude gagne parallèlement à la traque. De jeunes psychologues voient apparaître dans leur contrat de travail une obligation à signaler. Il leur est demandé de s'exercer à repérer à travers les expressions spontanées de l'enfant des signes de piste. Les directeurs d'école primaire se sont habitués à ce que certains d'entre eux appellent le « syndrome parapluie » : un signalement émanant d'instituteurs la veille de congés scolaires ou de longs week-ends. Les pères, eux-mêmes, en viennent à craindre leur tendresse et à réprimer certaines caresses. L'un d'entre eux, enseignant, à la maison le mercredi, m'expliquait avoir décidé de ne pas organiser la fête anniversaire de sa fille âgée de six ans, par peur d'ouvrir sa maison à une ribambelle de gamins dont l'un pourrait fabuler on ne sait quelle histoire crapuleuse.

1. En revanche, l'inceste, c'est-à-dire le rapport sexuel entre deux personnes qui sont parents à un degré où le mariage est interdit, ne constitue pas, en France, une infraction pénale. Si la relation est librement consentie et concerne deux personnes qui ont dépassé la majorité sexuelle, fixée à quinze ans dans notre pays, elle ne tombe pas sous le coup de la loi. Dans d'autres pays européens, comme l'Allemagne, l'Angleterre, le pays de Galles, le Danemark et la Suisse, le lien de famille est à l'inverse un élément constitutif de l'infraction, susceptible de mener à la répression.

Certains diront que la réalité pédophile est plus fréquente qu'autrefois. Ils s'appuient sur des analyses statistiques : en neuf ans, le nombre des condamnations pour viol a augmenté de 82 %. Celui des viols familiaux de 70 %. Le nombre des attentats à la pudeur a triplé. Mais ces chiffres sont en eux-mêmes questionnables. Traduisent-ils un accroissement des faits réels ou une dénonciation plus systématique ? Si c'est le cas, pourquoi un tel effroi ? Quel est son sens dans l'imaginaire social et les médias ? Quel point obscur, quel mal refoulé vient-il désigner ?

Qui est le pédophile ?

Pour l'expert, psychiatre ou psychologue qui l'a rencontré, le pédophile est souvent un homme à la dérive, à l'enfance blessée et au narcissisme précaire. Un homme qui n'a pas su trouver dans la culture un moyen d'endiguer ses pulsions et qui fait de l'autre un objet de sa jouissance propre. C'est donc un homme à l'état brut qui a du mal à s'humaniser.

Pour le philosophe, le pédophile prend un autre visage. Quel que soit son acte, il est pris dans des enjeux qui, sur le plan inconscient, dépassent sa personne et son crime. Pour Nietzsche et Freud, le sentiment de culpabilité préexiste à l'acte délictueux. Celui-ci ne vient qu'extérioriser une disposition antérieure au mal « déjà là ». En ce sens, il constitue un havre de soulagement. Ce qui est soulagé, c'est une culpabilité diffuse, jusqu'alors infondée car sans objet.

Mais l'histoire ne s'arrête pas là. Pour Freud, le criminel accepte de se charger d'une faute qui, sans lui, aurait pu être supportée par d'autres [1]. René Girard développe amplement

1. Ainsi, à propos de la sympathie de Dostoïevski pour le criminel, celui-ci devient « pour lui presque comme un rédempteur ayant pris sur lui la faute qui sinon aurait pu être supportée par d'autres ». Sigmund Freud,

cette thèse et montre comment, dans certaines sociétés, la violence mimétique pouvait être conjurée et jugulée en se polarisant sur quelques-uns, désignés comme boucs émissaires et sacrifiés. « Quand une calamité s'abattait ou menaçait de s'abattre sur la cité, épidémie, famine, invasion étrangère, dissensions intérieures, il y avait toujours un *pharmakos* à disposition de la collectivité[1]. » Le *pharmakos*, désignant en grec ancien aussi bien le remède que le poison ou le venin, représente la victime sacrificielle qui, en se chargeant du mal à expulser, apaise les tensions et restaure le lien social.

Admettre que l'enfant est en danger, c'est reconnaître qu'existe à son sujet une ambiguïté majeure. Cette ambiguïté tient, en premier lieu, au contraste saisissant entre la banalisation de l'érotisation ambiante et la stigmatisation pédophile. Aujourd'hui, la jouissance est partout. Tout le monde jouit de tout. Sexuellement, tout est permis. Tout est possible. Chacun peut espérer assouvir ses passions, ses pulsions et, dans un certain nombre de cas, vouloir qu'elles soient légalisées. La pédophilie représente le seul interdit majeur de notre société très libérale. Tout est permis sauf l'enfant. N'est-ce pas ce qui pourrait le mettre en danger ?

On ne cesse de médiatiser l'enfant, on ne cesse d'utiliser son corps et son charme à des fins publicitaires et on dénonce les violences sexuelles dont il est victime. L'enfant né du désir deviendrait-il l'objet d'une convoitise érotique ? L'enfant désiré pourrait-il devenir désirable ? L'idée a quelque chose d'éminemment dérangeant. Pourtant, pouvons-nous ignorer que, si l'interdit protège du désir, il conforte également celui-ci ? Dans l'espace de l'intimité analytique, un

---

« Dostoïevski et le parricide », in Fedor Dostoïevski, *Les Frères Karamazov*, Paris, Gallimard, « Folio », 1973, vol. 1, p 22.

1. René Girard, *La Violence et le Sacré*, Paris, Grasset, 1972 ; rééd. Hachette Littératures, « Pluriel », p. 143.

fait retient notre attention : au moment où, dans les médias, étaient amplement déballées les affaires de pédophilie, il n'était pas rare d'entendre certains analysants, qui pourtant n'avaient rien de pervers, se demander avec une anxiété horrifiée s'ils n'étaient pas des pédophiles en puissance. Il y a des horreurs qui fascinent par la répulsion qu'elles inspirent. Il y a des désirs qui survivent par les interdits qui les cadenassent.

À ce niveau d'analyse, il faut évoquer les modalités de la sexualité contemporaine et se souvenir que l'autonomie à laquelle est précocement invité l'enfant d'aujourd'hui précipite les processus de maturation psychosexuelle. Le temps dit de latence (qui se situe entre le conflit œdipien et le réveil pubertaire) qui est appelé à refouler, à « refroidir », le monde pulsionnel est de plus en plus restreint et l'adolescence de plus en plus précoce. Les mœurs ambiantes s'accommodent de la liberté sexuelle précoce. Ce qui se trouve alors prématurément libéré, ce n'est pas toujours une sexualité achevée mais, dans un certain nombre de cas, une sexualité immature encore marquée par le primat des pulsions partielles, la méconnaissance de la différence des sexes et des générations. De plus en plus de jeunes s'engagent ainsi, parfois même sans le savoir, dans une relation de couple et de parent dans cet état d'immaturité psychosexuelle, c'est-à-dire sans avoir renoncé aux objets de satisfaction de l'enfance.

De son côté, l'enfant n'est pas un ange comme on voudrait le croire. Il est au contraire un petit sauvageon pulsionnel, un « pervers polymorphe » disait Freud. L'enfant œdipien est livré à ses vœux incestueux qu'il ne comprend pas et ne maîtrise pas. Pour dompter cette sauvagerie, il a besoin de l'adulte et plus précisément de l'adulte chaste. Que se passe-t-il lorsque cet adulte est, lui-même, aux prises avec une sexualité inachevée ? Que se passe-t-il lorsque le vœu incestueux de l'enfant rencontre celui, résiduel et toujours vivace, de son parent ?

Le psychanalyste Sándor Ferenczi parlait d'une possible « confusion des langues » entre adultes et enfants : la tendresse n'est plus différenciée de l'érotique. L'effroi pédophile que nous cherchons à cerner ne tiendrait-il pas au fait que parents et enfants se rejoignent sur une langue trop commune, sur un fond de désir incestueux ?

Sous cet angle, la médiatisation du phénomène pédophile prend valeur de symptôme. Celui-ci traduit la projection sur quelques criminels d'une tendance collective à régresser vers des formes infantiles de la sexualité. La logique obscure du signalement correspond au besoin de trouver un coupable, un *pharmakos*. La figure du pédophile devient alors le point de fascination répulsive d'une culture de la jouissance qui ne cesse d'érotiser les rapports humains et refuse sa part de responsabilité. Si l'horreur est là-bas, de l'autre côté de la frontière, c'est qu'elle ne me concerne pas. Si le pervers c'est celui-là, ce n'est pas moi. C'est une tentation de personnifier le mal pour s'en protéger. Mais nous savons aussi que ce qui nous fascine chez autrui ne nous est pas totalement étranger. La traque obsessionnelle et la dénonciation pédophile seraient-elles appelées à soulager notre mauvaise conscience ?

Une autre lecture peut être envisagée du côté de la pulsion de meurtre. Dans notre société libérale, de nombreuses figures d'autorité sont trop fragilisées pour pouvoir soutenir la confrontation avec les jeunes générations et supporter la part de violence qui circule inévitablement dans toute collectivité. Mais où se déchargera cette violence si personne ne l'endosse ? On en vient à penser que le bouc émissaire prend les coups en lieu et place du chef, du père ou du maître qui, dans bien des cas, ne sont plus en mesure de supporter l'adresse de la violence. La même question se pose : le collectif pourrait-il vouloir inconsciemment se réassurer sur le compte du pédophile ? La chasse aux sorciers serait-elle là pour exorciser nos peurs ?

Ce ne sont là que des pistes de réflexion qui mériteraient d'être analysées plus profondément. Ce que nous cherchons à mettre en tension, c'est la place de l'enfant dans notre société, l'inquiétante étrangeté qu'il exerce et le danger qu'il encourt. L'intuition se résume ainsi : il existe une complicité latente entre le pédocentrisme, la pédophobie et la pédophilie. La sacralisation dont l'enfant fait l'objet peut inquiéter et réveiller des mouvements archaïques tant sur le plan individuel que collectif. Si l'enfant est devenu une figure inquiétante, c'est qu'il exerce une force d'attraction considérable, une formidable mobilisation érotique et narcissique sous laquelle couve une haine indicible.

Ce qu'on appelle la pédophilie est en réalité une pédophobie, une fascination doublée de peur et d'agressivité. Si notre culture est devenue pédophobe, c'est paradoxalement qu'elle manque de *philia*, cet amour distancié et respectueux de l'altérité. L'enfant d'aujourd'hui est plus aimé d'*éros* que de *philia*. Voilà ce qui l'offense.

Il existe une réalité pédophile et celle-ci doit être punie. Mais sataniser les coupables ne saurait nous innocenter. D'autres maltraitances, plus subtiles, existent probablement auxquelles nous participons naïvement. D'autres violences, d'autres formes d'emprise s'exercent à bas bruit qui n'entrent pas dans les appareils grossiers du signalement. Ce que nous dit le crime pédophile, parfois jusqu'à l'horreur, et que nous ne pouvons plus ne pas entendre, c'est notre difficulté à aimer l'enfant. À l'aimer bien. Sans passion. À l'aimer pour ce qu'il est et non pas pour ce bout de rêve démiurgique, cette promesse d'éternité qu'à travers lui nous cherchons encore pour nous-mêmes.

L'enfant est potentiellement en danger mais le danger en question n'est pas uniquement où on le cherche, où on le désigne. L'enfant est en danger d'être devenu l'objet passionnel des adultes et de toute une culture. Il est en danger d'être pris dans les filets d'Éros et de Narcisse. Il est en danger d'être dépossédé de lui-même, « squattérisé » par l'adulte qui cherche en lui le même et le meilleur du même. Là résiderait le désir secret du criminel à l'égard de l'enfant : « Ce que j'ai mis en toi, le plus précieux de moi-même, rends-le-moi ! »

Dans le cadre d'un entretien familial, j'ai un jour rencontré un petit garçon. Je ne me souviens plus avec exactitude de son âge, mais je revois son visage, son regard vif, un peu traqué qui m'intrigua aussitôt. La consultation était motivée par l'extrême passivité de l'enfant qui inquiétait les parents. Était-il malade, déprimé ? L'enfant écoutait parler ses parents. Il les écoutait avec une attention extrême et, lorsque vint pour lui le moment de s'exprimer, il dit simplement ceci : « Je voudrais qu'on me laisse tranquille… »

Quelles que soient les raisons familiales qui la justifiaient, cette parole pourrait être celle de toute une génération d'enfants : « Qu'on nous laisse tranquilles. Qu'on nous laisse être des enfants. Ce n'est pas à nous de conseiller les adultes, de les consoler, d'écouter leurs confidences, de porter leurs doutes et leurs tourments. Ce n'est pas à nous d'exercer l'autorité, de trancher des litiges et de faire des choix. »

N'en déplaise au petit prince, voilà trop longtemps que l'enfant occupe le centre. Il serait bon qu'il s'efface et regagne le bord. Voilà trop longtemps qu'il a pris la parole. Il serait bon qu'il la rende à ceux qui, trop légèrement, la lui ont donnée. Voilà trop longtemps qu'on lui demande d'être un adulte avant l'heure. Il a autre chose à faire. Grandir, c'est un travail considérable.

IV

Le marché gagne, « le désert croît[1] »

Où puiser le symbolique ?

Depuis longtemps je regardais le monde encombré. Les sacs pleins, les appétits repus, les chairs et les choses entassées…
Un jour, sous l'abondance, j'ai vu l'étendue de sable à perte de vue. J'ai entendu le silence infini. Alors seulement, j'ai compris sur quel vide énorme reposait notre monde trop plein.
Je suis inquiet. De tous côtés le marché gagne et le désert croît. La matière n'en finit pas de tomber sur l'esprit.

La brèche de l'origine

Le modelage humain est imparfait, l'argile ébréchée… Il y a en nous ce raté, ce défaut structurel, cette insuffisance de base, inhérente à l'humaine condition. Quand bien même voudrait-il n'en rien savoir, chacun a conscience de cette part manquante et, depuis le début, se débat avec elle. Chacun est voué à la faim, à la soif, à l'insuffisance et à la solitude. La brèche a beau parfois se faire oublier, s'éclipser, elle demeure pourtant. Elle est là, qui rôde, jamais très loin.

À partir de cet état d'inachèvement, deux réponses peuvent être données, chacune instaurant un rapport singulier à l'objet,

1. Friedrich Nietzsche, *Ainsi parlait Zarathoustra*, livre IV, « Parmi les filles du désert », in *Œuvres complètes*, Paris, Gallimard, 1974, t. VI, p. 327 et 330.

à autrui et, plus largement, au monde. La logique du besoin cherche à clore la brèche, à l'obstruer. Elle cherche une réponse directe, transitive. Elle va au plus court : au trou qu'elle veut remplir, à l'appétit qu'elle veut combler, à l'objet qu'elle veut posséder. La logique du désir n'a pas cette hâte. Elle entretient le mouvement d'ouverture et consent à se laisser déporter vers d'autres buts, à se déplacer vers d'autres rencontres. Ainsi va-t-elle plus loin, ailleurs, autrement, vers ce presque rien essentiel et toujours manquant…

L'homme du besoin ne cesse de contrer le manque par le plein. L'homme du désir se met en manque comme on se met en route. Le premier veut avoir plus. Le second veut être autrement. Le premier est hanté par l'idée de complétude quand le second est animé par l'accomplissement de soi.

Le besoin, pauvre, répétitif se ferme sur lui-même et laisse un vide plus grand que celui qu'il a cru combler. Le désir projette l'individu hors de lui, le tient à la périphérie d'un centre qui n'en finit pas de se dérober et ouvre ainsi le chemin.

Cette opposition, fictive, car tout homme ordinaire est simultanément travaillé par le besoin et le désir, permet d'introduire la question du symbolique.

Symbolique, *sumbolon*… Le mot grec désigne un objet d'argile brisé en deux, constituant un signe de reconnaissance lorsque les porteurs parvenaient à assembler les deux moitiés. Par dérivation, le symbole est une représentation porteuse d'un sens absent, caché, imperceptible. Il naît à la rencontre de l'individuel et de l'universel qui fait lien et sens. Le symbolique devient une disposition de l'esprit qui permet de sortir de la réalité immédiate des choses et, par analogie ou ressemblance, mène vers une compréhension plus large, une unité plus profonde du monde. À partir de là, le sens se ramifie dans différentes directions, selon le contexte où il est utilisé.

En psychanalyse, l'ordre symbolique marque l'adhésion

collective à un idéal partagé, à une autorité acceptée, à une tradition respectée. Il s'est forgé dans le recouvrement quasi total de références et de valeurs qui, totalement consensuelles, constituaient un éthos commun. Aujourd'hui, l'ordre symbolique n'est plus. Les instances politiques, religieuses et civiques se sont dénouées, décroisées, fractionnant les repères et les références. Au « vieux paysage », comme l'appelle Aldo Naouri[1], totalement unifié, homogène, a succédé une culture pluraliste qui sollicite sans cesse la singularité et la liberté de chacun.

La fonction symbolique désigne quant à elle le travail de renoncement nécessaire pour que le sujet se constitue. Le paradigme de ce renoncement, fondement de tous les interdits à partir duquel le monde s'est ordonné, c'est l'interdit de l'inceste.

À la fin d'une séance totalement silencieuse, sur le seuil, une analysante prononça ces mots : « Si je vous avais parlé, je vous aurais perdue. » À ce moment-là, ce n'était sans doute pas la femme adulte qui s'exprimait mais, ressurgie d'un autre âge, l'enfant fusionnée à la mère, qui n'avait pas encore consenti à la perte. Car pour se mettre à parler l'enfant doit, d'une certaine façon, renoncer à la mère. Au moment où il parvient à la nommer, à s'adresser à elle, sa mère devient une personne différenciée de lui. Le babil constitue alors une façon de la retrouver. « La langue maternelle est celle dans laquelle on a perdu la mère[2] », dit Jean-Pierre Lebrun. Elle est celle qui supporte le double mouvement de la perte fusionnelle et de la reconquête par les mots.

Dans la même logique, un peu plus tard, l'enfant va quitter la chaleur de la maison et de la famille pour prendre le chemin de l'école. Là encore, la perte consentie ouvre aux acquisitions scolaires, à la socialisation et au chemin de la culture.

1. Aldo Naouri, *Éduquer ses enfants*, Paris, Odile Jacob, 2008, p. 32.
2. J.-P. Lebrun et A. Wénin, *Des lois pour être humain*, *op. cit.*, p. 17.

Tout progrès, toute avancée psychique est conditionnée par cette acceptation.

On pourrait dire du symbolique qu'il est un outil à transformer ce que l'on consent à perdre. C'est la petite main, la cheville ouvrière qui fait pivoter la perte, la sort de ses gonds, la déjante opportunément pour lui offrir une contrepartie. Car ce à quoi nous renonçons, nous le retrouvons toujours plus, à un autre niveau, d'une autre façon. Non pas dans l'objet perdu lui-même, mais dans le trajet qu'il nous a fallu faire pour accepter de le perdre. En cela réside le travail de symbolisation qui consiste à se rendre vers le manque éprouvé, à le soulager en l'inscrivant dans un ordre signifiant qui est aussi celui du désir. « La castration veut dire qu'il faut que la jouissance soit refusée pour qu'elle puisse être atteinte sur l'échelle renversée de la loi du désir », disait Lacan[1].

Le marché gagne, « le désert croît... »

Depuis les années 1980, l'Occident est saisi par les fièvres du consumérisme et l'emballement technologique. Nous sommes entrés dans un monde marqué par le confort matériel, le besoin de sécurité et le goût du divertissement. Désormais, comme, déjà, Péguy en percevait les prémices, « tout s'achète et se vend et se livre et s'emporte[2] ». Nos espaces de rêve sont devenus des grandes surfaces ou des petits écrans. La « vraie vie » se cherche dans les « hypers ». Nous remplissons nos congélateurs, nos placards et nos greniers et, avec le même plaisir, nous les vidons. Nous nous tenons tour à tour avides et encombrés auprès d'un marché qui, anticipant

1. Jacques Lacan, « Subversion du sujet et dialectique du désir dans l'inconscient freudien », in *Écrits*, Paris, Seuil, 1966, p. 827.

2. Charles Péguy, « Ève » (1913), in *Œuvres poétiques complètes*, Paris, Gallimard, « Bibliothèque de la Pléiade », 1975, p. 972.

toujours mieux nos besoins, s'applique à nous combler et à réamorcer l'état de manque. On nous vend de la matière en nous faisant croire que nous gagnons de l'être, de l'être mieux, et nous avons la faiblesse de le croire. Il ne nous déplaît pas de penser que, pour être heureux, il suffit de savoir acheter. « Le bonheur, me disait en entretien une adolescente morose, ce serait la plénitude. » Après une hésitation, elle précisa : « Être comblée… » Elle semblait sincère, ce qui la rendait tragique. Il est vrai que nous aspirons à être rassasiés. Dans la grande fête ambiante, nous voulons jouir de tout. Et puisque le forfait est illimité, nous ne mettons pas de freins à nos gourmandises. Nous nous emplissons par toutes nos brèches : toujours plus d'images, plus de sons, plus à boire et à manger… Notre bien-être se réduit au plein-être. Être bien, c'est être plein.

Il est vrai que le plein rassure. Il tient chaud. Il console. Mais le drame, c'est qu'il ne dure pas. Fatalement, il tend vers le vide. Il y a cette brèche énigmatique, originaire, par laquelle un peu de nous-mêmes s'échappe toujours. C'est l'histoire des Danaïdes. Le vase se vide et nous nous épuisons à le remplir. Nous sommes voués à la faim, à la soif et au besoin. L'ancien dilemme renaît : clore le besoin ou l'ouvrir au désir ? Obturer la brèche ou la prolonger et en faire une quête ?

On dira à juste titre que, depuis qu'il existe, le monde est marchand. Ce qui a changé, c'est la prééminence, pour ne pas dire le totalitarisme, de la dimension économique. Ce n'est pas de vouloir jouir qui est nouveau. C'est que cette jouissance soit culturellement désignée comme une fin en soi. Celle-ci n'est plus seulement un droit acquis. Elle est devenue le lieu même d'une affirmation existentielle : « Si je consomme, c'est que je vis. C'est que je suis… » Il y a un art événementiel de la consommation qui a ses rites, ses usages, ses modes. « Je suis toujours à la sortie du film attendu, au premier jour des soldes, au resto le plus branché du moment…

Ne pas y être, ce serait être moins… », remarquait une trentenaire rompue à cette logique. De telles habitudes consuméristes se légitiment par les exigences individualistes et, à ce titre, font partie de la morale libérale : « Profite parce que tu mérites ! Tu vaux bien ce que tu consommes… »

Ce qui est banal perd de sa visibilité. Nous mesurons mal à quel point nous sommes saisis par ce matérialisme généralisé. Par petites touches, les valeurs matérielles effacent toutes les autres. Un signe tangible de cette évolution nous est donné par le recul du sacré auquel il revenait, comme le note Mircea Eliade, de ponctuer l'espace et le temps[1]. Ceux-ci sont aujourd'hui envahis par des intérêts marchands. L'abord des villes et des bourgs s'est, en quelques décennies, couvert de supermarchés, d'entrepôts et de discounts ouverts sans interruption. Le dimanche même est, si l'on peut dire, sur le point de rendre l'âme ! Avec la perte probable de la pause dominicale, notre rapport au temps pourrait se plier définitivement aux logiques économiques.

Pourtant, au cœur de cette ivresse marchande, nous dansons sur le sable nu d'un désert. Derrière l'euphorie de la matière se devine une logique froide de déshumanisation. Nous traversons des lieux vides, désertés par le symbolique. C'est l'autre face du jour. Certains s'obstinent à ne pas la voir. D'autres dénoncent la « misère symbolique » de notre culture contemporaine et s'alarment : ce monde de surabondance peut-il rester vivable ? Quelles conséquences peut avoir une telle vacuité symbolique sur l'homme d'aujourd'hui ?

Si l'on consent à les voir, les signes de désymbolisation sont innombrables. Chacun les rencontre, au plus ordinaire de la vie. En voici, dans des registres différents, deux illustrations.

La première s'inscrit dans le registre du deuil. Anna, quarante ans, commerciale habituellement dynamique, s'entend

1. Mircea Eliade, *Le Sacré et le Profane*, Paris, Gallimard, « Folio Essais », 1994 [1965].

prescrire des antidépresseurs par son généraliste, quelques semaines après le décès de son père, en raison d'une tristesse et d'une fatigue persistantes. La décision se justifie pour des raisons d'efficacité au travail : « Vous allez booster votre chiffre ! » promet le prescripteur. Le fait n'a en lui-même rien d'étonnant : nombreux sont aujourd'hui les médecins qui traitent les souffrances de deuil comme un état dépressif et prescrivent des psychotropes sans égard pour le travail intrapsychique qui achemine et symbolise la perte. Or, bien souvent, ce travail, lorsqu'il est suffisamment engagé, révèle chez une personne de nouvelles ressources et permet un gain de subjectivation que la solution chimiothérapique ne permet pas d'envisager.

Le deuxième exemple touche à la question de la virginité. Une mère d'adolescente m'explique avoir, quelques jours avant un voyage de classe, glissé dans la trousse de toilette de sa fille âgée de treize ans une boîte de pilules accompagnée de ce message ambigu : « Au cas où une de tes copines en aurait besoin… » Dans nos esprits rompus à la libération sexuelle, l'idée de virginité a quelque chose de joliment désuet. Dans l'inconscient collectif, la représentation de l'hymen s'est volatilisée. Et avec cet effacement s'est perdue une symbolique de réserve, de mise en attente pulsionnelle. « Ce que tu veux, quand tu veux… »

Dans ces deux exemples, ce n'est pas la prescription de psychotrope ou de contraceptif qui est problématique mais la commodité culturelle à combler le besoin, à satisfaire le bien-être immédiat d'une façon matérialiste, fonctionnelle, strictement opératoire, qui évacue la représentation du manque (du délai, du détour, de la privation) et donc son inscription dans la psyché.

Disons les choses autrement : la jouissance a toujours existé mais, traditionnellement, elle n'était pas là où on la cherchait, pas telle qu'on la voulait, pas présente au moment espéré. Un déplacement, une attente, un détour étaient nécessaires.

Dans la mentalité contemporaine, elle doit être à disposition, sans délai ni report : « Vous l'avez rêvé, Sony l'a fait... » Nous ne tolérons plus ce fond d'absence sur lequel les générations précédentes déroulaient leur vie. Il n'y a plus dans notre culture de place pour la part manquante. Il n'y a plus rien qui vienne la désigner, en signifier la fécondité potentielle. Nos vies sont organisées pour que l'insatisfaction soit réduite au maximum, la frustration le moins possible éprouvée. L'idée de renoncement semble d'un autre âge. Celle d'abnégation est à peine pensable, comprise comme une négation mortifère, une mise à mort de soi-même. La solution proposée par la société de consommation, c'est de donner du plein pour combler le manque au lieu de soutenir celui-ci, afin qu'il mène plus loin, qu'il constitue un appel à être. Pas d'entaille, pas de brèche. Il faut que le trou soit bouché, que la bouche soit pleine et le ventre repu. Là où était le ça, que demeure le ça[1]... C'est la loi du marché.

Si le manque n'est plus représenté, s'il n'est plus inscrit, le travail symbolique a-t-il encore lieu d'être ? A-t-il encore un lieu où être ? Est-il possible de concilier l'économie de marché qui fonctionne à partir du gain et l'économie symbolique qui repose sur l'élaboration de la perte ? Pour le psychanalyste, la question est, avant tout, identitaire : le sujet peut-il se constituer hors de ce manque reconnu et transcendé ? Celui-ci aurait-il cessé d'être une potentialité pour désirer, une structure fondatrice de l'humain ? Un « homme nouveau, symboliquement modifié » serait-il en train de naître ?, se demandait, il y a quelques années déjà, le psychanalyste Charles Melman[2]. Si l'ordre symbolique, autrefois écrasant, était générateur de névrose, un certain

1. « Là où était le Ça, Je dois advenir », concluait pour sa part Freud à la fin de son célèbre article « Le Moi et le Ça » (1923), in *Essais de psychanalyse*, trad. Jean Laplanche, Paris, Payot, 1981, p. 271.

2. Charles Melman, *L'Homme sans gravité*, Paris, Denoël, 2002.

nombre de pathologies et de désordres psychiques nouveaux procèdent de cette désymbolisation ambiante. Ce ne sont plus les désirs conflictuels qui retiennent aujourd'hui l'attention des soignants et des institutions de soins, mais davantage la dérive des besoins inassouvis. À la fin d'un congrès sur la psychose infantile, Lacan notait que, « quand le manque manque à quelqu'un, il ne se sent pas bien [1] ». De ne pouvoir supporter le manque, l'individu s'est considérablement affaibli. La maladie couve dans l'excès, le trop. Les troubles fermentent derrière cette positivité emballée, cet excès de tout, ce besoin insatiable de plaisirs neufs et de grandes quantités.

Ce qui, sur un plan clinique, est très nouveau, c'est la potentialité addictive contenue dans l'expérience de plaisir, le haut risque d'enlisement mortifère dans la toute-jouissance. « Le plaisir, disait une patiente alcoolique, c'est un lieu de perdition. » Puis, comme je l'invitais à préciser sa pensée, elle ajoutait : « Vous goûtez du bout des lèvres et vous voilà avalée… » De nombreux patients nous prennent à témoin de cet enfer quotidien et solitaire qui consiste à tourner, affolé, autour de l'objet consommable pour conjurer le manque, à défaut de pouvoir le supporter. Les figures de combat sont de toute nature, banales la plupart du temps : le site Internet, la boîte de sédatifs, la bouteille de vin, les sucreries, le joint, la drague, les achats compulsifs, les jeux en réseau, les sites de rencontres, le poker en ligne, le surendettement…

Les formes d'addictions ne cessent d'augmenter et de se diversifier. J'ai ainsi rencontré pendant plusieurs mois une jeune femme qui se présentait comme « addictée à la fringue ». Elle tentait en vain de s'affranchir de cette habitude qui l'amenait à acheter plusieurs vêtements par jour, vêtements qu'elle ne portait pas et qui s'entassaient pendant quelques

1. Jacques Lacan, Clôture du VIIIe Congrès de l'École freudienne de Paris, Strasbourg, 24 mars 1976.

mois dans son arrière-cuisine avant qu'elle les brade en cachette à quelques revendeurs de sa connaissance. Avec une sincérité pathétique, cette jeune femme parvenait à décrire cet état de manque qui la tenait en alerte, cette excitation de la traque qui la faisait entrer dans les boutiques, s'approcher d'un vêtement comme d'une proie puis, presque aussitôt, la tombée de l'humeur et le vide affolant.

Bien souvent, comme dans cet exemple, ce n'est pas le plaisir qui est évoqué, mais la contrainte impérieuse d'assouvir la jouissance afin qu'elle ne tyrannise plus. La victoire secrète consiste à repousser, à ne plus faire main basse sur ce qui est à disposition, à lâcher la proie de l'objet pour l'ombre d'une éphémère liberté. Mais l'apaisement ne dure qu'un temps. Le besoin, lui, ne lâche pas. Il n'en finit pas de renaître et d'imposer son tourment. Il continue à hanter, il reste la « hantise » psychique de celui qui cherche à le contrôler et à le combattre.

L'inflation actuelle des troubles alimentaires n'est pas sans lien avec notre culture de profusion. Si la boulimie signe l'égarement pulsionnel dans l'oralité, l'anorexie révèle l'expression inversée de la même logique : elle vient dire la jouissance extrême qui consiste, pour se libérer de l'appétit, à se prémunir du besoin, à s'en immuniser. « Elle n'a pourtant manqué de rien… », disait le père d'une jeune fille gravement anorexique alors que lui-même, trente ans plus tôt, s'était échappé, affamé, d'un camp de réfugiés. Oui, avais-je pensé en l'écoutant, l'enfant pléthore n'avait sans doute manqué de rien. Là était son drame.

Cette fois encore, si ces troubles peuvent témoigner d'une prédisposition personnelle, ils surviennent dans un certain contexte culturel : la grande ruse du libéralisme marchand est, en effet, de laisser croire à l'individu qu'il a de quoi combler ce morceau manquant de lui-même, cette part d'incomplétude, cet inachèvement originaire. Ainsi induit-il une tragique erreur de perspective : il laisse penser que c'est parce que l'objet est désirable que nous le désirons, alors que c'est bien davantage parce que nous le désirons qu'il devient désirable. « C'est le désir qui rend l'objet aimable », disait déjà Spinoza[1]. On pourrait dire que le marché met à notre disposition de plus en plus d'objets désirables et que nous désirons de moins en moins. L'abondance augmente et le désir humain décroît. L'homme est davantage comblé mais il est plus vite blasé. Les petits enfants à la rencontre du cadeau, à cet égard, nous instruisent : ce qui réveille leur impatience, c'est de dénouer le ruban, de dégager l'objet de l'emballage. Dès qu'il est dans les mains, l'objet ne retient plus, peut-être même déçoit-il un peu…

« J'ai le manque malheureux », remarquait il y a peu de temps une jeune femme boulimique. Ce constat pourrait être celui de nombreux adultes aujourd'hui. À les écouter parler, à suivre le récit de leur vie, on comprend qu'ils sont, depuis longtemps, aux prises avec une jouissance indomptée. Tout se passe comme si, en eux, le manque, insuffisamment bordé, ne s'était pas constitué. Et si le manque n'est pas constitué, il n'est plus que du vide. Alors la logique risque de devenir binaire : hors du plein il n'y a que le vide. Et le vide n'en finit pas d'appeler le plein.

On voudrait aider ces patients à retrouver un état d'esprit qui n'ajoute pas mais qui retranche. On aimerait qu'ils réhabilitent un peu le manque en eux-mêmes, qu'ils consentent à l'éprouver, comme on éprouve le creux de la faim ou la morsure du froid. Mais le supporteraient-ils ? N'est-il pas trop tard ?

1. Cité in J. Cooren, *L'Ordinaire de la cruauté*, *op. cit.*, p. 159.

« Psys », juristes et enseignants : la démission ?

Était-ce naïf ? On espérait de la psychologie qu'elle garde le souci d'humaniser, du droit qu'il honore sa mission de dire la loi et de l'éducation qu'elle nous élève. On pensait que ces disciplines étaient en mesure de dissuader l'autosuffisance et de rappeler à chacun la part de satisfaction à perdre pour qu'une vie en commun soit possible. On découvre qu'elles aussi se sont mises au service de la grande régulation des appétits individuels, qu'elles s'affairent à trouver des solutions partielles, opératoires, souvent éphémères, évacuant une réflexion plus fondamentale sur des questions éthiques et anthropologiques. Quand on les attendait en renfort symbolique, on les voit en soins palliatifs de l'individualisme malade.

Il s'ensuit un étonnant paradoxe qui constitue indubitablement une régression culturelle : les « psys », les juristes et les enseignants ont aujourd'hui la charge très lourde de proposer des dispositifs de plus en plus coûteux pour pallier la béance symbolique qu'ils ont refusé de voir. Autour de cette béance, il y a de plus en plus de dogmes psychologiques, de règles juridiques, de réformes éducatives et scolaires. Il y a de plus en plus d'instances adjuvantes, de plus en plus d'experts, de soignants et de marchands.

Dans cette situation, la psychologie notamment a trouvé une étrange fortune. Elle s'est diffusée dans les magazines à gros tirage, les ouvrages et les rubriques spécialisés[1]. Elle s'est répandue à travers les consultations radiophoniques, les chroniques, les conseils de spécialistes invités à s'exprimer

1. Plus de mille livres, allant des pratiques de coaching et de développement personnel à des ouvrages universitaires, sont publiés annuellement ; *Psychologies magazine* a multiplié par trois son tirage en dix ans. Voir Patrice De Méritens, Christophe Doré, Sophie Roquelle, « Ces psys qui changent notre vie », *Le Figaro magazine*, 16 avril 2010.

sur tel ou tel sujet sensible. Elle s'est compromise sur les scènes télévisuelles. Ainsi a-t-elle entrepris de travailler les esprits à partir de concepts vulgarisés, que chacun comprend et utilise de façon approximative. Des notions comme celle de transgénérationnel, de résilience, de travail de deuil, de secret de famille, de harcèlement moral traversent l'air du temps. Par le simple fait d'être nommées, certaines réalités cliniques trouvent une existence nouvelle, à l'image de la notion relativement récente de maltraitance, exemplaire à cet égard (voir chapitre 3). Ainsi pense-t-on désormais sa vie par le biais d'une psychologie qui, avec ses codes, ses mots-clés, ses référentiels et même ses injures (celle de pervers, par exemple), semble être devenue une lecture incontournable du monde.

On pourrait reprocher à cette psychologie médiatique de s'être galvaudée, d'avoir trahi ses maîtres et, dans un certain nombre de cas, déformé leur pensée. On pourrait aussi l'accuser de s'être accommodée à un marché trop prenant. En voulant vendre, elle s'est vendue. En se mettant au service de l'individu consommateur, elle est devenue consommable. En distribuant des conseils, elle a consenti à n'être plus qu'un mode d'emploi, une vaste recette, modulable à l'envi. À force de popularité, elle a perdu sa véritable mission symbolisante. Il y a, en effet, des savoirs qui ne mènent à aucune sagesse.

Cette psychologisation ambiante n'est pas étrangère à l'engouement psychothérapique toujours croissant. Aujourd'hui, toute forme de malheur, petit ou grand, est une invitation à consulter. Que vous soyez endeuillé, accidenté, cambriolé, que vous traversiez un moment de découragement ou de fatigue, il se trouvera une personne de votre entourage pour vous dire : « Ne chercherais-tu pas quelqu'un pour parler ? » Cette systématisation est un fait d'époque, dans lequel on peut voir un simple effet de mode. On aurait son « psy » comme autrefois on avait son prêtre… Plus fondamentalement, on y reconnaîtra le signe d'un désarroi individuel face à l'effacement des évidences collectives et des institutions traditionnelles. La psychothérapie est devenue une nécessité indissociable de l'individualisme, constamment appelée à s'adapter à ses besoins ou à réparer ses méfaits.

Ce qui frappe en premier lieu, c'est l'extrême morcellement de cette discipline, dont, pour le non-initié, découle une incontestable opacité. Chaque forme de souffrance psychique se trouve de plus en plus isolée et voit éclore son florilège de spécialistes : il y a ainsi une psychologie de la périnatalité, une autre de la petite enfance, de l'adolescence, du couple, de la parentalité, de la fin de vie, du deuil... Il y a des prises en charge spécifiques à l'exclusion, à la victimisation, au stress, aux conduites à risque, aux addictions, à la maltraitance, à la précarité...

À cela s'ajoute une relative nébuleuse par rapport au statut du psychothérapeute qui peut être psychologue, psychiatre, psychanalyste, ou simplement (et de façon plus ou moins empirique) formé à la psychothérapie sans être passé par une voie universitaire.

Derrière cette diversité apparente, plusieurs axes se dégagent, délimitant des logiques et des prises en charge bien différentes. Il y a d'abord une psychothérapie que l'on pourrait qualifier de compétence et qui s'adresse à ceux qui ont conscience d'être acteurs de leur existence. Ce qui est alors recherché, c'est d'accroître le potentiel humain, d'augmenter l'épanouissement et l'initiative individuelle par des techniques de dépassement de soi : comment développer son intelligence, sa mémoire ou accroître son succès ? Comment élargir son réseau d'amis ? Être plus heureux en couple, en famille ? Plus assertif au bureau ? Sous la vaste déclinaison des performances envisagées, la question latente serait : « Comment tendre vers l'idéal que l'on se forge de soi-même ? »

Dans une optique différente, la demande psychothérapique sera moins motivée par le dépassement de soi que par une recherche de sens. La réflexion, plus ou moins introspective, sera sous-tendue par une quête identitaire : « Qui suis-je ? Qu'est-ce que je veux ? Qui m'aidera à trouver cette vérité de moi-même ? »

Il existe enfin une psychothérapie que l'on pourrait qualifier d'assistance. Elle se propose à ceux qui, plus ou moins durablement, sont sortis de la course individualiste et s'égarent à la marge, vers des espaces peu symbolisés. Ce qui est à soigner, c'est le mal des besoins inassouvis : « Qui me comblera ? » C'est celui des limites bafouées : « Qui me soutiendra ? » C'est celui des filiations brisées : « Qui me réparera ? » Face à ces questions s'ouvre le grand monde sectorisé de la santé mentale avec ses réseaux multiples adaptés aux différents âges de la vie et aux différents types de pathologie, les centres médico-psychologiques (CMP), les centres médico-psycho-pédagogiques (CMPP), les hôpitaux de jour, les cellules de soutien psychologique, les cellules de crise, les centres d'aide aux victimes, les centres d'addictologie, les groupes de parole et les associations multiples, parfois bénévoles… Ce type d'assistance, qui couvre des champs cliniques très larges, se propose en instance palliative, réparatrice ou en renfort éducatif. Mais toujours en contrepoint d'une béance symbolique. Il est souvent associé à d'autres, sociales, juridiques, psychiatriques, car la désocialisation et la maladie mentale ne sont jamais très loin. Et le soutien lui-même jamais exempt de soupçon.

Malgré l'engouement médiatique qui l'entoure, la profession de « psy » (le mot est court eu égard à la disparité des pratiques) est en danger. Pour plusieurs raisons. Elle est d'abord en danger d'impuissance. Aux psychologues et aux psychiatres, il est demandé de mobiliser des registres de réflexion et de décision face à des contextes humains parfois gorgés de destructivité parce que fortement désymbolisés. Ce sont les professionnels les plus jeunes qui se trouvent confrontés aux situations les plus difficiles. Leur fonction est souvent incertaine, parfois paradoxale quand, par exemple, il leur est demandé, dans une même institution, de prendre en charge les maltraitances et de les dénoncer. « Suis-je là pour comprendre avec certains parents l'origine d'une violence familiale ou pour passer la main au juge ? » s'interroge un psychiatre. « Comment entendre la souffrance psychique face à une telle misère sociale ? Suis-je encore psychologue ? » se demande cette jeune femme en supervision. La difficulté constante, quoique toujours différente dans son expression, consiste à s'adapter à une certaine réalité – celle du cadre, de la population rencontrée ou du type de pathologie – tout en restant fidèle à l'écoute de la vie psychique. Pour certains professionnels, une telle difficulté confine au sentiment d'impuissance. Celle-ci, vécue au quotidien, peut faire le lit de l'usure qui se forme, parfois insidieusement, dans le décalage entre l'idéal compassionnel de départ et la réalité clinique ingrate ou décevante. « À l'université, j'ai appris à entendre la demande de personnes en souffrance, confie ce psychologue fraîchement diplômé. Je découvre que la vraie souffrance n'a pas de demande. On ne me demande rien et je n'ai rien à faire. » Les dérives sont alors multiples : celle du découragement, celle de l'ennui ou, plus banale, celle de l'enlisement dans les inévitables conflits institutionnels…

La profession, enfin, est mal protégée. Le « monde psy » regroupe des pratiques et des compétences très variables. En dépit de récentes mesures pour réglementer la profession[1], on ne peut nier le fait qu'un certain nombre de professionnels travaillent avec une intuition sans rigueur, une pratique sans contrôle, ou encore sans la maturité requise : être en empathie avec une personne ne suffit pas à l'aider. Concilier l'humanité d'une rencontre et la compétence clinique, nécessaire à la prise en compte des aspects pathologiques, n'est pas

1. L'usage du titre de psychothérapeute est, depuis peu, réservé aux professionnels inscrits au registre national des psychothérapeutes.

chose facile. Au voisinage de la psyché, l'apprentissage est nécessairement long.

Comme la psychologie, le droit, particulièrement le droit de la famille, est en difficulté pour maintenir l'inscription symbolique et rappeler cette règle essentielle selon laquelle il n'y a pas de vie commune sans l'acceptation d'une perte individuelle. Le juriste cherche comme il peut, avec les moyens qu'il a, un peu de sens dans la confusion ambiante. On le somme de prendre la parole, de décider, de légaliser. On le presse de combler des vides juridiques, toujours nouveaux, de désigner des repères minimaux, des règles, un cadre sur lequel s'appuyer... Mais, surtout, on lui demande aujourd'hui de sortir de son champ disciplinaire. On le prie d'être philosophe, moraliste, anthropologue, éthicien. On l'invite à se prononcer dans des domaines qui ne sont pas les siens : ce médecin doit-il être condamné pour avoir hâté la fin de vie d'un de ses patients ? Cet enfant doit-il être retiré à la garde de ses parents ? Ce jeune délinquant à la conduite exemplaire depuis qu'il est incarcéré pourrait-il récidiver ? Les situations humaines et familiales sont devenues si complexes qu'elles nécessitent bien souvent des compétences et des expertises croisées. Irène Théry formule ainsi à propos du divorce une remarque qui pourrait s'appliquer à l'ensemble des questions privées : « Le droit n'est plus nulle part et il est partout à la fois, dévalorisé dans sa signification, survalorisé dans son pouvoir[1]. »

Là encore, la profession se mobilise autour des dérives de l'individualisme. Plus la désymbolisation s'accroît, plus il y a de législations, de régulations, d'amendements et de décrets. Le droit de la famille, traditionnellement peu évolutif, s'est considérablement transformé depuis les années

1. Irène Théry, *Le Démariage. Justice et vie privée*, Paris, Odile Jacob, 1993, p. 375.

1970. L'observateur non spécialiste peut avoir une impression contradictoire : il a bien conscience de la nécessité de légiférer sur des situations humaines nouvelles, de plus en plus atypiques, mais il s'étonne de cette inflation législative qui semble plus soucieuse de normaliser les mœurs et de défendre les intérêts individuels que d'engager une réflexion de fond sur les enjeux humains et l'avenir d'une civilisation. On lui rétorquera qu'il n'est possible de penser cet avenir qu'à partir de situations concrètes… Néanmoins, les lois faites dans l'urgence, sous l'impulsion de faits divers, sous la pression idéologique ou le jeu d'influences diverses, procurent une impression d'impulsivité qui contribue à fragiliser la fonction signifiante de la loi. « Il y a des effets de loi comme il y a des effets de mode », me disait une jeune femme dont le père, entouré des siens, venait de mourir par euthanasie. « Aujourd'hui, en France, cet acte est interdit, poursuivait-elle. En Belgique et en Suisse, il ne l'est pas. Que signifie une telle relativité de frontière face à la gravité des enjeux ? » Semblable constat pourrait être fait dans d'autres domaines de la vie privée, par exemple en ce qui concerne le mariage de personnes homosexuelles et leur droit à être parents par adoption ou procréation médicalement assistée.

Dans son aspiration à être reconnu, l'individu démêle difficilement ses besoins de ses droits ou, plus exactement, il attend que ses besoins soient reconnus comme des droits. Toute revendication doit être satisfaite, faute de quoi elle sera vécue comme une injustice. Voilà à quoi est appelée la grande machine de la justice aujourd'hui : à légaliser les aspirations et à dédommager les insatisfactions de chacun. À négocier entre les « ayants droit » et les plaignants. À arbitrer les libertés individuelles parfois contradictoires. Ainsi, par exemple, le droit des enfants nés sous X de connaître leur origine se trouve mis en balance avec le droit des mères ayant également accouché sous X de garder l'anonymat.

On en vient à se demander si le droit n'est pas appelé

à légiférer sur ce qui a du mal à se légitimer. Ne faudrait-il pas reconnaître sous le besoin exacerbé de législation de l'acte un doute profond sur la légitimité de l'être ? « C'est la notion même de loi qui est en train de changer, remarque Dany-Robert Dufour : avant, on appliquait la loi, désormais, on rend la justice. C'est un changement de grande ampleur, car le principe n'est plus le même. En effet, la loi implique un tiers impartial au-dessus de la mêlée des intérêts particuliers alors que rendre la justice implique seulement de résoudre des conflits d'intérêts entre deux personnes[1]... »

On pourrait dire du droit de la famille qu'il est devenu suiveur. Il suit l'évolution des mœurs qui, elle-même, s'est mise au service d'une permissivité et d'une jouissance emballées. Mais à trop suivre, à répondre de trop près aux besoins toujours nouveaux de l'individu et aux problèmes éthiques posés par l'avancée des technologies, le droit n'est-il pas en train de perdre son essence même, d'oublier sa principale mission qui est de fonder, d'instituer, de statuer ?

C'est dans le monde de l'éducation que le malaise s'exprime de la façon la plus significative. Les motifs ne manquent pas : insuffisance des moyens pédagogiques, diminution des postes, échec scolaire et démotivation des enseignants, violences, à quoi s'ajoute, toujours rebondissante, la question de l'inégalité des savoirs et des chances...

La crise que traversent l'école et, plus largement, l'éducation est reconnue de tous. Les avis divergent sur ses causes et les solutions à apporter. Discours et polémiques prolifèrent. Depuis vingt ans, on compte treize plans de réforme successifs. Nous nous habituons à cet état de crise devenu si chronique que nous finissons par y voir une simple modalité évolutive, le prix à payer d'un hypothétique progrès.

1. Dany-Robert Dufour, *Le Divin Marché. La révolution culturelle libérale*, Paris, Denoël, p. 263.

L'analyse est en réalité complexe, multifactorielle. On se limitera ici à évoquer deux séries de faits, nullement étrangers l'un à l'autre. La première, à laquelle peu d'observateurs s'attachent, c'est la gigantesque et très rapide transformation de la transmission des savoirs.

L'entrée dans les mœurs de la Toile virtuelle, véhiculant messages et informations, pourrait être comparée à l'apparition de l'imprimerie à la Renaissance. Parler d'avancée technique dans ce contexte est insuffisant. La transformation est de celle que Michel Serres qualifie d'« hominescente »[1]. À l'échelle de l'histoire des hommes, l'événement est unique, décisif. Il fait rupture. Tout comme après le parchemin le livre transforma les esprits, le Web est en passe de modifier profondément le mode de pensée des jeunes générations. Au contact prolongé des écrans, les fonctions cognitives, les capacités d'intégration et d'assimilation de la connaissance se modifient. Ainsi, les facultés d'attention d'un écolier se sont réduites alors que ses capacités de manipuler plusieurs informations à la fois se sont accrues. Mais ce qui est surtout en train de changer sous l'impact d'Internet, c'est la façon de se mouvoir dans l'espace et de se déplacer dans le temps ; c'est le rapport au monde lui-même.

À l'écolier formaté par l'outil technologique, plongé dès le plus jeune âge dans un univers digital, il est demandé d'ouvrir livres et cahiers, de se plier à la voix du maître et d'entendre crisser la craie au tableau noir… À cet enfant ou adolescent hanté par le voisinage fascinant des grands espaces virtuels, il est demandé de se plier aux cadences et aux exigences d'un collège ou d'un lycée encore habité par l'ombre de Jules Ferry. On ne s'étonnera pas que l'école buissonnière soit aujourd'hui technologique. Lorsque l'esprit des écoliers s'évade, c'est pour surfer sur des ondes bruissantes, fluides et parfois anonymes, « *anywhere out of the world* »…

1. Michel Serres, « Éduquer au XXIe siècle », *Le Monde*, 5 mars 2011.

L'écolier, l'étudiant d'aujourd'hui doit donc alterner deux modes d'apprentissage : l'un traditionnel, soumis à la fréquentation d'un établissement scolaire ou universitaire, d'une injonction magistrale et d'une évaluation de plus en plus sélective ; et l'autre, par médias interposés, hors frontières, hors hiérarchies et contraintes. Pour certains, cette alternance est tout simplement impossible, impensable. Disons les choses autrement : il y a aujourd'hui une fracture, qui confine au clivage, entre une culture humaniste traditionnelle que l'école transmet encore et une sous-culture protéiforme, désordonnée, émotionnelle, véhiculée par des moyens de communication individualistes. La première nécessite un apprentissage long et méthodique qui s'apparente à une mise en ordre du monde. La seconde, immédiate et éphémère, se meut dans un univers intemporel, sans architecture discernable.

Dans le malaise de l'éducation, une autre série de faits attire notre attention : c'est la fin d'une longue solidarité éducative entre famille et école. Plus la famille se privatise, plus elle se propose comme un lieu d'épanouissement, un espace chaleureux et sentimental, plus elle perçoit l'éducation comme potentiellement traumatique et se tourne vers les instances sociales pour accomplir un travail dont elle-même s'exonère progressivement. Mais l'histoire prend une tournure plus complexe, car, si la famille demande à l'école d'assumer une fonction qu'elle-même n'est plus en mesure d'assumer, elle lui reproche également cette prise en charge qu'elle assimile à une prise de pouvoir. Il n'y a pas une semaine sans que les médias nous signalent une situation qui met aux prises élèves, parents et enseignants : aujourd'hui, le prof a giflé. Hier, le parent avait maltraité, l'éducateur avait abusé... Le soupçon règne et les sensibilités s'exacerbent. La famille et l'école ne parviennent plus à se soutenir mutuellement, chacune reprochant à l'autre ses maladresses, ses démissions et incompétences. « Instruisez donc !, dit la première. Nos enfants ne savent plus lire ni écrire... Comment trouveront-ils une place sur le marché du travail ?» «Instruire ?, rétorque la seconde, comment est-ce possible si nous devons éduquer à votre place, si nous passons notre temps à sanctionner et à punir ?» Ces deux communautés traditionnellement conscientes de leur commune mission symbolique se tiennent aujourd'hui dans une attitude de grande méfiance. Elles sont devenues réciproquement accusatrices, concurrentes – pour tout dire, « sœurs ennemies ».

Les exemples illustrant cet aspect sont fréquents. En voici deux, porteurs d'un même désarroi. Lorsque je rencontre Olivia accompagnée de ses parents, j'apprends qu'elle vient d'être renvoyée de son lycée pour avoir, depuis plusieurs semaines, par portable interposé, harcelé une camarade de classe. Au dépôt de plainte effectué par la famille de cette jeune fille, les parents d'Olivia répondent eux-mêmes par un recours en justice, estimant disproportionnée la sanction de l'établissement à quelques mois du baccalauréat. Cette surenchère de procédure se déroule sans que les protagonistes se soient rencontrés et accordés sur une action éducative. Le second exemple est relaté par une enseignante qui relie son effondrement dépressif à l'anecdote suivante. À la suite d'une insolence grave commise en salle de cours, cette jeune professionnelle avait convoqué les parents d'une élève, à plusieurs reprises, sans parvenir à les rencontrer. Elle s'était alors tournée vers le directeur de son établissement, lequel, courtoisement distant, refusa de s'impliquer dans l'histoire, la laissant seule pour assumer l'éprouvante disqualification. Ce qui la plongea dans un état de déréliction et de découragement profond.

Dans ces deux exemples, les figures d'autorité ne sont plus solidaires dans leur action éducative, mais elles sont complices à un niveau plus inconscient. Ce qui les rend complices, c'est une commune sidération de la pensée ou de l'action éducative devant ce qui fait aujourd'hui butée : limiter l'enfant dans un monde qui prône l'illimité comme une figure de progrès, exercer l'incontournable travail du négatif dans un climat de positivité et de permissivité extrême. Sous le fond de querelle qui anime aujourd'hui parents et enseignants, il faut reconnaître un même désengagement symbolique, une commune incapacité de soutenir le trajet d'humanisation de l'enfant-écolier. Si nous attribuons à la violence scolaire la valeur d'un symptôme, celui-ci vient dénoncer cette démission tragique.

On débat et on légifère quotidiennement sur la délinquance, mais on refuse de mettre en lien ce délitement des liens sociaux avec l'absence de réflexion sur la notion même d'éducation. Assumer celle-ci suppose de cesser de se représenter l'école comme un vaste service public qui ne serait là que pour évaluer les compétences et prodiguer des diplômes à des usagers inégalement concernés. La répartition entre l'instruction, d'un côté, et l'éducation, de l'autre, est une commodité de l'esprit. Il revient aux parents d'instruire un tant soit peu et aux enseignants d'assumer une part d'éducation. Le défi commun consiste à penser le long et difficile processus d'humanisation, seul rempart contre les poussées de la barbarie.

Il n'y a donc plus grand monde pour endiguer le grand flux des jouissances, le réduire ou le faire dériver. Face à ce qui pourrait s'apparenter à un abandon culturel, il faut pourtant saluer les gardiens de l'esprit qui, au plus ordinaire de la vie, maintiennent des marquages, des limites, des butées et des différences. À rebours d'une démission collective, il se trouve heureusement encore des éducateurs, des médecins, des travailleurs sociaux, des magistrats, des psychologues, tels des « contrebandiers des temps modernes », pour accomplir dans l'ombre ce travail de résistance qui consiste à faire passer un langage symbolique dans une culture qui n'est pas prête à l'entendre.

Malgré ces îlots de résistance, « le désert croît ». Notre culture, en souffrance de symbolisation, est assoiffée. Qui pourrait nous arracher à l'appel du désert ? Comment et où créer des oasis de culture ? Pourrions-nous réapprendre à être les sourciers du symbolique ?

Pour que l'esprit demeure…

André Green note que « les structures symboliques sont probablement innées pour la plus grande part[1] ». Chaque société, mais, à plus petite échelle, chaque collectivité, chaque famille, draine malgré elle un courant symbolique qui va et vient, se transforme et se reconstitue. Il faudrait se représenter une enveloppe nourricière qui serait constamment à régénérer, à revitaliser, sorte de patrimoine latent, nourri de représentations communes, de références partagées, de rites et de mythes, de mémoires héritées, de lectures, de paroles ou d'attitudes remémorées. À notre insu, nous puisons et nous alimentons incessamment ce capital invisible. Nous y trouvons ce qui fait que l'existence ne se réduit pas à la pulsion, à l'animalité, à la matière, de quoi constituer nos liens et fortifier nos désirs, de quoi transcender nos pertes et nous laisser mener par elles, un peu plus loin… Nous y puisons la force et le goût de vivre.

De toute éducation, on pourrait ainsi dire qu'elle est une invitation au symbolique. Il revient aux deux parents d'escorter l'enfant d'un relais symbolique à un autre. Il leur revient de passer le murmure inouï : « Consens à soustraire. Ce que tu perds, tu le gagneras en qualité et en désir d'être. Va vers la part manquante. » Il y a dans une maison, comme

1. André Green, « L'analyste, la symbolisation et l'absence dans le cadre analytique », *Nouvelle Revue de psychanalyse*, n° 10, 1974, p. 243 ; repris in *La Folie privée*, Paris, Gallimard, 1990, p. 63-102.

dans une existence, des portes qui doivent rester fermées, des mots qui doivent rester tus, des plaisirs qui doivent être écartés. Le message viendrait signifier que, au-delà de ce qui en est perçu, quelque chose du monde échappe, quelque chose comme un ordre plus grand, un arrière-plan, une transcendance. Un accès se refuse. Une part du réel ne sera pas donnée et engage au détour, au différé.

Éduquer, c'est solliciter par alternance deux modalités langagières, deux langues : celle qui désigne le réel et celle qui, par le biais de l'analogie ou de la métaphore, tend vers l'universel. C'est faire en sorte que la lettre et l'esprit se répondent, se relancent et invitent l'enfant vers l'arrière-plan invisible du monde.

Sous cet angle, lorsqu'on est parent, donner, ce n'est pas nécessairement pourvoir. On peut donner du silence, ce serait ne pas trop parler. On peut donner de l'énigme, ce serait ne pas tout dire. On peut donner du temps, ce serait différer, promettre. Ce sont là de très beaux dons non matériels, car ces espaces inoccupés sont autant de potentialités pour que l'enfant organise un désir. Ainsi se fonde l'homme-sujet. À petits pas. En prolongeant la brèche de l'origine, en la maintenant ouverte, en l'habitant d'une vie intérieure au lieu de vouloir la colmater, l'obstruer à tout prix.

Ce travail ne se réduit pas au temps de l'enfance. Il est l'ouvrage d'une vie. À tout moment, l'être humain est en capacité de symbolisation. « Perdre aussi nous appartient », disait Rilke[1]. Chacun a l'occasion de se rendre vers ces ponctuations minuscules où le manque est donné. Chacun a les moyens de faire jouer l'absence, de maintenir l'inaccompli, de transcender certaines épreuves. Débusquer le symbolique, aller le chercher au plus banal de l'existence, là où

1. « *Auch noch verlieren ist unser* », cité par Jacques Rancière, « Perdre aussi nous appartient » (2005), in *Et tant pis pour les gens fatigués ! Entretiens*, Paris, Éditions Amsterdam, 2009, p. 409-428.

il eût été possible de ne pas le voir, relève de l'art de vivre et d'éduquer.

Tout événement contient une portée symbolisante. Imaginons, au gré des circonstances, une créativité pour trouver par soi-même des modalités nouvelles qui ne sont plus fixées à l'extérieur. L'extension actuelle de la notion de deuil nous y invite. Cette notion ne définit plus seulement la période entourant le décès d'un proche mais, de façon très élargie, le travail psychique que réalise toute personne engagée, malgré elle, dans une existence jalonnée de déchirements, de prises de conscience, de dessaisissements multiples, l'obligeant à renoncer à la complétude immédiate et à trouver des contreparties à ce qui est laissé au bord du chemin.

Dans mon travail de psychanalyste, je suis extrêmement tendue vers cette intelligence discrète de la psyché qui, chez un sujet, s'éveille face à certaines circonstances, joyeuses ou éprouvantes, et permet de s'extraire un peu du vécu singulier pour tendre vers l'universel. Les émergences symboliques sont protéiformes, souvent ténues, ce qui ne les rend pas toujours perceptibles. On devine parfois cette force de la pensée qui pousse et cherche le passage, jusqu'à ce que la question tombe, telle une évidence : « Que faire de ce qui survient ? Qu'ai-je à comprendre ? À accepter ? » De tels impromptus procurent une joie profonde.

Voici, choisis parmi d'autres, deux exemples de ce que je tente d'approcher. Une future mère apprend, à huit mois de grossesse, que l'enfant qu'elle porte est atteint de graves anomalies qui feront de lui un handicapé profond. La solution d'une interruption médicale de grossesse lui est alors proposée. J'ai rencontré cette jeune patiente à cinq reprises. Son désarroi était alors extrême face à un dilemme qui, de tous côtés, la confrontait à la perte : perdre l'enfant à quelques semaines du terme ; perdre l'idéal d'un nouveau-né en bonne santé ; perdre le rêve d'un événement très attendu.

Quelle que soit la direction, il n'y avait rien d'autre à faire que de consentir à la perte… L'équipe médicale la pressait de prendre très rapidement une décision à laquelle pourtant tout son être résistait. En venant me parler de son drame, elle acceptait simplement de le penser, de l'inscrire dans le champ de sa psyché.

Ce qui est en question ici, ce n'est pas la décision elle-même, mais la façon dont elle a pu être prise. Quand d'autres auraient pu enjamber l'événement – « Allons vite, décidons, agissons, passons à autre chose… Que la vie continue ! » –, cette jeune femme s'arrête, suspend sa trajectoire. Parce que l'événement est venu déchirer l'ordre de sa vie, elle consent à penser ce qui lui arrive, à douter, à souffrir. Elle accepte que la brèche s'ouvre au vif d'elle-même et se laisse entamer. Elle sait qu'il lui sera désormais impossible de faire comme si ça n'était pas arrivé.

Le second exemple n'est pas en lien avec un événement précis. Une célibataire attend depuis longtemps de rencontrer un compagnon de vie. Elle ne fait pas qu'attendre, elle espère. Dans sa démarche, que j'accompagne pendant plusieurs années, je sens la vivacité de son désir autant que sa disponibilité à la rencontre. « Je ne peux, me dit-elle un jour, aimer cet homme encore inconnu que par le manque que j'éprouve de lui. » Cette pensée me remit en mémoire celle, tout aussi admirable, de ce soldat du film *La Ligne rouge*, citée par l'écrivain Milena Agus : « Si je devais ne jamais te rencontrer, fais au moins que je sente le manque de toi[1]. »

Pour que l'événement ouvre à un espace de symbolisation, il a souvent besoin d'être soutenu par un tiers qui, par sa qualité de présence, son écoute, encourage et escorte le trajet. Au-delà de l'espace psychothérapique prédisposé à cet accueil, toute rencontre, au sens fort du mot, est susceptible

1. Épigraphe de Milena Agus, *Mal de pierres*, Paris, Liana Levi, 2006, tirée du film *La Ligne rouge* (Terrence Malik, 1998).

d'aider à symboliser l'événement vécu. Mention devrait ici être faite de l'inépuisable réserve de symbolique que représente le patrimoine culturel. Je me souviens ainsi d'un homme d'origine étrangère qui, chargé d'une histoire très lourde, s'épuisait à porter sa vie. En cours d'analyse, cet homme, hanté par la mort, découvrit les ouvrages d'Alexandre Soljenitsyne. Il fit davantage que lire ; il se laissa habiter par le souffle puissant de l'auteur et par son témoignage. Et ce lieu de rencontre vers lequel j'acceptais, moi aussi, de me rendre (en relisant de mon côté certains ouvrages) fut déterminant dans son travail d'analyse et, plus largement, dans le cours de son existence. En d'autres circonstances, ce sera une œuvre d'art, une conférence, un film ou simplement une parole entendue, qui, invités à l'endroit même de ce qui est entamé en soi, permettront de mener plus loin. L'enjeu psychique d'un tel travail est, sur le plan de la santé psychique, considérable, car ce qu'il faut avoir à l'esprit, c'est que la perte non symbolisée n'est pas évacuée pour autant. Elle demeure, s'enkyste et, lorsqu'elle ne subit pas un travail de transformation, se charge d'une destructivité potentielle. La perte niée attaque le vivant. Le péril n'a rien d'abstrait. En écoutant une personne d'âge mûr, quelle que fût sa vie passée, on perçoit assez vite qu'elle s'est exercée à ce travail de symbolisation. À son contact, on reconnaît bien souvent une tranquillité intérieure, quelque chose comme une respiration plus ample, une disponibilité à ce qui vient. Si, comme le suggère André Comte-Sponville, le but du deuil, c'est la joie[1] – entendons la santé psychique, la force vitale –, son échec ne serait pas étranger à l'anxiété, à l'amertume et à la morosité dépressive.

Sans un recours suffisant à la vie de l'esprit, la seconde

1. « La vie l'emporte, la joie l'emporte, et c'est ce qui distingue le deuil de la mélancolie. » André Comte-Sponville, *Impromptus*, Paris, PUF, 1996, p. 117.

partie de l'existence, avec son inévitable « pain dur », se laisse souvent gagner par d'insaisissables ombres intérieures. Sous l'angle d'une difficulté à symboliser la perte, pourrait-on comprendre l'augmentation, actuellement importante, des dépressions et des suicides chez les personnes âgées ?

Ce que j'ai appris auprès de ceux et de celles qui m'ont prise à témoin, c'est à quel point le travail du symbolique est gardien de vie. Chaque fois que le manque se fraye un passage en nous et se laisse transformer, nous gagnons en force et en vitalité. À chaque avancée du symbolique, le grand désert recule.

V

Le temps suspendu

Retrouverons-nous le goût de l'histoire ?

Je suis un homme pressé. Autour de moi, tout s'accélère, tout s'impatiente. Ce que je veux, c'est que le temps m'appartienne, qu'il se plie à mes humeurs, qu'il ne soit plus le maître.
Ralentir, m'arrêter présente un danger. Ainsi ai-je commencé à courir, dans la hantise d'être rattrapé. Je vais de commencement en commencement. Je néglige de finir, car finir, c'est consentir à ce qui ne reviendra plus.
À vous, je peux le dire, je poursuis un espoir secret, je tente de ne plus mourir.

La philosophe Simone Weil notait que le temps, à proprement parler, n'existe pas. Il est une construction de l'esprit à partir de l'observation des phénomènes naturels : l'alternance des jours et des nuits, la succession des saisons et des âges laissent pressentir l'idée de cycle de vie et de finitude. La temporalité désigne la conscience individuelle du temps, la façon dont, en action ou en pensée, celui-ci est vécu subjectivement.

À l'écoute des histoires de vie, j'ai appris à être attentive au rapport qu'une personne entretient avec le temps. Le temps parlé témoigne d'une relation intime avec soi-même, avec autrui et, de façon plus large, avec la vie. Le récit est « gardien du temps », selon la formule de Paul Ricœur[1]. Dans

1. Paul Ricœur, *Temps et récit*, Paris, Seuil, « Points », 1991 [1985], t. III, p. 453.

un travail psychothérapique, le patient cherche, autour de l'histoire racontée, à retrouver la continuité de ce qu'il vit mais aussi de ce qu'il est. Au contact de sa propre parole, il se rassemble, se définit davantage, se surprend parfois. Cela est particulièrement vrai pour les personnes à l'identité incertaine, dont la biographie, effilochée, lacunaire, est difficile à reconstituer. « L'identité personnelle est marquée par une temporalité qu'on peut dire constitutive, disait encore Paul Ricœur. La personne est son histoire[1]. »

Le temps mis à nu ou le temps sans histoire

Il existe des correspondances électives entre le temps individuel et le temps culturel. Dans la famille traditionnelle, le passé fait autorité. Il légitime. Il justifie. La précarité de la vie est telle qu'elle mobilise des défenses conservatrices et incite, par prudence, au respect du passé. Fondamentalement, on craint ce qui est nouveau. On y voit une dissidence par rapport aux valeurs traditionnelles. Ce qui importe, c'est avant toute chose de se protéger d'un monde que l'on ne connaît pas, d'un avenir que l'on ne maîtrise pas. À cette époque, le temps est essentiellement conservateur. Avec l'idée de progrès, la tendance s'inverse. Le neuf présente un attrait grandissant. Il apparaît comme une émancipation de l'ancien. Demain, ce sera mieux… L'objet de la méfiance, ce n'est plus le nouveau mais, au contraire, le passé tenu pour périmé, qu'il s'agit donc de dépasser. Le mouvement amorcé depuis le siècle des Lumières connaît une accélération spectaculaire dans la seconde partie du XXe siècle. L'histoire sanglante des guerres jette un énorme soupçon de mémoire. Comment croire à une culture qui n'a

1. Paul Ricœur, « Devenir capable, être reconnu » (2005), *Revue du MAUSS permanente*, 24 mai 2007, < www.journaldumauss.net/ >.

pas su empêcher une telle folie ? Mieux vaut faire table rase, effacer. Le temps doit être neuf. La page doit être blanche. Jean-François Sirinelli parle à propos des baby-boomers, soucieux de gommer l'héritage de leurs aînés, d'une « génération palimpseste »[1].

Mais si le passé fait honte, l'avenir fait peur. Le temps ne porte plus, peut-être même ne promet-il plus. Une entame indéfinissable, un dérèglement subtil semble avoir atteint l'être-au-monde contemporain. Ainsi sommes-nous entrés dans le temps nu, dans le « nu-présent » comme l'appelle Françoise Le Corre[2]. Ce repli sur le court terme, que l'on appelle parfois le présentisme, témoigne d'une profonde fracture temporelle et culturelle. Si nous sommes nombreux à percevoir les signes de ce dérèglement, peut-on parler d'une crise de la temporalité ? Comment celle-ci s'exprime-t-elle dans l'histoire singulière de chacun ?

Le temps sauvage

« Le privilège de celui qui va lentement, c'est qu'il a tout son temps... » Celui qui, dans un rire, venait de jeter cette boutade, comme chaque semaine, était arrivé en retard. Au cours de la séance, plusieurs fois il regarda sa montre, consulta son portable, puis à la fin se leva en s'excusant joyeusement : « Je me sauve, on m'attend... »

Cet homme est de ceux qui ont le temps malade mais ne s'en inquiètent pas. Il souffre d'impatience. Depuis longtemps, il se laisse emporter par la hâte d'un présent compact, sans recul ni profondeur. Pour lui, la course est de rigueur, même s'il s'en plaint. L'idéal est d'aller vite, d'être réactif

1. Jean-François Sirinelli, *Les Baby-boomers*, Paris, Fayard, 2003, p. 17-18.
2. Françoise Le Corre, « Le nu-présent », *Études*, n° 4, 2003, p. 483-492.

et, surtout, mobile. Courir, s'agiter semble être une façon de garder l'équilibre. À l'opposé, ralentir, attendre comporte un danger imprécis. Ainsi lui est-il plus facile de supporter les précipitations chroniques que la lenteur de certains dimanches…

Sa vie ressemble à une actualité toujours en mouvement, en rebond. Il en parle avec spontanéité, en privilégiant l'usage du présent élargi au détriment de l'imparfait ou du futur. «*No past, no future*», comme pour le punk des années 1970. S'il en est venu à consulter, c'est parce qu'il est insomniaque. Dans ses nuits sans sommeil, il se sent impuissant à combattre ce mal de la durée trop longue et il s'angoisse. En écoutant cet homme pressé, souvent, je m'interroge : de quoi se protège donc une telle hâte ?

La capacité qu'a une personne de se mouvoir sur les trois dimensions du temps est un indice de sa santé psychique. Pour celui qui va bien, le temps est un allié. Quand le névrosé bute sur un temps empêché, le déprimé s'épuise à porter un temps sans avenir et le pervers répète un scénario immuable. Les effondrements identitaires sont toujours marqués d'un affaissement de la temporalité. Ceci est très perceptible chez les adolescents en difficulté qui se maintiennent ainsi sur la frange étroite d'un immédiat factuel, à peine éprouvé comme présent. Je me souviens de Tania, jeune fille très déprimée, pour qui le temps constituait un ennemi intime, véritable «empêcheur de vivre», selon ses mots. À le combattre, à le remplir pour mieux le tuer, elle occupait toute sa vie. L'ennui était mortel, le délai intolérable, les projets évanescents. Ces adolescents provisoirement privés de temporalité sont plus nombreux qu'autrefois. Avec eux, un certain travail consiste à pacifier la relation archaïque et rebelle au temps pour que se réengage l'histoire subjective.

L'homme d'aujourd'hui s'est habitué à vivre à un rythme accéléré. Il est occupé par l'immédiat qu'il dévore à la hâte, sans savoir d'ailleurs s'il se grise ou se laisse tyranniser. Il va au plus court. Le temps le mange et lui-même est mangeur de temps. Son présent doit être gorgé de tous les possibles et, s'il ne l'est pas, il sera éprouvé vide. Je suis régulièrement frappée par l'atemporalité des histoires de vie. Celles-ci s'apparentent parfois à une succession aléatoire de présents, une addition d'instants éphémères, d'épisodes discontinus ayant tous la même valeur. L'existence racontée y apparaît moins linéaire que séquentielle, modulaire. Elle se fractionne en petits fragments d'histoire, dans une sorte de temporalité brisée qui, compte tenu de l'allongement de la vie humaine, autorise les changements de direction, de métier, de pays, de partenaire, d'orientation sexuelle…

Ce qui caractérise ce temps court, c'est sa difficulté à porter et à véhiculer une dimension symbolique. Le temps long se déploie d'avant en arrière : à l'arrière, il puise des souvenirs, des regrets, il porte de la nostalgie, de la gratitude ; à l'avant, il nourrit des espoirs, des projets, il ose des promesses, des désirs. D'un côté à l'autre, il véhicule des sentiments, des valeurs, des idéaux. Le temps court se cantonne à l'immédiat. Il s'en tient au bien-être du moment, « à la première gorgée de bière… ». C'est un temps de la prise, de la saisie, de la possession. Quand le temps long qui achemine la vie de l'esprit est d'essence spirituelle, le temps court, tourné vers les plaisirs, est essentiellement matérialiste. Ce qui importe alors, c'est de profiter tout de suite, de vivre au comptant.

Ce temps sauvage, indompté est celui du Ça, celui des besoins primaires, de la toute-jouissance et de la toute-puissance qui signent la fragilité actuelle de l'énoncé œdipien : « Ce que tu ne peux avoir maintenant, reporte-le à plus tard… Consens au délai qui est gardien du désir. » Énoncé qui seul a le pouvoir d'éjecter l'enfant hors du présent incestueux et de l'introduire à une histoire personnelle. Avant l'œdipe en effet, l'enfant se meut dans un temps chaotique et désordonné. Il n'a pas conscience de son écoulement, de sa fluidité féconde entre passé, présent et avenir. Il ne s'engage véritablement dans son histoire subjective que lorsque le conflit œdipien est vécu et suffisamment dépassé. C'est parce qu'il renonce à posséder fantasmatiquement ses parents et à entretenir avec chacun d'eux une relation d'exclusivité que le petit enfant comprend qu'il n'est pas le maître du temps. Il apprend à se vivre comme un sujet autonome, engagé dans une trajectoire de vie singulière.

Il existe une compétence parentale très inégale pour soutenir l'enfant dans cette temporalité naissante. Imaginons de discrètes invitations à décondenser l'instant, à le déployer d'avant en arrière, au gré des expériences quotidiennes. Une jeune mère, pour calmer les inquiétudes nocturnes de sa fillette, lui suggérait de s'endormir en imaginant ce que serait demain. Une autre veillait à maintenir certains rites, l'heure des repas, le temps des loisirs après celui du travail, etc. Une troisième était particulièrement sensible à l'emploi approprié des temps grammaticaux dans le langage de l'enfant. De façon plus large, en contrant l'impatience du tout-petit, en différant, en reportant à plus tard, en faisant retour par le biais du souvenir, toute éducation vise à ordonner le temps vécu, support de l'identité naissante.

Aujourd'hui, tout se passe comme si l'énoncé œdipien « plus tard » s'inscrivait mal. L'enfant ne semble plus en mesure de l'entendre. Et s'il ne l'entend plus, c'est que ses parents manquent de conviction pour le signifier. Et si ses parents manquent de conviction, c'est que, derrière eux, toute une culture a cessé de croire à la fécondité du temps long et à sa vertu humanisante. Le temps ambiant, celui du tout de suite, du tout jouir, du tout plein, est aussi celui de l'inceste. Hier, le temps était une figure du destin à laquelle il semblait naturel de se soumettre. Il est aujourd'hui une figure d'emprise dont il s'agit de se dégager. Voilà l'étrange combat dans lequel s'épuise l'homme contemporain : desserrer l'étreinte incestueuse du temps.

« C'est ma vie... » Le temps pour soi

Ce qui caractérise le temps nu, amputé de l'avant et de l'après, c'est qu'il se déploie à la mesure de celui qui le vit. S'il n'y a plus rien à retenir du passé ni à attendre de l'avenir, mieux vaut vivre pour soi, s'en tenir à sa propre trajectoire de vie. « C'est ma vie… », entend-on dire parfois. Désormais, « notre rapport à la temporalité se mesure à l'aune de l'individu et non plus à celle de la société », remarque Élisabeth Badinter[1]. Sans l'intuition d'un progrès possible, le temps cesse d'être fédérateur. Il perd son pouvoir de rassemblement. Le goût de vivre ne s'exalte plus dans les idéaux ou les valeurs partagées. Il se réduit à la dimension d'une existence, d'une personne. Ce « temps pour soi » apparaît peu soucieux de faire lien entre les générations.

On dit couramment que la société, la famille contemporaine ont du mal à transmettre. Parmi les enjeux multiples qui contribuent à cette difficulté, il faut d'abord évoquer la représentation paradoxale que nous entretenons avec le passé. Celui-ci est très présent dans nos vies. Nous sommes, d'une certaine façon, fascinés par lui. Dans une insatiable gourmandise, nous en savourons les « petites madeleines ». Nous courons aux brocantes et aux journées du patrimoine. Nous nous fabriquons des généalogies et des albums de famille. Devant nos écrans, nous n'en finissons pas de romancer notre histoire. Pourtant, dans ce passé, nous sommes bien en peine de puiser des références, des enseignements, une intelligence qui nous aide à vivre. Nous avons du mal à recueillir la

1. Élisabeth Badinter, *L'Un et l'Autre. Des relations entre hommes et femmes*, Paris, 1986, Odile Jacob, p. 324.

puissante tradition humaniste sur laquelle notre culture, en dépit de ses errances, s'est construite. Encore étourdis par notre récente liberté et notre confort de vie, nous sous-estimons le potentiel fortement humanisant de certaines conduites, usages ou valeurs passés que nous tenons en mépris.

À première vue, ce qui est en crise, c'est le contenu d'une tradition dont nous percevons trop les usures, les insuffisances et les dérives. Mais au-delà du contenu lui-même, c'est également le principe, l'acte de transmettre, indissociable du temps, qui est mis en doute. Transmettre suppose en effet un rapport confiant envers le passé comme envers l'avenir, une alliance de fond entre la génération qui précède et celle qui suit, entre le monde d'avant et celui d'après. La transmission s'appuie sur l'intuition profonde selon laquelle la vie peut avoir ses mauvaises surprises, ses accidents de parcours, mais elle vaut le coup d'être vécue.

Transmettre, c'est faire passer à d'autres ce que l'on a soi-même appris, aimé, conquis. On ne peut se risquer à ce transfert si on n'espère pas, si on ne croit pas en un temps meilleur. J'entends encore cet universitaire, profondément déprimé, me dire : « Mes parents m'ont donné beaucoup : une éducation et les meilleurs lycées de la ville. Mais quelque chose a manqué qui me poursuit encore, c'est la conviction tout à fait irrationnelle que de me lever le matin a une quelconque utilité. Faire carrière, oui, par nécessité. Mais vivre, au fond… ? »

Toutes les théories de la transmission pourraient se rejoindre en un point : il faut que, d'un côté, cela se donne et que, de l'autre, cela soit reçu. Et ce qui n'est pas donné ne sera pas reçu. Ce qui n'est pas reçu sera perdu. Il y a dans toute existence un temps pour recevoir et un autre pour donner. Cet échange constitue la passe entre les générations, l'essence même du temps passeur. « J'ai reçu, j'ai transmis, disait à la fin de sa vie le psychanalyste Didier Anzieu. Je me sens quitte envers ceux qui m'ont donné. Soyez quitte à votre tour de la même façon que moi. La caravane des individus passe[1]. » Il y a dans cette image l'idée d'une transhumance, d'un « trans-humain » indissociable de la question de la dette. Cela suppose de se savoir détenteur d'un héritage et désireux de le partager. Là sont attendus les plus âgés. Cela suppose également d'être prêt à recevoir l'héritage et à le cultiver. Ici sont attendus les plus jeunes. Or cette disposition réciproque a cessé d'être une évidence. Une alliance entre générations semble s'être perdue. D'un bord à l'autre, la caravane passe moins. Elle transfère plus difficilement. La trans-humance ne s'impose plus d'elle-même.

Ce qui se détache de nombreux récits de vie, c'est l'idée selon laquelle non seulement le présent ne doit rien au passé, mais surtout qu'il ne peut rien en attendre. À chacun de se construire seul, par lui-même et à partir de ce qu'il aspire à être.

Chez les aînés, qu'ils soient parents ou enseignants, un énorme doute, qui confine au scrupule, s'est installé : « Avons-nous le droit ? Ce que nous avons appris de la vie, pouvons-nous en parler ? Et si nous parlons, serons-nous entendus ? » « Les mercredis, me disait une personne âgée, mes petits-enfants viennent à la maison », puis, un peu gênée : « ... parce qu'ils n'ont pas Canal plus, chez eux. » Une telle autodépréciation en matière de transmission est souvent méconnue des protagonistes eux-mêmes qui semblent avoir renoncé à l'humaine joie de faire passer à d'autres, moins avancés, un peu de ce qu'ils ont vécu. Des contre-exemples existent fort heureusement en ce domaine : « Je ne saurais dire mon bonheur quand j'entre dans ma salle de classe, me disait une jeune enseignante. Nous allons passer une heure passionnante, les élèves, la Révolution et moi. Je vois trente-cinq visages

1. Cité in *Portrait d'Anzieu avec groupe*, Marseille, Hommes et Perspectives, 1992 (quatrième de couverture).

tournés vers moi avec confiance pour recevoir à leur tour ce qui m'a été donné[1]. »

Chez les plus jeunes, il existe une suspicion profonde à l'égard de l'héritage, une méfiance instinctive vis-à-vis de ceux qui voudraient l'imposer. Le mauvais vient d'avant, d'au-dessus. À partir des notions largement médiatisées de « transgénérationnel », de « secret de famille », de « crypte », de « traumatisme non élaboré », une vogue psychologique s'est attachée à vulgariser certaines formes de transmission pathologiques. Elle ne fait qu'accentuer le soupçon au détriment d'une représentation de la transmission comme nutritive et bénéfique. Nombreuses sont les personnes qui consultent inquiètes à l'idée d'être chargées d'un héritage toxique. Comment, se demandent-elles, s'en délivrer ? Comment en protéger ceux qui suivent ? Cette conviction d'être, malgré soi, porteur et passeur de mauvais est d'autant plus vive qu'elle se nourrit du préjugé selon lequel tout ce qui n'a pas été analysé fera inévitablement retour. Ainsi ces patients se mettent-ils parfois à arpenter l'histoire familiale en tout sens, espérant traquer les fantômes errants et leur faire rendre l'âme… « Quel drame secret, quelle crapulerie, quelle horreur forclose derrière mon mal de vivre ? » se demandent-ils. Vient pourtant ce moment où il faut couper court à cette rhétorique du soupçon pour apprendre à composer avec l'héritage toujours impur et avec ceux qui l'ont légué.

Il y a sans doute aujourd'hui un pessimisme excessif en ce qui concerne la transmission. Celle-ci ne se réduit pas à la conscience qu'on en a. On transmet comme on transpire, bien au-delà de notre volonté et de notre clairvoyance. Ce qui transhume d'une génération à une autre relève grandement de l'involontaire et de l'invisible. Ce transfert peut être silencieux, il n'en est pas moins intense, fait de temps manqués, d'émergences imprévues. Le psychanalyste Masud

1. Je remercie Sophie Bazin de Jessey pour ce témoignage.

Khan parlait d'« état de jachère psychique » comme d'un temps de repos, d'une disponibilité nécessaire à l'ensemencement[1]. C'est parfois en cours d'analyse ou face à certaines épreuves que d'anciennes voies de frayage inexplicablement se dégagent et permettent de retrouver un accès à ce qui jadis s'était déposé : une certaine façon de faire ou d'être, une attitude, un goût, une vocation.

Le « temps pour soi » est également moins liant entre les personnes d'une même génération. Le pacte noué par l'homme-individu avec lui-même exige un lourd tribut temporel et ne cesse de relancer la question du partage entre le temps pour soi et le temps pour autrui : « Entreprendre cette analyse, ce serait m'accorder du temps », disait une jeune femme au cours d'un entretien préliminaire. Jusqu'où, en effet, le temps donné ? Jusqu'où le temps gardé ? « J'ai honte de me l'avouer, mais le temps donné à ma famille m'apparaît souvent comme un temps perdu, murmurait également ce chef d'entreprise. Tous les cadeaux sont possibles hormis celui-là, le temps… » « Qu'est-ce que votre temps ? » lui demandais-je. Et lui, presque aussitôt : « C'est moi ! »

Cette exigence du pacte individualiste explique peut-être en partie pourquoi nous sommes passés du temps institutionnel au temps contractuel. Le premier veillait à la pérennité du lien sur une durée longue. Il maintenait la « continuité de l'être-ensemble ». Le second, limité par la volonté des contractants, s'inscrit dans une logique éminemment réversible. Quand le temps institutionnel trouvait sa raison d'être à tenir l'engagement, le temps contractuel, hanté par la crainte du définitif, ne vit que pour négocier le lien et le libre.

Ainsi, par exemple, l'union conjugale n'engage plus le temps de l'existence humaine. Dans la mouvance de l'amour, elle devient résiliable : « Marions-nous au risque de nous démarier… » D'où le dilemme contemporain entre deux

1. M. Masud R. Khan, « Être en jachère », *L'Arc*, n° 69, 1977, p. 52-57.

idéaux possibles : celui de la durée, quel que soit le sentiment : « Pour toujours... » , celui du sentiment, au risque de la durée : « Tant que l'on s'aime... ».

Si le temps ne tient plus le lien, alors le lien doit se méfier du temps. L'ombre de la rupture plane sur les familles d'aujourd'hui. Il y a là une sorte de précarité psychique dont on parle peu et dont on présume pourtant les effets sur la construction d'un couple et des enfants de ce couple. Chacun sait que le temps de l'union est fragile, incertain. Ce constat invite les jeunes couples à deux défis : celui d'avoir à vaincre par soi-même les écueils de la durée ; et, en cas de séparation, celui d'avoir à concilier le temps court de la vie en couple et le temps, nécessairement long, de l'éducation des enfants.

Le temps masqué ou l'insoutenable pensée de la mort

Notre perception du temps est indissociable de notre représentation de la mort. À l'époque où le temps était long, la vie était souvent précaire. Cette précarité ne cessait de rappeler à chacun sa finitude. Au XVIIIe siècle, l'espérance de vie à la naissance était de vingt-huit ans. La moitié des enfants n'atteignait pas l'âge de onze ans. À cinquante ans, un homme, veuf dans la moitié des cas, avait vu mourir ses deux parents, plusieurs de ses frères ou sœurs et deux à trois de ses enfants. Le destin de la vie, c'était la mort. Le thème pictural de la vanité, qui mêle à certaines représentations du réel des symboles de la mort (le sablier, le crâne, etc.), ne cesse de rappeler à chacun le caractère fugace de son passage sur terre. Tout le monde peut mourir à tout instant.

À partir de la fin du XVIIIe siècle, la mort commence à reculer de l'horizon terrestre. Depuis la Seconde Guerre mondiale, ce recul spectaculaire est devenu emblématique du progrès. L'espérance de vie s'est accrue de trente ans et permet d'atteindre l'âge d'environ quatre-vingts ans en Amérique du Nord ou en Europe de l'Ouest. Ce changement n'est pas sans conséquences sur les mentalités. Si l'espérance de vie augmente régulièrement, elle concerne celle de notre passage sur terre. Nous « gagnons des trimestres », mais nous avons collectivement perdu l'intime conviction d'un au-delà éternel. Le temps profane, rétif à l'idée de transcendance, est désormais compté, consommable. C'est un capital toujours en fuite. La mort vient fermer le cycle de la vie, le clore définitivement là où, hier, elle laissait entrevoir la suite d'une histoire, un temps après le temps. Quand la mort humaniste était perçue comme un passage, la mort individualiste est anticipée comme une fin.

L'énorme déni qui plane sur la mort dans notre culture s'ancre dans cette logique. S'il n'y a plus rien de l'autre côté, la mort n'est plus pensable. L'oublier devient une nécessité. Il faudrait pourtant préciser la teneur de ce déni, car, à un certain niveau, nous savons bien que nous sommes mortels. Nous consultons régulièrement la revue nécrologique, nous continuons à enterrer nos morts et à les célébrer. Ce qui a fondamentalement changé, c'est que nous refusons de nous structurer dans la conscience de la finitude. La mort a cessé d'être une dimension fondatrice du vivant: Dans la culture judéo-chrétienne, la mort était perçue comme une étape susceptible de mener au paradis, c'est-à-dire à la jouissance extrême. L'homme d'aujourd'hui cherche trop le paradis sur terre pour l'espérer en un au-delà hypothétique. Il refuse de se penser comme un « être-pour-la-mort »[1]. Quand la vie pouvait, par certains, être considérée comme un détour, la mort, aujourd'hui, est perçue comme un « accident du vivant » et toujours susceptible d'être imputée à une erreur technologique ou médicale entraînant une recherche de

1. Martin Heidegger, *Être et temps*, trad. François Vezin, Paris, Gallimard, 1992 [1927].

dédommagement. « Mourir, dit Claude Javeau, est le résultat d'une erreur de programmation au bonheur occidental[1]. » Au XXIe siècle, on ne doit plus mourir. La mort est un échec. La revendication du droit à mourir dans la dignité et la sensibilisation actuelle à la question de l'euthanasie s'inscrivent dans cette représentation d'une mort honteuse parce qu'elle signe la défaite de l'individu bâtisseur de lui-même face au temps victorieux.

On comprend mieux cette étreinte convulsive et passionnelle que l'individu sceptique entretient avec le temps profane, cette voracité à son égard, cette peur de le perdre, ce besoin de le consommer, de le soumettre, de le tuer. « Qui de toi ou de moi aura le dernier mot ? » Un jeune garçon agité, de ceux qu'on appelle aujourd'hui hyperactifs, il y a quelques années, me sensibilisa à cette question. Sur le seuil, au moment où nous nous quittions, il demanda : « Et si je me retourne, est-ce que je serai dévoré ? » Puis, sans attendre la réponse, il s'enfuit en courant. Cet enfant le savait : la mort est à nos trousses[2]. Pour certains, mieux vaut courir que d'être rattrapés. Ainsi va l'homme au temps masqué. Comme l'enfant hyperactif, il ne sait plus d'où il vient ni où il va. Ralentir, s'arrêter, ce serait peut-être mourir. Sous l'anxiété culturelle contre laquelle se mobilisent tant de thérapies, de psychotropes et de marchands, il y a cette ombre de mort qui nous traque et que nous ne voulons pas voir.

Allons plus loin : depuis l'aube de l'humanité, l'homme a développé une créativité énorme pour se protéger de la pensée de la mort. Aujourd'hui, en l'absence de transcendance, il n'a plus à sa disposition le recours au sacré et aux

1. Claude Javeau, *Mourir*, Bruxelles, Les Éperonniers, 1988, cité in Céline Lafontaine, *La Société postmortelle*, Paris, Seuil, 2008, p. 187.

2. Voir Catherine Ternynck, *Chambre à part*, Paris, Desclée de Brouwer, 2007.

rituels religieux. Il cherche d'autres ressorts, psychologiques ou matérialistes. Un premier moyen de se protéger de l'idée de finitude consiste à retarder l'échéance. Il est étonnant de remarquer que, dans nos existences quotidiennes, nous ne sommes plus à l'aise avec l'idée de fin. Nous savons interrompre, mais, bien souvent, nous ne prenons plus le soin de finir. Nous quittons beaucoup mais nous terminons peu. Nous négligeons de resserrer les bords du temps. L'exigence de mobilité et d'adaptation à un monde en constante évolution est telle qu'elle ne tolère plus la décélération, le relâchement temporel étant assimilé à un déclin. Conclure, clore, clôturer souvent semble inutile. S'attarder sur ce qui n'est plus, tolérer un peu de regret, de tristesse, devient même suspect de complaisance. Rompu à l'art d'entreprendre, nous sommes toujours prêts à recommencer, à vivre en avant de nous-mêmes, en rebond du présent. Un homme exprimait en quelques mots cet état d'esprit : « En amour, disait-il, comme dans les livres, je n'aime que le premier chapitre. Là, tout est dit..., la suite est sans goût. » Or, insistons sur ce point, notre rapport au temps est constitutif de nous-mêmes. Tout événement psychique a besoin d'être vécu jusqu'à son terme. Ce qui n'est pas quitté, ce qui est mal fini détisse subtilement la trame temporelle, indistincte de la trame identitaire. L'être profond peut en garder une altération, plus perceptible dans la seconde partie de vie. Sous certaines formes d'anxiété, il arrive que l'on reconnaisse cette insécurité de fond, sorte d'état d'alerte qui trahit, à l'insu même de celui qui le vit, la maltraitance du temps vécu.

Dans un travail analytique, le temps de la fin est donc une étape essentielle qui engage la réussite d'une cure. Finir, c'est se réapproprier ce que l'on s'apprête à quitter, c'est réengager un peu de l'autre ou ce qui a été vécu avec cet autre en soi-même. C'est donc se protéger d'une certaine solitude. Car ce que l'on conserve en soi de l'autre quitté nous tient toujours compagnie. De là, peut-être, cette intuition clinique qui court sous de nombreuses souffrances psychiques selon laquelle la véritable solitude est d'essence temporelle.

Si nous avons cessé de nous structurer dans la conscience de la mort, nous nous façonnons dans l'idée d'inachèvement qui nous imprègne profondément : quand l'homme des générations précédentes s'estimait achevé lorsqu'il accédait à la vie adulte, l'homme d'aujourd'hui, plus rapidement émancipé, se tient en constante fabrique d'identité. *La Femme de trente ans* décrite par Balzac était une femme à la destinée accomplie. Une trentenaire, aujourd'hui, a la vie devant elle. La maturité n'est plus superposable à la vie adulte. À moins d'envisager celle-ci comme une maturité en puissance, inconditionnellement ouverte, prête à accueillir les changements de direction, les ruptures, les imprévus et les rebonds. En somme, une vie adulte dans laquelle il serait possible d'aller de commencement en commencement, dans laquelle les jeux ne seraient jamais faits et les donnes seraient redistribuables à l'infini.

Aux yeux de l'homme-individu, l'attrait de ce temps bref et toujours rebondissant, c'est qu'il est susceptible de se répéter et donne l'illusion qu'il peut se passer de l'histoire qui, elle, ne passe jamais deux fois au même endroit et confronte au deuil permanent de ce qui a été et ne reviendra plus. Si tout se répète, en effet, rien n'est perdu. Tout reste possible. L'intrigue est suspendue, ouverte à l'imprévu. Il suffit de rejouer la mise. « Je voudrais refaire ma vie... », « J'efface tout, je repars de zéro... », disent certaines personnes. Et bien souvent, ce n'est pas qu'une formule. De là, cette voie d'humanisation nouvelle, incertaine, que Marcel Gauchet comprend comme un « interminable chemin tracé vers soi-même[1] » et dans lequel on pourrait voir une résistance à l'humanisation, en lien avec le déni de la mort.

À ce besoin d'inachèvement participerait l'aisance

1. M. Gauchet, « L'enfant du désir », art. cité, p. 121.

contemporaine à se mouvoir dans le multiple, à vivre plusieurs vies en une seule. Ce qui importe alors, c'est de sortir le temps de sa gangue étroite, de le déployer vers tous les possibles. Élargir à défaut de prolonger. Dilater à défaut de dérouler. À ce déploiement temporel notre culture nous invite : aujourd'hui, les classes d'âge se rapprochent. Le temps de l'enfance est très court, de plus en plus court, à l'échelle de la durée de vie ; celui de la vieillesse de plus en plus tardif. Mais le temps de la jeunesse est revendiqué par tous.

Cet effacement des âges de la vie témoignerait-il d'une fiction selon laquelle il n'y aurait plus qu'une génération unique composée de jeunes et de moins jeunes, tous à égalité devant la mort ? Signerait-il l'impossibilité des plus âgés à assumer le fait qu'ils sont plus avancés et partiront sans doute les premiers ? Se maintenir jeune, bien au-delà de la jeunesse, serait-ce alors, dans un mouvement maniaque, nourrir l'illusion d'une immortalité terrestre ? Au besoin de maintenir tous les possibles s'oppose pourtant, nous l'avons précédemment noté (chapitre 1), le désir existentiel de se réaliser. Car l'être de l'homme est fait pour s'inscrire dans une certaine réalité temporelle. Il s'actualise dans la mesure où il se limite, se borne. Un malaise contemporain tient à la grande difficulté de maintenir en tension le besoin d'inachèvement, par peur de la mort, et le besoin d'accomplissement, par nécessité de vie.

On ne peut pourtant avancer masqué jusqu'au rivage. Chaque homme a, un jour ou l'autre, la révélation qu'il va mourir. Une telle révélation n'est pas de l'ordre de la connaissance rationnelle. Elle tient à une expérience intime, proche de l'inconscient, bien souvent impensable comme telle. Tout se passe comme si, à ce moment-là, la mort cessait d'être masquée. Elle se découvre. Certaines dépressions de la maturité, hâtivement qualifiées de réactionnelles, ou certaines ruptures d'existence présentant une mise en danger pourraient être comprises comme un retour du déni de la mort, sorte de réhabilitation tardive de l'idée de finitude. Il s'agit alors d'éprouver la mort, de s'en approcher le plus possible, de la frôler sur un mode quasi conjuratoire, pour la reconnaître consubstantielle à l'humaine condition.

Le fait est si banal qu'il pourrait passer inaperçu : pourquoi, à quelques années de la retraite, cet homme plutôt bon vivant s'effondre-t-il brutalement sans raison apparente ? Pourquoi cette quinquagénaire en bonne santé développe-t-elle une phobie du cancer ? Cette rencontre avec la pensée de la mort s'accompagne parfois d'une dimension amoureuse ou érotique, appelée à protéger d'une aspiration régressive. Tout se passe comme si les deux figures de la mort et de l'amour, Thanatos et Éros, se trouvaient convoquées ensemble dans la vie d'une personne. Celle-ci, comme cette patiente, perçoit confusément la lutte interne entre pulsions de vie et pulsions de mort : « Avant de rencontrer cet homme, j'étais immortelle. Que s'est-il passé dans cet amour ? Un raccourci, un pas décisif. Rien ne sera plus comme avant. Me voilà plus fragile et plus forte. Je peux vivre sous le signe de la mort. »

Le coût culturel du déni de la mort est gigantesque. Il se fait surtout sentir dans la seconde partie de la vie. On peut se le représenter à partir de manifestations anxieuses et dépressives, d'expressions psychosomatiques appelant une inflation des examens de santé de plus en plus sophistiqués. L'individu qui, toute son existence, s'est tendu vers le projet d'être lui-même, toujours plus lui-même, se voit confronté à la plus terrible des frustrations : il doit se résoudre à vivre sa propre fin. « Tant d'efforts, tant d'épreuves, tant de matins et de soirs, pour venir s'échouer là, au bas du mur, au-delà duquel plus rien n'existe », soupirait un homme atteint d'un mal qu'il savait incurable.

On avait cru pouvoir oublier la vieillesse et voilà qu'elle surgit et impose ce à quoi on avait cru échapper : la cohorte des fantômes du grand âge, la maladie, la dépendance, la souffrance et, surtout, la représentation insoutenable de la fin. Seraient à situer dans le registre de cet insupportable les nouvelles « phobies d'Alzheimer ». Cette expression symptomatologique touche des personnes, plutôt jeunes, toujours anxieuses, qui, en raison de troubles mineurs de l'attention et de la mémoire, se croient menacées par un syndrome démentiel imminent. À l'opposé de cette angoisse sourde est l'apaisement profond trouvé dans l'acceptation lentement intériorisée de la mortelle condition. « Quand je regarde mes fils, s'exclamait gaiement cette sexagénaire, quand je vois leur jeunesse insolente, je sais qu'il n'y a rien d'autre à faire qu'à me laisser déposséder. » Comment mieux signifier l'intime correspondance entre le deuil du temps terrestre et la croissance de l'être ?

Réengager l'histoire, pacifier le temps

L'historien Pierre Nora oppose le temps de la mémoire à celui de l'histoire. La mémoire, dit-il, est affective, partiale, éminemment subjective. Elle peut déformer, idéaliser, voire sacraliser. L'histoire, au contraire, est une représentation distanciée du passé : elle « appartient à tous et à personne, ce qui lui donne vocation à l'universel [1] ». La mémoire mobilise des émotions, des sentiments, quand l'histoire veut des raisons et des preuves. La mémoire romance quand l'histoire raisonne.

Faire histoire, c'est donc toujours « se libérer de la mémoire ». C'est, dans une certaine mesure, la déconstruire et la refouler. De la même façon, un travail d'introspection personnel consiste à retraverser certains événements de vie et, avec l'aide de celui qui écoute, à organiser le passé, fût-ce au prix d'une certaine fiction. Ce travail, lorsqu'il est

1. Pierre Nora, « Entre Mémoire et Histoire. La problématique des lieux », in *Les Lieux de mémoire, I. La République*, Paris, Gallimard, 1984, p. XIX.

suffisamment long, permet de passer de la remémoration à la construction d'une histoire, ce qui suppose une désaffection, une distanciation. C'est, en effet, lorsqu'elle se dégage de la mémoire émotionnelle de son passé qu'une personne parvient à envisager l'avenir, à réengager de nouveaux projets, à se réinscrire dans une trajectoire temporelle. Littéralement, elle retrouve le sens de l'histoire. Celle-ci surgit de la mémoire travaillée, délestée, épurée. Elle se forge dans ce qui est souvenu autant que dans ce qui est oublié. Sous cet angle, on en vient à penser que le devoir de mémoire est en réalité un devoir d'histoire.

Une mémoire peut être malade d'oublier mais aussi de trop se souvenir. Elle rumine, elle mâche. Elle est la proie de l'obsession, du regret ou du remords. Elle ne parvient plus à refouler le passé, à l'oublier en partie pour en fabriquer de l'histoire. Ainsi serait notre mémoire collective, semblable à celle de certains malades sous le coup d'un trauma, choquée, sidérée par ce qui est arrivé, doublement altérée dans la représentation du passé et de l'avenir, arrêtée. Cette perte d'une temporalité historique comparable à une crise d'identité culturelle met l'individu dans l'obligation de modifier son rapport au temps et le confronte à un profond désarroi existentiel.

Plusieurs lectures du récit de l'Exode reconnaissent dans celui-ci une rupture temporelle par rapport aux sagesses polythéistes antérieures gouvernées par le mythe de l'éternel retour. Le temps des prophètes n'est plus cyclique. Il est porté par l'attente et l'espérance, aiguillé par la quête d'une Terre promise : « L'espérance, dit Shmuel Trigano, est sans aucun doute le trésor le plus précieux qu'Israël a apporté à l'humanité[1]. » Acheminons cette idée : si la démarche prophétique est portée par l'espérance, elle est également chargée de la mémoire du départ, de la fuite, de l'arrachement. Si devant

1. Shmuel Trigano, *Un exil sans retour ?*, Paris, Stock, 1996, cité in Jean-Claude Guillebaud, *La Refondation du monde*, Paris, Seuil, 1999, p. 103.

il y a la Terre promise, derrière il y a une terre originaire haïe et aimée, qu'il a fallu quitter. Le temps de l'avant, de l'élan n'est possible que s'il reste en tension avec le temps de l'arrière, celui du passé. L'histoire en marche naît de cette intelligence. D'arrière en avant, d'hier à demain, elle puise le sens de l'avenir qui est aussi le désir de vivre. L'espérance ne naît pas d'elle-même. Elle ne surgit pas du vide. Elle se forge dans l'histoire, à l'appui et à l'encontre d'une certaine mémoire faite pour une part de regrets, de remords et de ressentiment.

On pourrait dire de l'homme d'aujourd'hui qu'en faisant table rase du passé il a oublié le temps d'où il venait ; il a aussi perdu le levier qui permettait le mouvement vers l'avenir. Pour croire au seul présent, il s'est enlisé dans le temps individualiste, cyclique et circulaire comme l'était celui des cultures païennes. Entre ce qu'il quitte et ce vers quoi il va, il s'est arrêté à fleur du vide. Il a perdu la marche, le sens de l'histoire qui est aussi l'intelligence du temps.

C'est là, sans doute, une grande leçon de ces dernières décennies. Le temps que l'individu a édifié à sa propre échelle, le temps pour soi, ne suffit pas à soutenir celui qui le vit. C'est un temps pauvre, un temps qui, à force de s'être rétracté, s'est vidé de ses forces vives et se clôt sur lui-même. Il ne sait plus d'où il vient, ni où il va. Il se refuse à recevoir du passé ce qu'il voudrait offrir à l'avenir.

Un homme âgé me donna un jour un étrange enseignement. Il était de ceux qui se sont beaucoup égarés. Simultanément alcoolique et déprimé, il avait du mal à conduire sa vie, ce qui ne l'empêchait pas d'en parler avec une lucidité surprenante, comme le font certaines personnes proches du désespoir. Je le voyais par intermittence. Il me racontait le quotidien de son existence, peut-être pour en ressaisir la continuité rassurante ou pour s'éprouver lui-même plus réel au contact de son récit. Un jour qu'il détaillait l'ordinaire d'une semaine, il s'interrompit, brusquement inspiré : « Si j'avais un fils, je lui dirais de prendre soin du temps... » Puis après un silence, « ... car le temps donne le sens ». À sa manière, cet homme, douloureusement sensible aux impasses de son époque, pressentait ce qu'avant lui Claudel avait dit: « Le temps, c'est le sens de la vie[1]. »

Notre temps est devenu fragile. Amputé de la durée, il espère peu. Il désire à grand-peine. Désengagé, il ne tient plus le lien. Il a du mal à accomplir sa mission qui est d'humaniser. Et si le temps aujourd'hui va mal, il nous faut prendre soin de lui. Il nous faut le déloger du « nu-présent » et l'accompagner dans la durée, vers la pensée de la mort. Il nous faut l'extraire de la gangue étroite de l'individualisme et l'aider à passer d'un bord à l'autre, de l'ancien au nouveau, des plus âgés aux plus jeunes. Hier, certains se sont mobilisés pour bousculer les immobilismes. Aujourd'hui, nous avons à réengager la poussée du temps qui anime l'histoire. Nous avons à réintroduire le temps passeur, la passe humanisante du temps.

1. Paul Claudel, *Connaissance du temps*, in *Œuvres poétiques*, Paris, Gallimard, 1967, p. 135.

VI

La colère des enfants
Qui nous mènera à hauteur d'homme ?

Je suis un enfant mal grandi. Je tiens mal en terre. L'ancrage est fragile. En vain, je cherche ce qui ferait socle, ce qui donnerait force. Quelque chose manqua au début. Mais quoi ? Quelle fut la négligence ?
Parents, éducateurs, pourquoi laisser penser qu'il est possible de s'humaniser sans effort ? Devenir adulte, cela ne va pas de soi. Il faut bien que ceux qui précèdent élèvent ceux qui suivent. N'est-ce pas le plus vieux pacte d'humanité ? Pourquoi l'avez-vous trahi ?

Dans *L'Œuvre au noir*, Marguerite Yourcenar décrit le sentiment d'étrangeté éprouvé alors qu'elle se penche sur le berceau d'un nouveau-né. Ce qui la bouleverse à ce moment-là, c'est la perception de l'écart gigantesque entre la fragilité du tout-petit et la puissance de son humanisation à venir.

Au tout début, l'enfant est plongé dans le règne des pulsions. Il est noueux, grossier en humanité, non advenu. Il n'est encore qu'un sauvageon. Toute l'éducation consiste à le sortir de cette matière brute, à le civiliser, à l'introduire au monde de l'esprit. Ce qui est attendu de chaque génération, c'est d'accueillir les « nouveaux venus [1] » et de les

1. Selon la formule de Hannah Arendt, « La crise de l'éducation » (1959), in *La Crise de la culture*, trad. Chantal Vézin, Paris, Gallimard, « Folio Essais », 1989, p. 245.

mener à hauteur d'homme. Éduquer, c'est aider à devenir un être humain[1].

Nous sommes en difficulté pour préparer un enfant à prendre place dans le monde adulte auquel il est pourtant destiné. Quelque chose de sa sauvagerie originaire résiste, s'obstine à rester indompté.

« De quel droit ? » La fin d'une légitimité éducative

Dans « La crise de l'éducation », Hannah Arendt rappelle que tout le XXe siècle est traversé par une crise de l'autorité régulièrement disqualifiée, contestée, rejetée. Jusqu'alors, le passé faisait pleinement autorité. L'ordre symbolique veillait de son ombre tutélaire sur la vie des familles. Les pratiques éducatives étaient relativement consensuelles et stables. Elles s'inscrivaient dans la tradition et se transmettaient d'une génération à une autre.

Cette crise de l'autorité mûrissait, en réalité, depuis longtemps sous la lente poussée du libéralisme occidental. Il faudrait remonter à l'époque des Lumières, au XVIIIe siècle en Occident, à la pensée de philosophes comme Montesquieu et Rousseau, pour en retrouver les germes. Plus proches de nous, les années 1960-1970 accélèrent le mouvement. Pour la famille et l'individu, les répercussions sont considérables[2].

Sous des influences croisées, le mythe libertaire travaille les esprits. Ce qui progressivement se propage, c'est l'idée selon laquelle l'autorité peut fragiliser, peut-être même casser l'être humain en puissance. À cette époque, on débarrasse

1. Françoise Dolto proposait de remplacer le terme d'« éducation » par celui d'« humanisation ».

2. En 1970 est votée en France la suppression de la notion de « puissance paternelle » au profit de l'« autorité parentale partagée ». En 1990 est établie la Convention internationale des droits de l'enfant. Entre 1965 et 1995, vingt-deux lois fondamentales révisent le droit français de la famille.

les chambres d'enfants des parcs en bois, les écoles des uniformes et des classements. Plus de châtiments corporels, moins d'interdits, moins de sanctions. L'enfant sera nourri à la demande, écouté dans ses besoins, respecté dans ses désirs, frustré le moins possible... Françoise Dolto parle sur France Inter. Les méthodes d'éducation inspirées de Célestin Freinet et de Maria Montessori se répandent.

Un livre d'Alice Miller décrit, à partir du récit de l'enfance d'Adolf Hitler, les pratiques éducatives prévalant en Europe au début du XXe siècle, véritable « pédagogie noire » où l'éducation s'apparente à un dressage. Le titre de cet ouvrage à grand succès, *C'est pour ton bien*, exprime la force insidieuse qui, à la même époque, pénètre profondément les esprits et se distille au sein de toute une génération[1]. Il traduit l'énorme soupçon éprouvé à l'égard d'une autorité désormais indistincte du pouvoir. De quel droit un parent peut-il préjuger de ce qui est bien pour son enfant ? Ce « bien » présumé pourrait-il servir une jouissance sadique méconnue ? Les pères et les maîtres, soudain inquiets d'eux-mêmes, se mettent à trembler devant leur propre puissance. Certains se prennent pour des terroristes, des oppresseurs que, la plupart du temps, ils ne sont pas. Comme le souligne Jean-Pierre Lebrun, cette délégitimation éducative est totalement inédite dans l'histoire de l'Occident : « Il n'y a pas de trace dans l'histoire d'une génération de parents qui ne se reconnaissent pas la légitimité de pouvoir – et même de devoir – signifier des interdictions à leurs enfants[2]. »

Ici s'amorce une spirale de désengagement éducatif de plus en plus marquée. Laissée au libre arbitre de chacun, l'éducation se refuse d'intervenir, d'influencer, de faire pression

1. Alice Miller, *C'est pour ton bien. Racines de la violence dans l'éducation de l'enfant*, trad. Jeanne Étoré, Paris, Aubier, 1984. Ce livre s'appuie sur un recueil de textes allemands écrits en 1977 par Katharina Rutschky.

2. Jean-Pierre Lebrun, *La Perversion ordinaire*, Paris, Denoël, 2007, p. 19.

d'une quelconque façon… Que l'enfant grandisse, qu'il s'épanouisse seul, par ses propres moyens. Plus tard, il choisira ses appartenances, ses croyances et ses vérités. L'autonomie est perçue comme un processus allant de soi, une maturation spontanée. Mieux vaut s'abstenir ou, du moins, se tenir à la marge… À la nature bienfaisante d'accomplir son travail. À chacun d'advenir à soi-même. Voulant préserver leurs enfants de l'oppression, toute une génération n'hésite pas à les entraîner dans la radicalité de ses convictions. Hannah Arendt avait déjà en 1959 une conscience visionnaire de cette démission parentale : « L'autorité a été abolie par les adultes et cela ne peut que signifier une chose : que les adultes refusent d'assumer la responsabilité du monde dans lequel ils ont placé les enfants… C'est comme si chaque jour les parents, les éducateurs disaient : "En ce monde, même nous nous ne sommes pas en sécurité chez nous. Comment s'y mouvoir, que savoir, quel bagage acquérir, sont pour nous aussi des mystères. Vous devez essayer de faire de votre mieux pour vous en sortir. De toute façon, vous n'avez pas de compte à nous demander. Nous sommes innocents, nous nous lavons les mains de votre sort"[1]. »

Ce désengagement éducatif court longtemps à bas bruit. Sous l'euphorie de la consommation effrénée, de la technologie conquérante et des griseries libertaires, ses effets restent longtemps silencieux. Il faut attendre l'entre-deux-siècles pour que se révèle le désenchantement. Un certain nombre de signes font alors symptôme dans le corps social pour désigner un mal inconnu, sorte de maladie orpheline marquée par l'accroissement de l'hyperactivité et des troubles phobiques chez les enfants, l'augmentation de la violence et de la délinquance juvénile et, de façon plus large, par une prédisposition à la dépression et l'addiction. À l'origine de ce malaise sociétal, une étiologie complexe, une conjugaison

1. H. Arendt, « La crise de l'éducation », *loc. cit.*, p. 245.

d'éléments différents, parmi lesquels l'après-coup dévastateur d'une carence éducative.

Nous sommes revenus de ce vide mais nous en restons profondément marqués, inquiets, incertains. Nous sentons bien que l'autorité comprise comme un principe incarné a disparu et que ce serait un contresens de vouloir la restaurer. Nous savons pourtant qu'elle est nécessaire mais nous sommes en difficulté pour la réhabiliter.

En matière d'éducation, le désarroi est aujourd'hui important. De nombreux parents ne se sentent plus « arroyés » – littéralement, « équipés pour le voyage ». Ils sont « sans arroi » pour faire face à la rage que ressent inévitablement l'enfant-sauvageon contre ceux qui veulent le greffer à la culture en limitant sa vie pulsionnelle et sa toute-puissance. Le mot qui tue, le geste qui blesse, la sanction, toujours susceptibles de compromettre l'épanouissement, ne cessent de relancer la question de la compétence parentale. En ce domaine, aucun bon sens ne parvient à calmer les esprits. La médiatisation actuelle du phénomène de la fessée contient et exprime ce désarroi. Au-delà de la question elle-même, il faudrait y voir le symptôme d'une inquiétude collective face à l'impasse éducative contemporaine. Dans les services spécialisés et les cabinets privés, les demandes de consultation à visée de « légitimation éducative » ne cessent d'augmenter.

La période d'opposition (dite encore « crise de deux ans ») et l'adolescence sont des moments prédisposés à la déstabilisation et parfois même à la décompensation parentales. Ainsi cette jeune mère, en arrêt maladie depuis plusieurs mois, m'expliquait ne plus supporter la tyrannie de sa fille unique, âgée de quatre ans. Cette enfant, charmante en certaines circonstances, accumulait les colères et les caprices, particulièrement dans des lieux publics, la rue ou les grandes surfaces, à tel point que ses parents n'osaient plus sortir avec elle et que toute la famille s'était organisée autour de la gestion de ses crises.

Si l'autorité n'est plus soutenue culturellement et s'il revient à chacun de l'exercer pour son compte, il faut bien admettre que certains y parviennent mieux que d'autres. « Je rencontre deux sortes de parents, constatait un pédopsychiatre : ceux qui vont aux conférences et accumulent les manuels d'éducation sur leur table de chevet, avides de repères, de conseils, toujours prêts à se questionner, et les autres, tous les autres, acculés par une vie difficile, enlisés dans des habitudes consuméristes, pour lesquels le simple mot d'éducation est vide de sens. »

Hannah Arendt disait que l'autorité véritable, c'est la capacité d'obtenir l'obéissance sans force, sans explication, sans argument. C'est ce qu'on pourrait appeler une autorité naturelle, qui s'autorise d'elle-même. L'impasse dans laquelle se trouve l'autorité contemporaine, c'est que, ne se différenciant plus du pouvoir, elle ne se sent pas autorisée. Elle en devient stratégique, affective, psychologique, charismatique. « Elle est, disait une mère inquiète, une épreuve hantée par la peur de tourner à l'épreuve de force. » Ainsi tentait-elle de s'exercer, comme elle pouvait, bien souvent le dos au vide et la peur au ventre. Et cette même mère poursuivait : « J'ai beau savoir que cette punition est juste, nécessaire, néanmoins le doute me taraude… Est-ce que je fais bien ? Ai-je le droit ? Mon geste portera-t-il à conséquence ? »

Face à ce parent hésitant, l'enfant entend un double message : il entend l'injonction autoritaire mais aussi cette petite musique coupable, ces indices perceptifs dans la voix, dans le regard, qui disent le tourment secret : « Pourrais-tu m'en vouloir ? » Et cet enfant, parce qu'il est un enfant, va en jouer. Tout ceci peut rester mineur – c'est bien souvent le cas –, mais dans les formes extrêmes, l'enfant ne parvient pas à intérioriser l'interdit et se trouve limité dans la progressive constitution du sens moral. Ici peut commencer une spirale inflationniste de transgressions et de sanctions qui, parfois, aboutit à une violence que nous connaissons bien et contre laquelle les éducateurs, les juges, les forces de l'ordre viennent difficilement à bout. À l'extrême du dysfonctionnement, une justice et une pénalisation débordées cherchent vainement à pallier l'absence de normes morales intériorisées pendant l'enfance.

L'enfant partenaire de son éducation

« Toute la difficulté, disait un jeune père de famille, consiste à élever des enfants en évitant de se confronter… » Il parlait peut-être au nom de toute une génération de parents que l'on pourrait qualifier de parents-partenaires. Éduquer, bien sûr, aurait pu poursuivre ce père de famille, mais en estompant l'asymétrie, en réduisant les contraintes et, surtout, en fuyant le conflit. Ni dominant ni dominé mais, entre parents et enfants, une relation paritaire, une charte de réciprocité, sorte de «*family agreement*».

Si l'autorité ne peut plus s'appuyer sur une culture qui fait tiers et la soutient, très vite elle devient duelle, frontale, et risque d'être vécue comme arbitraire. Les générations en présence ne sont plus protégées par l'effet médiateur d'un consensus social sur ce qu'il est bon et moins bon de faire. Elles se trouvent désormais en prise directe. D'un côté, les parents n'ont plus la possibilité de dire « C'est comme ça, parce que mes parents faisaient comme ça… ». Ils ne peuvent plus asseoir leur autorité sur une tradition qui la légitimerait. De l'autre côté, les enfants sont en mesure de contester la position éducative qui repose sur la seule subjectivité parentale : « De quel droit peux-tu m'ordonner ? Qui me prouve que tu ne m'opprimes pas ? »

Dans ce contexte s'est, en quelques décennies, développée une éducation contractuelle dans laquelle l'enfant est considéré comme interlocuteur privilégié, partenaire de son éducation.

Ce partenariat s'impose en conséquence de la perte de la légitimité éducative mais, de façon plus large, s'inscrit au cœur d'une mentalité contemporaine. Nous vivons à l'ère du contrat. Nous sommes devenus des contractants en toute chose. Le contrat relève d'une logique temporaire et réversible qui exclut l'asymétrie des places et l'idée même d'une perte ou d'un renoncement. Dans la mesure où chacun est d'accord et mesure bien ce à quoi il consent, tout le monde gagnera. Il n'y aura ni perdu ni perdant. Cette logique du contrat s'est grandement substituée à celle du pacte qui, elle, ne relève pas uniquement du libre accord de chacun mais soumet les uns et les autres à une instance tierce, supérieure, et surtout à un engagement durable.

Le partenariat éducatif est, en réalité, le lieu d'un double évitement : du côté des parents, ce qui est évité, c'est l'asymétrie de la relation, c'est la charge éducative avec son lot inévitable de tensions, de confrontations et de sanctions. Si l'enfant endosse sa propre éducation, il sera moins nécessaire de le faire à sa place. Du côté de l'enfant, cette posture parentale trouve un écho inespéré qui permet d'esquiver la soumission et l'obéissance, de différer le deuil de la toute-puissance originaire.

Olivier Rey remarque que, à partir des années 1970, l'orientation des poussettes prend un virage à 180 degrés : l'enfant n'est plus tourné vers l'adulte qui le pousse, mais vers l'avant[1]. Il avance désormais face au monde. Tenons cette rotation pour signifiante : l'éducation contractuelle inclut la perte d'un tête-à-tête entre parents et enfants. Elle refuse la rencontre de deux générations, dont l'une a pour mission d'éduquer l'autre. Quand, hier, les générations se tenaient face à face, dans une conscience exacerbée des différences, aujourd'hui, elles marchent côte à côte, parfois

1. Olivier Rey, *Une folle solitude. Le fantasme de l'homme auto-construit*, Paris, Seuil, 2006.

même l'une derrière l'autre. Elles se veulent solidaires face au monde, partenaires d'un « bien vivre ensemble » qui, s'il inclut une dimension éducative, ne s'y résume pas, tant il semble collectivement admis que la mission des parents est moins d'éduquer que d'épanouir.

On comprend que l'accompagnement soit devenu mythique : des premiers temps de la vie jusqu'aux derniers, l'être humain se fait accompagner. À première vue, l'idée d'un compagnonnage, d'un cheminement à deux ou encore d'un « pain partagé » a quelque chose de réconfortant. Axel Kahn note que « l'humanité s'exprime avec splendeur entre deux êtres, dont l'un, doté de plus d'expérience, de savoir que l'autre, lui tend la main pour l'amener à son niveau puis, peut-être, se laisser dépasser[1] ». Si le mythe de l'accompagnement garde toute sa portée humanisante, emblématique de la transmission, il a pourtant ses limites. De nombreux parents persévèrent dans l'idée qu'élever un enfant se résume à le « prendre par la main », comme le dit la chanson douce. L'image de ce compagnonnage, aussi charmante soit-elle, semble pourtant oublier cette foulée d'avance, cette antériorité qui permettrait à l'enfant d'être celui qui suit, celui qui marche dans la trace d'un autre et s'y ancre.

Dans ce partenariat, la négociation occupe une place importante. Éduquer, aujourd'hui, c'est accepter de débattre, c'est se soumettre au dialogue, à la discussion, à l'explication, quand ce n'est pas à la justification. Hier, le mot d'ordre était : « Obéis, tu comprendras plus tard ! » Il est à présent : « Je vais t'expliquer pour que nous soyons bien d'accord… » Ce qui fait autorité, c'est moins le principe que la logique explicative sous-jacente. On peut se réjouir d'une telle évolution qui, sous l'injonction, invite au sens. On perçoit aussi les possibles dérives. Car l'argumentation peut tourner à

1. Axel Kahn et Christian Godin, *L'Homme, le bien, le mal*, Paris, Stock, 2008, p. 288.

la caricature. Certains parents n'en finissent pas d'analyser et de mettre en mots toute ponctuation éducative, au risque de dissoudre l'interdit et d'en neutraliser la portée structurante.

Mais ce qui est fondamentalement nouveau et constitue une modalité du contrat éducatif, c'est la dimension affective dont s'embarrassaient beaucoup moins les générations antérieures et que jugeront peut-être les générations à venir. Le sentiment s'avère d'autant plus nécessaire entre parents et enfants qu'il doit faire contrepoids à deux menaces : celle d'une autorité toujours suspecte d'autoritarisme, c'est-à-dire chargée d'un potentiel sadique, et celle, plus présente que jamais, de la rupture. Si l'amour a autant besoin de se dire et de s'entendre dire en famille, si le serment d'amour est devenu aussi présent entre parents et enfants, c'est parce que les liens se sont fragilisés. « Chaque matin, avant de nous quitter, confiait ce père de famille, nous nous disons que nous nous aimons. C'est davantage qu'un rite, une promesse, peut-être même un viatique ! »

Fréquentes sont en cours d'analyse ou de thérapie d'adultes les expressions de regrets à l'égard d'un amour parental insuffisamment témoigné pendant l'enfance. Un tel regret pourrait-il expliquer que ces adultes, devenus parents, soient eux-mêmes en besoin d'expression à l'égard de leurs enfants, au point de reculer parfois devant une action éducative ? Dans les familles recomposées, cet aspect est particulièrement présent. Jusqu'où consentir, jusqu'où reculer dans l'exercice de l'autorité pour s'attacher l'enfant, pour avoir sa garde ou simplement continuer à le voir ?

L'autonomie précoce ou « le temps trop tôt venu »

Les parents se sont sensibilisés à l'idée que l'autonomie précoce était foncièrement bonne et qu'ils avaient pour mission de la faire advenir, de l'encourager, de la susciter constamment. D'où cette préoccupation obsessionnelle des capacités d'indépendance chez l'enfant, dès le plus jeune âge, cette hantise de tout ce qui pourrait entraver les prises d'initiative.

Cette course à l'autonomie – « Fais tout seul, fais par toi-même… Fais ce que tu veux mais fais le bien ! » – est à resituer dans notre culture individualiste qui pose le sujet comme maître de sa vie et bâtisseur de lui-même. La dépendance a mauvaise presse. Dépendre, c'est s'en remettre à…, c'est reconnaître qu'on a besoin d'autrui, c'est admettre sa vulnérabilité. Une telle disposition profile une menace susceptible d'aliéner le sujet, de le détourner de son propre accomplissement. Mieux vaut donc ne pas s'y attarder trop longtemps.

Pour comprendre la question de l'autonomie précoce, il convient de se souvenir que l'enfant est jeté incomplet, mal fini, dans le monde. Le constat, évident sur le plan physique, l'est également sur le plan psychique. Car l'*infans*, celui qui ne parle pas, est livré à ses pulsions qu'il ne maîtrise pas. Cette insuffisance native le met en état de besoin et d'attente affective prolongée à l'égard de son entourage et va constituer la matrice de la vie psychique, l'assise de l'identité.

Ce qui est attendu des parents, c'est donc que, après avoir donné la vie, ils se rendent disponibles et se mettent au service de cet enfant inachevé. S'il y a une constante dans l'histoire des hommes, c'est bien cette longue veille d'une génération envers une autre, ce portage, cette escorte. On ne peut grandir tout seul. On ne peut se construire sans en passer par d'autres et cela suppose d'accepter un rapport longtemps inégal, une asymétrie de place et de parole. Nous restons marqués à jamais par cette période de dépendance infantile et tout autant fascinés par l'énigme qu'elle constitue en chacun de nous.

Aujourd'hui, le temps pendant lequel une génération se

met au service d'une autre, plus jeune, s'est réduit. Il y a urgence à grandir. L'enfant est enfant moins longtemps. Très vite, il est invité à devenir le contemporain de l'adulte. Il faut que le petit soit grand. Il faut qu'il sache, qu'il comprenne, qu'il s'adapte, décide et assume ses choix. De nombreux psychanalystes constatent que l'adolescence est de plus en plus précoce et surtout que la période dite de latence, décrite par Freud[1], est en passe de se réduire notablement. Tout se passe comme si l'enfant œdipien se trouvait hâté vers la sortie ou, plus exactement, poussé vers d'autres lieux, précocement soumis à des sollicitations externes qui dépassent ses capacités psychiques d'élaboration. Avec ce court-circuit, c'est l'idée même de développement psychoaffectif qui se trouve requestionnée.

Une jeune mère m'expliquait que sa fillette âgée de huit ans s'était elle-même sanctionnée en s'imposant cinquante lignes d'écriture après avoir dérobé un flacon de parfum. On peut sourire de l'anecdote, surtout si l'on sait que cette mère était institutrice, mais on perçoit aussi dans cette autosanction les germes d'une autosuffisance susceptible de devenir problématique. La mère en question prit le parti de « lever l'autopunition » et de la remplacer par une autre, imposée par elle. Cette ponctuation éducative, anodine en apparence, exemplifie la différence entre l'hétéronomie et l'autonomie. Si l'hétéronomie désigne le fait de recevoir des autres, de l'extérieur, des règles et principes d'action, l'autonomie désigne le fait de se forger ses propres lois. Classiquement, l'hétéronomie précède l'autonomie. En intégrant des valeurs hétéronomes, nous devenons autonomes : en acceptant de nous soumettre à des règles, des lois forgées et imposées par d'autres, nous les intériorisons, nous les faisons nôtres.

1. Sigmund Freud, *Trois essais sur la théorie de la sexualité*, Paris, Gallimard, « Folio Essais », 1985 [1905].

Aujourd'hui, l'impasse pourrait être faite sur l'hétéronomie… L'enfant ne peut plus longtemps compter sur l'autre. Il apprend à se débrouiller avec ses propres besoins, à se donner ses propres règles de vie. Il s'ensuit parfois ce que l'on pourrait appeler une autonomie dysharmonique, hétérogène, certains aspects de la personnalité apparaissant précocement développés et d'autres inhibés, rétifs à la croissance. Cette même petite fille évoquée un peu plus haut, excellente élève, réclamait fréquemment sa tétine et buvait chaque matin son lait au biberon…

Où est le drame ?, se demande-t-on. Il n'est pas encore là… Il se prépare.

Car en contrepoint de cette actuelle promotion de l'autonomie, on fera trois constats cliniques. Le premier est relatif à la fréquence des adolescences de plus en plus longues, itératives, parfois interminables. Nous nous sommes, depuis quelques décennies, familiarisés avec ces jeunes qui piétinent au bord de la vie adulte sans parvenir à s'y engager. Ils semblent être saisis par une angoisse du seuil qu'ils ne parviennent pas à franchir définitivement et peuvent rester ainsi entre deux lieux, entre deux âges, celui de l'enfance, impossible à quitter, et celui de la maturité, impossible à assumer. Ni dedans ni totalement dehors. Éternellement frontaliers… Céline, âgée de vingt-neuf ans, en est une illustration vivante. Cette jeune femme discrète, très engagée dans des actions humanitaires, ne vit que pour le voyage lointain, l'aventure humaine et géographique. « Le bout du monde, c'est ma passion ! », dit-elle. Ce qui ne l'empêche pas de passer la moitié de l'année chez ses parents, sans travail, sans projet et sans états d'âme.

Le deuxième constat concerne l'augmentation significative des addictions (voir chapitre 4). Le terme d'autonomie fait florès alors qu'on n'a jamais autant observé de personnalités dépendantes à l'âge adulte : drogue, addictions sexuelle et pornographique, cyberdépendance, dépendance affective, emprise des sectes et des gourous, addiction aux thérapies, aux achats compulsifs… Aujourd'hui, tout est susceptible de devenir dépendance.

Le troisième constat, plus large, englobe les deux précédents et témoigne d'une immaturité résiduelle en passe de se généraliser. De nombreux cliniciens travaillant auprès de jeunes adultes en difficulté notent que leurs patients furent, dans un certain nombre de cas, considérés comme précoces. Une telle observation rejoint celle du psychiatre Pierre Bourdier, cité par Paul Denis, qui rappelle que « l'on a décrit chez les enfants de parents malades mentaux une forme d'“hypermaturité”, avec peu de troubles du comportement pendant l'enfance, mais des difficultés personnelles décalées dans le temps, à l'adolescence ou à l'âge adulte [1] ». Ces enfants, parentalisés par nécessité, se sont révélés plus tard des adultes fragiles et immatures. Ils sont dans l'incapacité de maintenir un fonctionnement psychique suffisamment souple et distancié avec l'infantile en eux. Tout se passe comme si, pour n'avoir pas été suffisamment vécu, cet infantile réclamait son dû. Dit autrement, une certaine précocité pourrait entraver le trajet vers l'autonomie véritable, voire même, dans certains cas, la dissuader. D'avoir été trop vite émancipé, pressé dans son développement, l'individu pourrait courir le risque de rester longtemps inachevé, « façonné à demi » comme disait Rousseau[2], c'est-à-dire incapable d'autonomie véritable[3].

1. Pierre Bourdier, « L'hypermaturité des enfants de malades mentaux », *Revue française de psychanalyse*, vol. 36, n° 1, 1972, p. 19-42 ; Paul Denis, « De la difficulté d'étudier l'homoparentalité », *Revue française de psychanalyse*, vol. 67, n° 1, 2003, p. 246.

2. « Notre espèce ne veut pas être façonnée à demi. » Jean-Jacques Rousseau, *Émile, ou De l'éducation*, livre I, 1762.

3. C'est une idée que développe amplement le psychanalyste Jean-Pierre Lebrun dans son livre *La Perversion ordinaire*, *op. cit.*, p. 375 *sqq* : « D'avoir été investi d'emblée comme un individu à part entière, [l'individu] est entravé dans son propre travail d'individuation. »

La psychologie contemporaine fait peu de cas de la notion de « période critique » à laquelle l'Antiquité grecque était sensible lorsqu'elle distinguait le temps chronologique, *chronos*, du temps favorable, *kairos*. Il y aurait un temps psychique favorable, une temporalité propice à la mise en place de fondamentaux comme, par exemple, celui de la sécurité interne, celui de l'altérité, de l'accès au symbolique, de la conscience morale... Précipiter un enfant vers des intérêts ou des activités qui ne sont pas de son âge comporte le risque de court-circuiter ce temps propice à d'importantes acquisitions psychiques, sans savoir si celui-ci pourra ou non être rattrapé ultérieurement.

Ce qui pourrait faire court-circuit, ce serait par exemple de considérer l'enfant comme un semblable en droit, en opinion, d'en faire un confident, un conseiller, de l'impliquer dans des situations qui le dépassent, de le prendre à partie dans des désaccords d'adulte, de l'inviter dans des espaces d'affectivité ou de dialogues qui ne sont pas de son âge, d'en faire le témoin ou, *a fortiori*, le partenaire de scènes érotiques... L'enfant est suffisamment flexible pour s'adapter à de telles situations, mais il y a fort à craindre que, devenu grand, il n'en garde un sentiment de profonde illégitimité, une prédisposition à l'incertitude, au doute et à l'anxiété, ou encore un besoin de reconnaissance excessif.

« J'ai toujours pensé que j'étais une grande personne, disait cet adulte particulièrement anxieux. Enfant, on disait de moi que j'étais "avancé". J'avais à comprendre, à savoir, à décider pour moi-même... Il me manque d'avoir été petit. » De nombreux enfants, ainsi forcés en croissance, sont empêchés de « vivre à propos », comme disait Montaigne. Le drame de l'autonomie précoce, c'est qu'elle est usurpée : le temps est « trop tôt venu ». Il est un contretemps, lui-même porteur d'un contresens. Laisser croire à un enfant qu'il peut se construire tout seul, c'est le laisser parler d'un lieu qui n'est pas le sien. C'est lui laisser penser qu'il est possible d'aplanir ou même d'inverser l'ordre des générations. C'est le maintenir dans l'illusion qu'il peut être le maître de sa vie, l'auteur de son existence. Il y a donc, nous le sentons bien, une proximité dangereuse et parfois même une complicité secrète entre l'autonomie trop précoce et l'autosuffisance. L'enfant trop vite autonome n'est pas nécessairement un sujet en construction. Il serait plutôt un clandestin au pays des adultes, un « sans-papiers » qui évolue dans un espace où il n'a pas d'identité singulière, pas de parole propre.

En cela réside une méprise de l'éducation actuelle, qui prend pour de l'autonomie ce qui n'est bien souvent qu'une précocité d'adaptation, un mimétisme comportemental, une impatience. L'autonomie véritable n'a rien à voir avec une telle débrouillardise. Elle est le fruit d'une conquête, indissociable de la responsabilité, c'est-à-dire de la capacité de répondre de ses actes et de ses paroles. Elle procède de l'étape franchie, de la difficulté vaincue, de l'épreuve surmontée. Pour devenir autonome, il faut avoir longtemps arpenté les champs de la dépendance, il faut avoir consenti aux lois et s'être soumis à ceux qui les imposent.

Y a-t-il encore quelqu'un pour faire le don d'autorité ?

Il y a un écart, aujourd'hui inquiétant, entre la place que l'enfant occupe dans notre culture, la fascination qu'il exerce (voir chapitre 3) et la négligence éducative à son égard. De cette négligence découle un affaiblissement des processus d'humanisation dont nous devons mesurer les conséquences. Les forces du vivant, lorsqu'elles ne sont pas domptées, s'ensauvagent. Et si le sauvage de l'enfant n'est pas humanisé, c'est l'humain lui-même qui risque de s'ensauvager. Prendre soin de l'enfant, l'éduquer, c'est donc également prendre soin de la culture… « L'enfant a besoin d'être tout particulièrement protégé et soigné pour éviter que le monde ne puisse le détruire. Mais ce monde aussi a besoin d'une protection qui l'empêche d'être dévasté et détruit par la vague des nouveaux venus qui déferle sur lui à chaque nouvelle génération[1]. » L'éducation contemporaine trop permissive peut être aussi lourde de conséquences que l'autoritarisme des générations précédentes.

On ne peut court-circuiter le processus d'humanisation. On ne répétera jamais assez que l'enfance n'est pas le temps de l'actualisation, mais celui de la fondation. Elle est une période où tout est en puissance, en virtualité d'accomplissement. L'éducation est une œuvre en creux. Un travail de l'invisible, un labeur quotidien, souvent ingrat, dont le résultat reste toujours hypothétique. Ce qui incombe aux parents, c'est de dessiner une intériorité dans l'être encore malléable qu'est l'enfant et d'y transférer modestement, patiemment, un ensemble de messages, de signes et de sens, de références, d'interdits, d'idéaux. Ce qui incombe à l'enfant, c'est d'intérioriser ces forces vives proposées par les adultes. Voilà comment nous pourrions nous représenter la façon dont l'homme se fabrique un ancrage psychique. De cette fondation dépendra l'accomplissement de soi, beaucoup plus tardif. S'accomplir, ce n'est peut-être que cela : se pencher vers le puits autrefois creusé, y ressaisir ces traces autrefois recueillies et les réécrire de sa propre main.

À l'échelle d'une vie longue, ce temps est essentiel. L'espérance de vie ne cesse d'augmenter. Nous construisons des hommes et des femmes qui, pour un certain nombre, seront centenaires. Notre mission éducative consiste à poser les bases d'un psychisme qui devra non seulement tenir la durée, mais aussi s'adapter à un monde de plus en plus complexe et mobile.

Aujourd'hui cette terre fondatrice s'est grandement affaissée. Le petit de l'homme apprend à se forger ; très

1. H. Arendt, « La crise de l'éducation », *loc. cit.*, p. 245.

tôt et tout seul, il se dresse, il s'érige mais il est peu fondé. Le malaise ambiant que nous constatons, c'est le mal des fondations.

De cette maltraitance psychique, sans doute la plus tragique de notre époque, se nourrit la colère des enfants. Colère énorme, qui a ceci de particulier qu'elle peut rester longtemps silencieuse et se dire, bien au-delà de l'enfance, dans l'après-coup de désordres psychiques divers. De n'avoir jamais été entendue, cette colère en a perdu les mots. Elle s'est incarnée dans celui qui la porte et n'est plus qu'une chair psychique blessée. À travers les peurs et les dépressions, les violences et les dépendances de l'âge adulte, on entrevoit, bien souvent, le petit d'autrefois, mal limité, soumis à une autorité défaillante, abandonné à sa sauvagerie. Sous de nombreux troubles psychiques, il y a une carence éducative.

Certaines analyses permettent de retrouver cette rage incarnée dans l'adulte et de la mener vers la voie des mots.

Qui interdira ?

Il y a quelque temps, une jeune mère m'expliquait vouloir privilégier l'injonction positive dans son éducation, « Fais, sois... », au détriment de l'injonction négative : « Surtout ne fais pas, ne dis pas, ne sois pas », qu'elle percevait comme restrictive et préjudiciable pour l'enfant. Je l'écoutais, assez dubitative. Je crois plutôt que l'interdit, le « dit-entre-nous », trouve sa valeur éducative en ce qu'il engage la notion d'altérité. Quand l'autre m'interdit, il menace ma liberté, il m'oblige à restreindre, à renoncer. Parce qu'il s'oppose, il existe. Il me faut bien composer avec lui. Dans l'injonction positive, cette altérité est éclipsée. Il n'y a plus d'interdicteur. Il n'y a plus d'autre à qui s'opposer ou se soumettre, mais seulement une exhortation, affolante parfois, à se hisser tout seul, à la hauteur de l'idéal, par la seule force de la volonté.

Or c'est précisément cela que viennent avouer les nombreux découragements de l'âge adulte face à la tyrannie de l'excellence : « Je n'arrive plus à me porter. Trop lourd, trop haut. Je tombe en moi-même. Je me déprime. Comment arrêter la chute ? Qui pourrait me soutenir ? »

La difficulté actuelle à tenir l'interdit réside dans le double fait d'avoir à tolérer une part d'agressivité et à se dégager, un tant soit peu, d'une harmonie familiale devenue mythique. L'homme se pose en s'opposant. Il y a de saines oppositions, des conflictualités potentiellement fécondes. « J'ai eu la chance d'avoir un père facile à haïr, ce que beaucoup de fils ont aujourd'hui du mal à faire », disait André Comte-Sponville lors d'une conférence sur l'autorité tenue en 2009. Cette boutade n'est pas si loin de la pensée de Platon qui pensait que, lorsque les fils ne craignent plus l'autorité du père, une culture est menacée de revenir au règne de la tyrannie. Il faut qu'une génération soutienne la confrontation avec celle qui suit. Il faut que les pères s'accommodent de la violence des fils et que les mères survivent à celle des filles. Pour devenir soi-même, il faut s'opposer un tant soit peu. Faute de confrontation, la transformation des tendances meurtrières ne peut s'accomplir, le travail de culture ne peut se faire. On n'apprend pas la vie dans un monde trop tendre, dans une famille trop consensuelle. Le sujet s'ancre dans une certaine négativité. Il s'étiole dans trop de permissivité. Toute autorisation procède d'un interdit préalable. Le drame d'une éducation trop permissive, c'est qu'elle n'autorise pas.

Ce qu'on attend donc d'un éducateur, c'est qu'il maintienne cette négativité, qu'il restreigne l'enfant dans sa jouissance, qu'il encadre, qu'il borde. Mais il arrive que cet éducateur lui-même ne sache pas. Et s'il ne sait pas interdire, c'est peut-être parce qu'il n'y eut personne pour lui apprendre ce que notre époque semble avoir oublié : le bonheur de la limite consentie.

L'enjeu est pourtant de première importance car il ouvre à la question du désir. L'énorme contrepartie de l'interdit, c'est la promesse : plus tard. En cela réside la teneur de l'interdit œdipien. Quand un parent dit à son enfant : « Non, tu ne peux pas. Tu es trop petit. Plus tard, quand tu seras grand… », il interdit, certes, mais il désigne une voie, il ouvre à d'autres possibles. L'éducateur est celui qui, en imposant une limite, un délai, fonde le désir d'un enfant. Il est celui qui « laisse à désirer ». Si tout est permis, si tout est donné d'avance, où réside l'espoir ? À quoi bon grandir ?

Le désir ne naît pas de rien. Pour advenir, il a besoin d'abord d'être empêché, contré. Il se forge au vif des lois et des interdits. Sans conquête, le désir n'est pas. Or c'est probablement ce que nous observons aujourd'hui, une fragilité structurelle du désir. Tout se passe comme si celui-ci ne s'était pas fortifié ou encore comme s'il s'était prématurément usé, anémié. Il ne s'agit pas d'une fatigue passagère, mais d'un essoufflement plus durable, mieux installé, qui dissuade le mouvement même de la vie, cet élan irrationnel venu du plus profond de soi, qui porte au-devant, au devenir.

Le désir est devenu le lieu le plus fragile de l'homme. C'est un point de fuite toujours prêt à s'effacer. La capacité de désirer n'est pas génétique. On ne naît pas désirant ou dépressif. On devient l'un ou l'autre, selon la façon dont on est parvenu, aidé de quelques autres, à s'extraire de la jouissance primitive et à se laisser travailler par une certaine négativité. Éduquer un enfant, c'est, par le jeu alterné de l'autorisation et de l'interdit, l'aider à trouver le lieu de son désir et à s'y ancrer.

Qui nous mènera à hauteur d'homme ?

C'est une illusion contemporaine de penser qu'un enfant puisse se fortifier dans une relation éducative trop horizontale. Se hisser, se hausser par ses propres moyens, ce n'est pas pareil que se laisser élever par d'autres. On ne peut espérer mener un enfant à hauteur d'homme si l'on se méfie trop de la hiérarchie, des places respectives attribuées à chacun. L'enfant a longtemps besoin de sentir la verticalité de la relation. Il a besoin de s'éprouver dans la dissymétrie des places… Dans cette ascendance, il se vitalise, il s'anime du désir de grandir. De sa place de petit, il prend son élan.

Dany-Robert Dufour rappelle que, pour Platon, « celui qui n'est pas musicien n'est pas vraiment éduqué[1] ». Car le musicien consent à se soumettre, à en passer par l'apprentissage des gammes, des rites, des métriques pour tendre vers l'expression mélodieuse. Éduquer, c'est tenter de convertir le cri primal en harmonie expressive. C'est permettre à l'enfant de s'extraire du besoin rudimentaire pour aller vers d'autres espaces plus vastes qui, eux-mêmes, sont une invitation à aller plus loin. Éduquer, c'est admettre l'idée d'un trajet, c'est inviter constamment, patiemment, à quitter le lieu bas pour aller plus haut. C'est mener de l'infantile à l'humain.

Dans son essai sur *Le Pouvoir des commencements*, Myriam Revault d'Allonnes voit dans le temps le fondement métaphysique de l'autorité[2]. Celle-ci vient de plus haut que celui qui l'exerce. Elle va plus loin que celui auquel elle s'adresse. « Ce qui justifie que je t'éduque, pourrait dire tout parent à son enfant, c'est que je suis plus avancé que toi sur l'échelle

1. Dany-Robert Dufour, *Le Divin marché*, *op. cit.*, p. 191.
2. Myriam Revault d'Allones, *Le Pouvoir des commencements. Essai sur l'autorité*, Paris, Seuil, 2005.

du temps, plus loin de l'origine, plus près de la fin et, à ce titre, plus humanisé. Cette foulée d'avance m'autorise. »

Si l'autorité n'est pas légitimée par le temps, si elle méconnaît l'antériorité et la promesse, alors elle a toutes les raisons d'être vécue comme une imposture. Elle s'apparente à un empêchement de vivre, une insupportable restriction de l'être… Et ce magnifique travail qui consiste à mener le petit à l'âge d'homme n'est plus alors qu'une sale besogne, une corvée d'humanité, épuisante, décourageante pour ceux qui ont pour mission de l'exercer[1]. De la même façon, pour que l'autorité soit acceptée, il faut que celui qui s'y soumet puisse imaginer, un jour, l'exercer à son tour. Ce qui fonde l'autorité, c'est l'autorisation à venir : « Aujourd'hui, tu ne peux pas, mais un jour, le temps venu, toi aussi tu seras autorisé. Tu seras auteur. C'est pour te rendre auteur qu'auprès de toi je fais autorité. »

Dans cette version, l'autorité ne restreint pas, elle accroît, elle potentialise l'être humain. Elle lui donne une humanité en puissance, un désir d'être plus qui s'actualisera le temps venu, quelquefois beaucoup plus tard. Éduquer, c'est travailler au-delà du présent et de l'enfant lui-même. C'est œuvrer à une histoire dont la fin n'est pas connue. C'est anticiper le relais d'une génération à une autre.

En ce sens, l'autorité est toujours à fonds perdu. Ce qu'elle consent à perdre est au profit de la culture. C'est peut-être ce qui la rapproche de l'amour véritable. Pour faire autorité, il faut aimer bien au-delà de l'enfant lui-même. Il faut aimer l'humain de l'homme.

Voilà ce que j'ai entendu de la colère des enfants auprès d'adultes tourmentés, inquiets ou fatigués. Voilà ce que j'ai parfois deviné sous l'expression de troubles et de maux divers

1. C'est ce que met magistralement en scène le film *Entre les murs* (Laurent Cantet, 2008).

et ce qu'aujourd'hui je peux en restituer : l'actuelle négligence éducative est lourde de conséquences. Elle entraîne derrière elle plusieurs générations et constitue un réel danger pour notre culture.

Par défaut de soin, par commodité ou insouciance, laisserons-nous nos enfants ensauvager le monde ?

VII

L'irrésistible appel des mères
Qui désenfantera ?

C'est un lieu clos, obscur et chaud. On aimerait s'y retirer, à l'abri du monde. À d'autres moments, s'en extraire, fuir à tout prix. C'est le lieu le plus proche de l'origine. C'est la mère.
Il y a des gens, je les ai rencontrés, qui vivent là, reclus. Vous les sentez loin, dans des profondeurs difficiles à rejoindre. Ils semblent assoupis, comme repris par le tout premier sommeil, bercés de songes énigmatiques. Ce sont de très vieux nourrissons.

L'intemporelle puissance des mères : donner la vie

Sous le site ensablé d'Éphèse, en Asie Mineure, repose la déesse mère Oupis, rebaptisée Artémis la Libyenne, protectrice des bêtes sauvages, devenue Diane chasseresse puis, par un glissement étrange, déesse de la chasteté, enfin Marie, mère du Christ, installée dans la cité par le disciple Jean. Sous le mouvant des cultes multiples rendus en ce lieu éclate une présence unique, immuable, souveraine. *Stabat Magna Mater.* Ainsi serait la Mère au fond de chaque être humain, immuable sous la plasticité de ses représentations[1].

1. À partir de la persistance au cours du temps, dans un même lieu et à travers diverses métamorphoses, du culte d'une divinité féminine, Freud souligne le caractère immortel de la mère. Sigmund Freud, « Grande est la Diane des Éphésiens » (1911), in *Œuvres complètes*, vol. 11, Paris PUF, 2005, p. 49-53.

Il existe une analogie intemporelle entre la femme et la terre. À l'image de la terre fertile, la femme est féconde. La procréation a longtemps été considérée comme un pouvoir strictement féminin et la filiation par le père méconnue. La reproduction de l'espèce humaine s'apparentait alors à une parthénogénèse. Même lorsqu'elle fut comprise, la participation masculine demeura une présomption. Freud considérait que la reconnaissance de la filiation paternelle caractérisait « une victoire de la vie de l'esprit sur la vie sensorielle, donc un progrès de la civilisation, car la maternité est attestée par les témoignages des sens, tandis que la paternité est une conjecture, édifiée sur une déduction et sur un postulat[1] ».

Depuis des temps immémoriaux, un partage équilibrait les rapports entre les deux sexes. Aux mères, il revenait de mettre au monde des enfants. Aux pères, de les inscrire dans une filiation en leur transmettant un nom et, lorsque c'était possible, un patrimoine. Aux premières incombait la tâche de faire advenir le vivant ; aux seconds, celle d'introduire au monde et à la culture.

À partir du dernier quart du XXe siècle, le développement de la procréation médicalement assistée (PMA) et la légalisation successive de la contraception orale et de l'avortement bouleversent cet ordre établi en donnant aux femmes la liberté de choisir ou non d'être mères[2]. Ce qui, aujourd'hui, semble bien banal, représente à l'époque une véritable conquête,

1. Sigmund Freud, *L'Homme Moïse et la religion monothéiste* (1939), trad. Cornélius Heim, Paris, Gallimard, 1986, p. 172.

2. Après les premiers traitements contre la stérilité apparus dans les années 1950, les techniques permettent à partir de 1970 d'avoir recours à l'insémination artificielle avec donneur (IAD) en cas de stérilité masculine ; en 1973 sont créés les Centres d'étude et de conservation des œufs et du sperme humains qui, sous forme de dons gratuits et anonymes, recueillent et distribuent les paillettes de sperme aux couples stériles. La loi Neuwirth, votée en 1967, mais réellement mise en application à partir de 1974, autorise la contraception orale. En 1975, l'interruption volontaire de grossesse est légalisée sous l'impulsion de Simone Veil.

dont on mesure les conséquences sur l'émancipation des femmes qui, libérées des contraintes physiologiques de la maternité, s'engagent dans la vie de la cité.

Par un curieux retour des choses, cependant, la maîtrise de la procréation réveille l'ancien fantasme de parthénogenèse. En dissociant la fécondité de la sexualité, les mères retrouvent un pouvoir qu'elles semblent avoir eu au début de l'humanité. Une mère est désormais capable de mettre un enfant au monde sans avoir recours à un homme appelé à devenir père. C'est suffisant pour que de tous côtés on s'inquiète : la famille va-t-elle se maternaliser ? Va-t-on passer de l'ordre des pères à celui des mères ?

Les familles de la mère

Beaucoup s'inquiètent de l'errance de la paternité contemporaine. Sans sa fonction qui faisait de lui un haut personnage de la famille et plus largement de la société, le père est devenu un homme ordinaire.

Ce qui nous dérange tient peut-être à cette intuition insistante : aujourd'hui, le père n'est plus ce qu'il fut trop, mais il est trop ce qu'autrefois il n'était pas assez. Il n'est plus (assez ?) porteur d'une mission symbolique à laquelle toute une culture patriarcale l'avait assigné, mais il est (trop ?) dans le quotidien des familles, dans les chambres d'enfants et les cuisines. Pour certains, cette évolution constitue un progrès. Elle inaugure le passage du père symbolique au père incarné, plus proche, plus accessible, sans nul doute plus humain. Pour d'autres au contraire, cette « papaisation », comme l'appelle Milan Kundera, est assimilée à une insupportable régression, signe irréfutable d'une décadence culturelle.

Cette destitution des pères, abondamment décrite, est à resituer dans le temps long de l'histoire occidentale, qui témoigne d'une progressive limitation du pouvoir paternel.

Deux faits, très récents, vont se conjuguer pour donner le coup de grâce au *pater familias*. Le premier est juridique. C'est la loi de 2004 qui substitue à la notion de patronyme celle du nom de famille[1]. Avec cette loi s'efface la marque symbolique de la paternité et, avec elle, la référence tierce qui fait que l'enfant n'est pas le « tout de la mère »[2]. Le second fait est biologique. La paternité, jusqu'alors « édifiée sur une déduction et sur un postulat », peut désormais être techniquement testée, prouvée. Elle n'est plus une conjecture.

Ces deux événements, le fait juridique et le fait scientifique, se conjuguent pour destituer définitivement le père symbolique. À partir du moment où la filiation biologique peut être prouvée, pourquoi aurait-elle besoin d'être symboliquement attestée par la transmission d'un patronyme ? C'est la fin du « Nom du père », la dernière étape du long déclin de la culture des patriarches. En quelques décennies, l'ancestrale puissance des pères sur laquelle toute notre culture s'est construite s'est trouvée bousculée, renversée, réduite à néant. Tout cela a été amplement décrit.

Ce qui est moins connu, c'est, sur un plan individuel, l'inégale capacité des pères de survivre à la radicalité de cette destitution. Quand certains ont les ressources suffisantes pour aménager l'exercice de leur autorité et maintenir leur mission d'ouverture au monde, d'autres s'abandonnent au mouvement de désymbolisation et consentent à n'être plus que des « mères *bis* » (Aldo Naouri) ou, plus simplement,

1. En référence à l'égalité des hommes et des femmes, il devient possible de transmettre à l'enfant le nom du père, celui de la mère ou les deux accolés dans l'ordre de leur choix. Ce que révèle cette législation, c'est la force des principes démocratiques d'égalité (pourquoi les femmes n'auraient-elles pas les mêmes privilèges que les hommes ?) et de liberté (ce qui était alors imposé peut désormais être choisi). Ces deux arguments d'égalité et de liberté pèsent d'un tel poids dans les débats parlementaires qu'ils éclipsent une réflexion plus approfondie sur les véritables enjeux en présence.

2. Ce constat prend une importance particulière dans les familles monoparentales, dont les chefs de famille sont majoritairement des mères.

se désintéressent de leur fonction. Ce constat est très lisible dans les structures de prise en charge des enfants et des adolescents (lieux de soins, hôpitaux de jour, salles d'audience et mesures éducatives), dans lesquelles l'absence des pères témoigne d'un profond désarroi.

Au moment où les pères s'exercent à de nouvelles formes de paternité, les mères, dégagées des aléas et des contraintes physiologiques de la fécondité, vont se trouver sollicitées d'une autre manière. De tous côtés, on les appelle : l'énorme mutation culturelle des années 1970-1980, l'émergence de nouvelles familles, les propulsent sur d'autres scènes, les obligent à réaménager leur façon d'être mères. Plusieurs éléments se renforcent mutuellement qui expliquent cette nécessité. En premier lieu, la fréquence des décompositions familiales. Devant l'augmentation des divorces, les juges tendent à attribuer aux mères la résidence principale [1]. À ce phénomène doit être associée l'augmentation des enfants nés hors mariage. Or, lorsqu'elle ne s'inscrit pas dans une conjugalité durable, la paternité est souvent liée au destin du couple. Dans un certain nombre de cas, elle ne survit pas à la fin de l'histoire d'amour. Par ailleurs, les recompositions familiales invitent à une maternité nouvelle qui, dans certains cas, n'est plus biologique mais éducative et culturelle. De nombreuses mères sont aujourd'hui en charge d'enfants qu'elles n'ont pas conçus ni même élevés pendant les premières années.

Le temps des mères s'annonce donc quand celui des pères

1. Selon l'association SOS papa et le nouveau mouvement de la condition paternelle, 1,7 million d'enfants vivraient sans leur père. Dans 85 à 90 % des cas, l'enfant, à la suite de la séparation, se trouve confié à la mère par l'autorité judiciaire (cité par P. Bruckner, *La Tentation de l'innocence*, *op. cit.*, p. 151). Le lien paternel est la principale victime de la fragilisation du lien conjugal. Pour reprendre la formule d'Évelyne Sullerot, il est le premier « fusible » qui saute en cas de rupture (*Le Grand Remue-Ménage. La crise de la famille*, Paris, Fayard, 1997).

recule. Avec ce croisement s'achève une longue période où, entre les premiers et les seconds, les rôles étaient distribués une fois pour toutes. Nous sommes passés d'une représentation très fixe des rôles parentaux à une autre, de plus en plus indifférenciée et asexuée. Désormais, l'anatomie ne fait plus le destin parental. Père et mère se veulent égaux ; davantage même, ils se veulent semblables auprès de l'enfant. Dans ce contexte sont apparues les notions de parental puis de parentalité qui estompent celles de paternité et de maternité, de masculin et de féminin, et privilégient l'exercice d'une fonction interchangeable à distance de l'appartenance sexuée. Devenues rapidement consensuelle, ces notions s'imposent comme une clé importante de la réflexion dans le domaine de la famille.

Ce que l'observation clinique vient pourtant régulièrement nous dire, c'est que l'effacement de la différence sexuelle fait le jeu du maternel. Plus la différence entre hommes et femmes s'efface, plus la mère et l'enfant font couple. Dit autrement, la parentalité indifférenciée pourrait être une maternalité déguisée[1].

Ainsi se sont propagées ces familles-mères, ces enclos familiaux affectifs, surprotecteurs, dans lesquels les valeurs traditionnellement maternelles sont fortement mobilisées : attention au quotidien, qualité du dialogue, expression des sentiments, recherche de bien-être. L'exemple de l'amour parental illustre cette insuffisante pondération du paternel et du maternel auprès de l'enfant : aujourd'hui, le père se doit d'aimer selon l'idéal de l'époque qui est celui de la mère, c'est-à-dire dans l'extraversion émotionnelle et sentimentale. Aussi a-t-il de plus en plus souvent, comme la mère, l'enfant dans la peau. Il nourrit, berce, console, s'inquiète. Il faut que coule tout le lait de la tendresse. « Je suis du genre mère, me dit un père, en cours d'entretien. Je ne

1. Voir M. Schneider, *La Confusion des sexes*, *op. cit.*

peux me résoudre à être celui qui frustre, interdit et sanctionne. J'ai trop connu cela moi-même : un père militaire, que l'on n'appelle qu'au bord de la débâcle… »

Dans certaines familles, il arrive qu'il n'y ait plus beaucoup de père pour faire contrepoids, interpeller, objecter. L'enfant grandit dans un espace saturé de mère, dans un excès parental de maternel. Il s'installe dans une économie maternelle prévalente qui, à des degrés divers, va devenir constitutive de lui. À ce constat s'ajoute le fait qu'au-delà de la famille, dans les cercles élargis, les mères se bousculent : elles sont enseignantes, infirmières, médecins, psychologues, juges… Le petit enfant fait son entrée en maternelle et, d'une certaine façon, il y reste jusqu'à l'adolescence. Il grandit et se façonne sous l'aile des mères. Comme le note Michel Schneider : « Les hommes ont presque disparu des activités où l'enfant se façonne… Le sort éducatif, médical et juridique des enfants dépend des femmes [1]. »

Étonnamment, certaines mères célibataires ou en relation homosexuelle sont davantage sensibilisées à ce surpoids de maternel que certains couples traditionnels pour lesquels la parentalité aimante et indifférenciée constitue le seul repère pensable. J'ai, pendant plusieurs mois, rencontré une jeune femme célibataire mère de deux enfants adoptés dans un pays d'Europe de l'Est. Les procédures d'adoption avaient été longues, incertaines et coûteuses. « Ces enfants, disait-elle, je les ai eus au forceps. » La décision avait été longuement mûrie dans un travail de psychanalyse antérieur. La difficulté de la tâche ne lui échappait donc pas. Elle avait eu le temps d'en mesurer les inconvénients et les risques. « Je sais bien, répétait-elle, que j'aurai à jouer du poing et du câlin. Pourtant ma question demeure : parviendrais-je à être le père ? » Il m'est également arrivé de rencontrer plusieurs couples de femmes en charge ou en attente d'enfants,

1. *Ibid.*, p. 31-32.

préoccupés par la même question : où trouver « du père » ?, se demandaient-elles. Comment, au sein d'une parenté homosexuée, faire jouer la différence des sexes ? Comment faire pour inscrire et maintenir les références sexuées dans un couple homoparental ?

Au-delà des histoires de vie et des personnes elles-mêmes, de telles questions réinterrogent l'assertion lacanienne selon laquelle on peut « se passer du père à condition de s'en servir ». Elles sont en elles-mêmes louables. Mais quelle que soit la réponse apportée, le problème reste entier.

D'abord, parce que ce qui émane d'un parent dans son rapport à l'enfant ne relève pas que de la simple volonté. On ne décide pas d'une façon d'être père ou mère. On l'est en grande partie malgré soi, guidé par le cours inconscient de la filiation, c'est-à-dire par ce qui a été intériorisé de la relation passée aux parents et aux grands-parents.

Ensuite, parce que l'interdit ne s'inscrit pas de la même façon dans une relation à trois incluant le père et dans une relation à deux, sans lui. La mère a porté l'enfant et lui a donné le meilleur d'elle-même, c'est-à-dire la vie. Elle est celle « qui a pour vocation de dire oui », dit Aldo Naouri. Comment dans ce contexte le « non » éducatif s'inscrira-t-il ? Aura-t-il une valeur structurante ou sera-t-il vécu comme arbitraire et abusif ? Derrière cette question se profile celle de la construction de soi, lorsque la symbolisation est essentiellement donnée par la mère.

Enfin et surtout, parce qu'on envisage difficilement qu'auprès de l'enfant la bisexualité psychique d'une personne soit équivalente à la complémentarité différenciée d'une mère et d'un père réels. Admettre que ce qui se joue « de soi à soi » équivaut à ce qui se passe « de soi à l'autre » parent, n'est-ce pas méconnaître la féconde altérité entre un homme et une femme, c'est-à-dire leur conjugalité ?

Le ventre des fées[1] ou les germes de la barbarie

J'ai un jour rencontré un enfant singulier. Je l'ai rencontré sans jamais l'avoir vu, mais à travers les propos de sa mère qui venait m'en parler. Cet enfant, âgé de dix ans, avait ceci de particulier qu'il était l'auteur d'un crime. Sur les circonstances elles-mêmes, au demeurant assez banales, il n'y a pas lieu de s'étendre ici. Ce petit garçon, tel qu'il m'était décrit, n'avait rien d'une graine de crapule. L'acte qui avait fait de lui le meurtrier accidentel d'un camarade de classe était survenu dans un enchaînement inhabituel de violence. Ce qui lui donnait un statut incertain entre coupable et victime.

La première fois que je vis cette mère, et avant même de l'avoir entendue parler, j'ai pensé à une fée, une fée qui se serait égarée dans le monde des humains. Elle avait cette beauté tragique de ceux qui se sentent complices d'un drame qu'ils n'ont pu empêcher. « Vous voyez, me dit-elle très vite comme pour s'excuser, je ne sais pas trop ce que c'est d'être mère. Moi, j'ai le cœur au ventre. C'est de là que ça parle. »

Elle n'évoqua jamais son enfance et je respectai ce silence. Cette omission me semblait en elle-même significative. Seule l'histoire de l'enfant pouvait la rendre narratrice de sa propre histoire. Elle me dit un jour que sa vie avait commencé avec la maternité. En naissant, l'enfant l'avait fait naître. L'avant s'était perdu dans l'insignifiance.

En l'écoutant, je sentais bien que cette mère était de celles qui, dans la chair de l'enfant, aiment leur propre chair. Elle se maintenait en état de grossesse prolongée. Pour une raison

1. « Avec ce secret et ce silence en elle, une sérénité lui vient dans la foule. Ce n'est pas un secret, dit l'époux. Mais elle ne dit rien. Elle voudrait que l'enfant ne sorte jamais d'elle et de ce silence. » Alice Ferney, *Le Ventre de la fée*, Arles, Actes Sud, 1993, p. 20.

ignorée et sans doute vitale, il fallait que l'enfant ne sorte jamais d'elle. Le mettre au monde eût été le perdre et peut-être mourir. Sans lui, elle n'était rien. Avec lui venait l'illusion de pouvoir être tout[1].

Du père, il était peu question. Je devinais une entente difficile. Leurs différences s'exaspéraient continuellement. Un jour, il partit et elle ne chercha pas à le retenir. Elle m'assura avec une sorte de conviction inhabituelle que « les hommes, ça ne reste pas ». Je pensais en l'écoutant que ce que veulent un homme et une femme est rarement de même nature. Mais ce que veulent la mère et l'enfant, c'est souvent la même chose : combattre la perte, mettre tout en œuvre pour l'éviter. Toutes les stratégies, toutes les ruses sont au service de cette alliance secrète.

Pourquoi dire incestuel ? Dans de telles situations, qui, sans avoir une issue aussi tragique, sont plus fréquentes qu'on ne le pense, le vrai mot, le seul qui convienne, c'est le mot d'inceste. Ce qui caractérise l'inceste, c'est la fascination de l'origine, la volonté de la retrouver. L'origine, c'est toujours la mère, c'est le mou de la mère, son ventre, sa fécondité profonde et mystérieuse, son puissant creux de vie.

À mesure que je parvenais à le penser, le drame de l'enfant meurtrier m'apparaissait comme celui d'une passion qui aurait mal tourné. Le petit s'était laissé englober par le creux matriciel. Pendant des années, il était resté enclos de mère, ceint de toutes parts, vivant dans l'illusion qu'une adéquation était possible, terme à terme, entre lui et celle qui l'avait mis au monde. Il n'y eut personne, ni le père ni la mère elle-même, pour le pousser au-dehors, pour le sortir

1. André Green voit dans la grossesse et la maternité des mères une folie maternelle passagère : « Grossesse et maternité comportent pour la femme une dimension miraculeuse, elle réalise des vœux de toute-puissance… C'est bien lorsque cette folie n'apparaît pas qu'il y a lieu de soupçonner une carence inquiétante. » (« Sur la folie maternelle normale », *Nouvelle Revue de psychanalyse*, n° 21, 1980).

de ce monde clos de sensation et d'émotion, pour l'extraire de cette béatitude placentaire.

Tous les enfants de familles monoparentales – qui représentent 20 % des familles européennes et sont majoritairement maternelles – ne sont pas prédisposés à se laisser aimer d'un tel « amour impitoyable » (Winnicott). Et toutes les relations entre mère isolée et enfant unique ne sont pas des pousse-au-crime. Mais si la violence et la délinquance augmentent, si tant d'adolescences sont jalonnées de gestes autodestructeurs et de tentatives de suicide, ce n'est peut-être pas étranger à un excès de maternel dans le lien à l'enfant. L'attaque agressive peut être une façon de contrer l'attraction maternelle, afin d'affirmer une différence et de s'affranchir à tout prix. En l'absence de père, dit la psychanalyste Christiane Olivier, « l'identification au père cède la place à la contre-identification à la mère : pour être un homme, il suffit de ne pas être une femme[1] ». Il est ainsi courant d'expliquer la misogynie de certains hommes comme une revanche tardive sur la toute-puissance maternelle.

Désenfanter, humaniser

Il faut pourtant s'en aller. L'atmosphère des origines est irrespirable. Il faut quitter la « vie dans les plis », comme l'appelle Henri Michaux. La psychanalyste Mária Török parlait d'une nécessité de « dématernement ». Comprenons-nous, ce n'est pas la proximité réelle avec la mère qui est en question, mais ce qui a été intériorisé de la relation autrefois partagée avec elle, et qui constitue une certaine façon d'être au monde ou à l'autre. Certaines personnes ayant ainsi grandi dans un espace saturé de mère donnent l'impression de continuer à vivre selon des modalités anachroniques, comme

1. Christiane Olivier, *L'Ogre intérieur*, Paris, Fayard, 1998, p. 74.

si elles s'étaient installées à vie dans la « psyché mère », dans une économie psychique essentiellement maternelle et ne parvenaient pas à s'en déloger. Elles semblent encore sous la fascination de ce que Jacques Lacan appelle la « Mamme », qui désigne moins la maman du tout début qu'une forme archaïque du désir à l'égard du bon objet, du bon sein[1].

Il y a quelques années, un patient schizophrène apporta en séance un étrange dessin : au centre d'un grand cercle plusieurs fois redupliqué figuraient de multiples visages humains, très finement ciselés, exprimant des humeurs différentes, la joie, le chagrin, la colère, l'effroi... Sous le graphisme, cette annotation laconique : « Impossible d'entrer dans le cercle. » Le dessinateur s'était refusé à tout commentaire. Je n'avais pas insisté, tant il m'apparaissait que le drame secrètement approché par ce dessin n'était pas accessible par les mots.

Car sortir de la jouissance, ce n'est pas nécessairement trouver le désir. Le monde est plein de ces nomades, exilés de la jouissance perdue, qui n'ont jamais trouvé le goût de vivre. Comme ce patient schizophrène, ils ne parviennent pas à entrer dans le cercle des humains. Ils butent contre lui sans en trouver l'accès et continuent à errer à la marge.

Là est le grand pari, le seul qui justifie d'être parent. Quels moyens mettre en œuvre, quelle intelligence exercer pour que, chez le tout-petit, la loi vienne se nouer au désir ? Le projet est à flanc d'abîme : trop de loi pourrait casser. Trop de jouissance, étouffer. Nous sommes culturellement passés du premier écueil au second. Le temps des pères dressa les enfants, au risque de les briser. Celui des mères les étreint, au risque de les asphyxier. Mais l'appréciation du danger actuel reste néanmoins difficile : la domination des pères pouvait être insupportable mais elle était frontale, visible.

1. Jacques Lacan, *Le Séminaire. Livre IX, L'Identification* (1961-1962), inédit.

L'étreinte des mères est, sous couvert d'amour, enveloppante, insidieuse, dans certains cas mortelle.

La question n'est plus : comment le père peut-il « dématerner » l'enfant ? Mais plutôt : comment les parents vont-ils, mutuellement, se soutenir pour pousser l'enfant hors de l'enceinte de jouissance et l'engager vers le travail de culture sans lequel il n'y a pas d'humanisation possible ? Comment vont-ils maintenir l'alternance de présence et d'absence ? Passer de l'économie du oui à celle du non ? On pourrait envisager l'idée d'un épaulement mutuel, d'une solidarité parentale et, selon une alchimie propre à chaque couple, une alternance de ces deux modalités qui, dans le meilleur des cas, se relaient, se pondèrent l'une par l'autre, dans le jeu de la bisexualité. À l'idée première de dématernement pourrait se substituer celle de désenfantement : être parent, ce serait progressivement désenfanter celui ou celle que l'on a d'abord enfanté. Ce serait renoncer à l'aimer comme sa chair et son image, pour l'introduire dans le grand cercle des hommes.

Imaginons un long trajet nourri de désaccords, de tensions, de déceptions, d'insatisfactions, de malentendus. Un chemin étroit, nécessairement dysharmonique, entre connivences et dissonances : il faut que ça grince, que ça frotte, que ça se heurte. C'est le seul moyen pour que la différence cheville au vif du même, pour que le manque entame le plein. Voici une illustration de cette dysharmonie féconde : Une mère inquiète m'explique que, depuis quelque temps, sa fille âgée de sept ans se plaint de violents maux de ventre au moment de se rendre à l'école. Les examens cliniques se révèlent négatifs mais rien ne semble pouvoir venir à bout de cette situation qui, en quelques semaines, se dramatise et profile l'installation d'une phobie scolaire[1]. Les consultations

1. L'enfant anxieux n'est pas nécessairement un enfant phobique. La phobie scolaire s'installe dans la mesure où l'anxiété devient l'objet d'une négociation affective avec les parents, eux-mêmes inquiets face à la scolarité

auprès de différents professionnels, le passage aux urgences psychiatriques restent sans effet. L'anxiété maternelle est extrême, teintée d'une empathie « toute psychologique » à l'égard de la fillette. La situation paraît s'enliser jusqu'au moment où le père de l'enfant, jusqu'alors distant, « indifférent », aux dires de la mère, prend la parole, excédé. Le lendemain, l'enfant se rend à l'école sans maux de ventre.

Dans cet exemple, la mère est celle qui retient, le père celui qui déloge, bouscule. Dans d'autres situations, les rôles seront inversés : au cours d'un entretien familial, un père se montre très inquiet à l'idée que son fils, âgé de seize ans, se rende seul en métro à son club de sport, de l'autre côté de la ville. Sa femme intervient à plusieurs reprises pour mentionner que cette prise de risque mesurée est en elle-même éducative. Dans un sourire, à l'adresse de son conjoint, elle ajoute : « Ne serais-tu pas un peu trop mère ? »

Si les parents sont également impliqués dans ce travail de désenfantement, ils ne le sont pas de la même manière. Pour y parvenir, ils n'ont pas les mêmes ressources, ils ne vont pas rencontrer les mêmes difficultés. Le pédiatre Donald W. Winnicott disait que le principe féminin pur relève de l'être alors que le principe masculin se constitue dans le faire[1]. L'être mère, gorgé de féminin, appelle dans le creux, attire en soi, consent à se laisser habiter de l'intérieur. Traditionnellement, la mère est gardienne du lieu, contenante. Elle porte en elle. L'être père, indistinct du viril, s'érige, passe au-dehors, porte au-delà.

À partir de ces différences de l'être sexué, le désenfantement n'empruntera pas les mêmes voies. Pour une mère,

---

et au monde scolaire. Il y a aujourd'hui une angoisse de plus en plus marquée de toute la famille autour de l'école.

1. « *After being, doing and being done too. But first being.* » Donald W. Winnicott, *Playing and Reality*, Londres, Tavistock, 1971, p. 85 – *Jeu et réalité*, trad. Claude Monod et Jean-Bertrand Pontalis, Paris, Gallimard, 1975.

désenfanter, c'est toujours un peu se dépouiller, se décharner, perdre la chair de sa chair[1]. Pour un père, désenfanter, c'est probablement davantage se rendre présent, consentir à venir, à intervenir. Le père doit assumer d'être celui qui interfère, qui interrompt, qui suspend, qui se tient au passage. À partir de ces différences d'être-au-monde, on se représentera le désenfantement comme une interprétation parentale du monde par alternance, entre va-et-vient, entre oui et non, invitant l'enfant à passer progressivement du registre de la sensation à celui de la représentation, de l'identique à la différence, de la contiguïté à la distance, de la métonymie à la métaphore.

Pour que la sortie de la jouissance ne mène pas à l'exil, pour qu'elle introduise au grand cercle des humains, il faut que l'enfant emporte en lui quelque chose de la rencontre différenciée du masculin et du féminin, de l'être-père et de l'être-mère. Sans cette formidable contrepartie, la loi s'apparente à une exclusion de soi-même, équivalent d'un matricide psychique. Se dégager de la jouissance première, ce ne serait donc pas y renoncer radicalement, mais en emporter la trace ineffable et la transporter de lieu en lieu, tout au long de l'existence.

Une femme eut le génie de parler de cette question en peu de mots : c'est la Sulamite du Cantique des Cantiques. « J'ai trouvé, dit-elle, celui que mon cœur aime, je l'ai choisi. Je ne le lâcherai point que je ne l'aie fait entrer dans la maison de ma mère, dans la chambre de celle qui m'a conçue » (Ct 3, 4). Ce que laisse entendre cette parole, à bien des

1. Quelques mères mythiques nous enseignent sur ce point : Sarah, l'épouse d'Abraham, doit renoncer à se faire appeler Sarai, c'est-à-dire, selon certains interprètes, renoncer aux signes du masculin et de la puissance, pour trouver une postérité. Déméter, la déesse mère de la terre, doit consentir à perdre sa fille Coré, enlevée par Hadès, le dieu des morts, qui en fera sa reine. Un compromis avec Zeus lui permettra de revoir sa fille : Coré / Perséphone passera quelques mois auprès de son époux, au royaume des ombres, et retrouvera sa mère au printemps. Alors, la terre féconde se couvrira de fleurs et de fruits.

égards énigmatique, c'est l'idée d'une continuité entre la jouissance de l'origine et l'aptitude d'un être humain à désirer, à aimer. « Il y a en chacun de nous un creux de mère. Un creux de mère avec un creux d'enfant… », disait le psychanalyste Nicolas Abraham. L'amour de la vie tient peut-être, pour une part, à cette trace en creux, à cet amour oublié de la mère.

Romain Gary, qui finit par se donner la mort, eut bien des années auparavant cette parole terrible : « Avec l'amour maternel, la vie vous fait à l'aube une promesse qu'elle ne tient jamais[1]. » Si l'amour entre parent et enfant peut se penser, c'est bien ici, dans ce talent, certes inégal, qui consiste à faire en sorte que l'enfant s'empare de la promesse originaire et la déporte hors du « huis clos maternel » (Jean-Bertrand Pontalis) vers d'autres lieux, d'autres rencontres et d'autres amours.

Derrière de nombreuses dépressions graves et passages à l'acte suicidaire, on perçoit cette impossibilité. La passion du début a mal tourné. La promesse ne s'est pas transférée. Elle s'est perdue avec l'aube. L'indicible du dessin réalisé par ce patient schizophrène n'était sans doute pas étranger à ce drame.

Les ombres du maternel dans la clinique contemporaine

La tentation d'un retour à l'origine fait partie du mal-être contemporain. Les ombres du maternel traversent la clinique actuelle, plus denses, plus nombreuses qu'autrefois. On les croise au détour de configurations cliniques multiples, souvent atypiques, que l'on pourrait appeler, par opposition aux pathologies du père – les névroses de l'époque

1. Romain Gary, *La Promesse de l'aube*, Paris, Gallimard, 1980, p. 38.

patriarcale –, les maladies de la mère. Ce qui fait souffrir, ce n'est plus la révolte contre le père, le tourment de l'interdit, l'angoisse de la castration, mais l'arrachement désespéré de l'univers de la mère originaire. Il y a aujourd'hui de plus en plus de personnes qui semblent se construire en intériorisant l'économie du maternel et s'évertuent à vivre sur ce registre pré-œdipien, hors castration, avec un niveau de symbolisation assez pauvre. Le psychanalyste, sensible à cette évolution, dira qu'au tragique œdipien, à ses multiples intrigues et rebonds, succède un drame nouveau, celui de l'individu enlisé, pour ne pas dire envasé, dans une jouissance constamment recherchée et combattue.

Habituellement, je rencontre Pierre. Mais l'habitude chez lui ne saurait être un engagement. Il m'arrive donc de l'attendre quand il ne vient pas, et lui-même vient parfois quand je ne l'attends pas. Ainsi s'est déroulée, pendant plusieurs années, notre relation thérapeutique. De la vie de ce trentenaire, je sais peu de chose. Il travaille par intermittence. Il a peu de contacts extérieurs. Il passe de nombreuses heures devant la télévision ou sa console de jeux. C'est là sa seule fenêtre ouverte sur le monde ; un monde qu'il n'identifie probablement pas comme virtuel, tant il lui tient lieu de réalité.

Pierre semble peu préparé au concret de l'existence ; il s'y cogne sans cesse. Il n'a pas les ressources nécessaires pour affronter la vie sociale et son inévitable lot de tensions, de déceptions, de contrariétés et de malentendus. Il est mal rompu à la différence, toujours prêt à vivre comme une atteinte personnelle ce qui, bien souvent, n'est qu'un désagrément de la vie en commun. Classiquement parlant, Pierre n'est pourtant pas dépressif. Il n'a pas d'idées noires, ne souffre pas d'autodépréciation, ne ressent pas de culpabilité. Il est plutôt morose, sans vitalité, empreint d'un déficit identitaire. Sa vie glisse sur un fond d'ennui permanent que traversent ponctuellement quelques impulsions ou engouements vite retombés.

Les patients « malades de la mère » qui viennent ainsi dire leur enlisement dans l'univers de la mère archaïque sont de plus en plus nombreux. La « psyché mère » dans laquelle ils continuent à se mouvoir est un espace à deux dimensions, sorte de « toi à moi ». Y manque une articulation tierce qui ferait rouage ou pivot, permettrait des déplacements, des abstractions, une mobilité entre affects et représentations. Globalement, « ça » ne circule pas.

Un court exemple suffit à suggérer cette disposition. Un jeune homme arrivait très en retard à sa séance. Comme je l'invitais à exprimer ce qu'il éprouvait, il me dit : « Je pensais que vous alliez me mettre dehors ! » Dans ce fantasme, l'acte répond à l'acte. Une personne vivant sur un registre plus névrotique eût sans doute exprimé une humeur, une gêne, un peu de contrariété... Lui-même ne pouvait qu'envisager une rétorsion mimétique sur le mode de la loi du talion. C'est une façon de dire que pour celui qui vit sur un régime maternel, hors du ventre chaud, il n'y a que le froid tragique. Hors de la fusion, il n'y a que l'abandon ou l'exclusion. L'espace de pensée se réduit au registre du vécu immédiat, de la sensation ou de l'émotion sur un fond d'anxiété diffuse. La relation à autrui, marquée par l'extrême perméabilité aux ressentis mutuels, prédispose à l'instabilité des humeurs et à la réversibilité des sentiments. L'amour n'est alors jamais très loin de la haine, l'idéalisation, de la déception. De telles « ankyloses », qui confinent parfois à l'invalidité psychique, sont constantes à l'arrière-plan des pathologies actuelles que l'on désigne sous le terme de troubles limites, de pathologies frontières ou narcissiques, marquées par la dépressivité et la destructivité.

Est-il possible de retrouver cet espace tiers qui fait défaut ?, se demande-t-on. Pour le psychanalyste, la question, toujours singulière, se pose fréquemment. Le travail consiste, lorsque c'est possible, à soulager l'excès de mère qui charge et raidit la vie psychique. De façon métaphorique, on dira que ce travail consiste à défroisser cette psyché trop rétractée, à la déplier, à tenter de lui rendre une mobilité, une plasticité manquante, un peu comme un praticien le ferait au contact d'un muscle atrophié. Auprès de tels patients, le psychanalyste a donc à user d'une créativité kinétique. Il s'agit bien souvent de s'extraire du factuel et de l'opératoire pour « faire jouer » l'événement raconté, le mettre en sens, en doute, en « humour », c'est-à-dire l'inscrire dans un espace tiers qui permette de le relativiser. Il s'agit donc patiemment, constamment, de relancer les mouvements de la psyché et d'aider à leur déploiement.

C'est sans doute une commodité d'opposer les maladies du père à celles de la mère. Des unes aux autres, il faut envisager d'innombrables recoupements ou aménagements cliniques. Un aspect est néanmoins transversal à cette diversité : l'inconsistance subjective (voir chapitre 2). À écouter de tels adultes, on a en effet l'impression qu'ils s'habitent mal. Ils semblent n'être ni partis ni restés. Ce sont des gens de nulle part. On les sent mal éveillés à la vie, comme s'ils cherchaient à retrouver le premier sommeil de l'humanité. « Enfants des limbes », peut-être, comme les appelle Jean-Pierre Lebrun [1], morts sans être nés, dans l'impossibilité d'advenir parce que jamais mis au monde. Un quadragénaire, consommateur régulier de cannabis mais se refusant à toute autre forme de toxiques, me disait : « Avec l'herbe, je retrouve ma vraie nature… Je me retire hors du monde. » Cette remarque avait son poids de vérité car cet homme discret, rétif à l'action, donnait souvent l'impression de se tenir à la marge du réel. Dans un tout autre contexte existentiel, une jeune femme remarquait : « Je me suis loupée et ça continue… C'est comme une fatalité, je n'en finis pas de passer à côté de moi-même. » Ce rendez-vous manqué avec soi, cette subjectivation esquivée, pourrait caractériser ceux qui, captifs

1. J.-P. Lebrun, *La Perversion ordinaire*, *op. cit.*, chap. 8.

d'une économie maternelle prévalente, n'ont jamais pu se mettre vraiment à vivre, peut-être parce que ne leur fut jamais imposée la première et la plus terrible des frustrations : celle d'avoir à se reconnaître comme mortels.

Pour cette raison sans doute, ces adultes pensent le monde comme ils vivent, dans l'ici et dans l'instant. Afin de se sentir exister, certains ont besoin d'intensité et sont en recherche de sensations toujours nouvelles, toujours plus fortes. La vie doit être bruyante, pimentée, accélérée, sinon elle paraît fade. Lorsqu'on les écoute, on sent moins une conflictualité inhérente au désir qu'une indécision permanente, une difficulté à faire des choix et à s'y tenir. Ni projet ni programme. Tout demeure probable, éventuel, suspendu..., ce qui marque la trajectoire d'un inachèvement quasi structurel.

J'ai longtemps pensé que ces patients privés d'instance paternelle étaient apatrides. Je pense aujourd'hui qu'ils sont tout autant « amatrides », au sens où le psychanalyste François Perrier l'entendait, c'est-à-dire privés d'une terre natale de référence, d'une légende, d'une mystique maternelle[1]. Je m'explique : pour que la mère soit romancée, pour qu'elle devienne un mythe narcissisant de soi-même, il faut s'en être suffisamment distancié. Il faut avoir été poussé hors du creux, délogé. De cet écart, fût-il violent, incompris, (et, d'une certaine façon, il l'est toujours) naît l'histoire, ce bout de roman (« ma mère, si vous saviez... »), d'où procède la subjectivation qui est le travail d'une vie. L'adulte mal désenfanté n'a rien à dire de sa mère, il n'a rien à en penser. Pour lui, la mère ce n'est ni une histoire ni une question. C'est une évidence indifférenciée de lui, un gigantesque creux, une matrice dans laquelle il s'est puissamment incarné. La mère, c'est lui.

Sous l'angle d'une même tentation maternelle, nous

1. François Perrier, « L'amour – Séminaire 1970-1971 », in *La Chaussée d'Antin*, t. I, Paris, Albin Michel, 2008.

pourrions envisager certains comportements addictifs comme une façon de se retirer provisoirement du monde, sorte de retour au pays perdu. Un type d'addiction particulier retient notre intérêt. Il s'agit de personnes qui, dans un contexte relationnel globalement satisfaisant, présentent une dépendance partielle, spécifique, souvent ignorée de l'entourage.

Un père de plusieurs enfants décrivait des moments de traque homosexuelle sur des aires d'autoroute ou dans des parcs urbains. Ce n'était pas tant l'échange sexuel qui lui importait que cette captation dans un univers morbide fait de guet, d'approches furtives, de reconnaissances réciproques dans l'anticipation trouble de la jouissance transgressive. Cet homme m'assurait qu'il n'était pas homosexuel. Il m'arrivait de penser qu'il avait raison. Il était sans doute attaché à un point de jouissance incestueuse vers lequel, à certains moments de fragilité existentielle, il se sentait follement aspiré.

Dans de telles situations, tout se passe comme si le sujet gardait dans son économie psychique un lien, un espace d'attachement à la mère archaïque. Il a besoin d'y revenir en cachette, d'en jouir en secret, de « s'y coller » pourrait-on dire. Cet espace non décollé, cette adhérence résiduelle, s'apparente à un « point d'inceste », un grain de folie dans un univers de raison et devient la source de l'addiction. Au-delà de celle-ci, ce qui est recherché n'est peut-être que l'origine, la rencontre obscure et fascinante de la sexualité et de la mort.

En écoutant de tels tourments, je me suis souvenue du voyage d'Ulysse, semé d'embûches, et plus particulièrement de l'une d'entre elles, le chant des sirènes. Le sortilège est alors puissant. Ulysse veut jouir de la beauté du chant mais, conscient des dangers de cette jouissance, il trouve un subterfuge pour s'en protéger et se fait attacher au mât du bateau.

Ulysse, à ce moment-là, c'est l'homme saisi par le besoin,

à la merci de ses penchants. C'est l'enfant mal fondé qui, faute d'avoir suffisamment intériorisé l'instance paternelle, ne parvient pas à trouver ses propres limites et se trouve désarmé pour combattre la tentation de l'origine. Le drame d'Œdipe, c'est celui du désir interdit : « Je voudrais bien, mais je ne dois pas. » Celui d'Ulysse, c'est celui de la jouissance dévoratrice : « Je veux et je peux. Voilà ce qui me perd. » D'un côté, l'interdit me contraint mais il me constitue. De l'autre, il n'y a plus d'interdit et la jouissance m'entraîne bien au-delà de moi-même, vers quelques dérives mortifères de l'existence.

Bien souvent, comme Ulysse, la personne tente de trouver des stratagèmes pour se protéger d'elle-même. Elle cherche le « mât » auquel s'attacher, le substitut de l'instance paternelle qui pourrait suppléer à la défaillance de la censure intérieure. Il est étonnant de remarquer de quelle façon la société actuelle, sensible à cette détresse, se mobilise pour proposer des palliatifs extérieurs à ce défaut d'intériorisation des limites. Tout se passe comme si, à un certain niveau, elle tentait de s'ajuster au désarroi collectif d'un enlisement dans la jouissance. La prescription de méthadone aux toxicomanes, celle de psychotropes à des enfants diagnostiqués hyperactifs, la pose d'anneau gastrique dans certains cas de boulimie ou encore la castration chimique des récidivistes sexuels s'inscrivent dans cette logique. L'arrimage à des palliatifs technologiques (au mât d'Ulysse) devient alors la seule solution face au mauvais ancrage dans le manque et à la jouissance indomptée.

Tentations de la Cité mère

Jamais l'exigence de maturité, de discernement, de solidité intérieure n'a été aussi forte. Jamais l'enfance n'y a aussi peu préparé. Il y a un écart énorme entre les difficultés de la trajectoire individualiste et l'état de non-préparation dans lequel le jeune adulte trop lové, trop porté, parvient au seuil de cette trajectoire. C'est une véritable impasse : comment apprendre à vivre ? Qui pourrait réassurer, conforter ? Qui expliquera, apaisera, soutiendra ? Chargé de ces questions, cet individu incertain va là où il a toujours été, vers le seul lieu qu'il connaisse. Il va vers la mère.

Il y a une conjonction temporelle tout à fait inédite entre l'effondrement de la fonction paternelle, le déploiement du féminin et la fatigue individuelle d'avoir à porter seul sa vie. Cette conjonction fait pivot : le maternel, libéré des contraintes biologiques de la procréation, se transfère de l'espace privé vers le champ social et se met au service d'une collectivité qui, privée d'appui et de repère, ne parvient plus à se soutenir. Jadis mères au foyer, les femmes deviennent mères dans la cité, laquelle se prépare insensiblement à devenir une Cité mère.

La Cité mère, c'est d'abord le marché, avec son confort, sa douceur, sa tiédeur ; c'est le grand bazar de la société capitaliste qui se tend vers l'individu comme un gigantesque corps à consommer et lui laisse croire qu'il a de quoi combler sa part manquante. Thierry Vincent, à propos de l'anorexie, développe l'idée d'une saturation permanente des besoins : « Dans nos sociétés occidentales, dit-il, ce n'est plus nous qui allons vers les objets, c'est l'objet qui vient à nous [1]. » L'objet pub, le produit convoité au cœur du marché, s'adresse au consommateur et lui tient le langage de la mère d'autrefois : « Avec moi, fais-toi du bien ! »

La Cité mère, c'est également un giron social qui s'offre à l'individu au lieu même de son désarroi. Ce qu'elle offre, c'est la prévoyance, la protection, l'assistance, l'assurance, la prise en charge, la réparation. « Big Mother », comme

1. Thierry Vincent, *L'Anorexie*, Paris, Odile Jacob, 2000.

l'appelle Michel Schneider[1], c'est un État mais surtout un pouvoir maternant. Dans cette mouvance, s'inscrit l'idéologie du *care* qui, venue des États-Unis, promeut des valeurs maternelles de sollicitude, de proximité à autrui et de réparation du monde ambiant. Ce courant, en passe de se politiser, présente le danger de renforcer le pôle maternel de la vie sociale, mais, en réengageant la dignité de celui qui est vulnérable, vient rompre les puissantes logiques individualistes, de performance et d'autonomie.

La Cité mère est celle qui inconditionnellement doit dire oui, celle qui doit ouvrir les bras et étreindre. L'homme du XXIe siècle considère comme naturelle cette puissance d'accueil, cette prodigalité, cette gratuité pourtant culturellement inédite. « Notre besoin de consolation est impossible à rassasier », dit l'écrivain Stig Dagerman[2]. Nous rêvons d'une étreinte consolante infinie, rédemptrice, qui nous sauverait de la férocité du monde. Nous rêvons de bras où il ferait bon gironner, sans avoir à penser ou à vouloir. Nous rêvons d'une « grande oreille » qui pourrait tout comprendre, tout excuser. Ce besoin n'est pas nécessairement durable. Il n'est parfois qu'une halte temporaire, un gîte d'étape dans la longue marche individualiste.

1. Michel Schneider, *Big Mother. Psychopathologie de la France politique*, Paris, Odile Jacob, 2002.
2. Stig Dagerman, *Notre besoin de consolation est impossible à rassasier*, trad. Philippe Bouquet, Arles, Actes sud, 1981.

VIII

« Que l'homme passe l'homme[1]... »
Comment repenser la filiation ?

Depuis le début, les eaux courent. À l'arrière de nos vies, elles s'écoulent de haut en bas, des plus âgés aux plus jeunes. Elles filent au plus près des racines et se mêlent à la terre qu'elles irriguent et fécondent...
Entre parents et enfants, les liens sont devenus complexes, parfois ambigus. D'autres formes d'alliance et de descendance sont en train de naître. Elles répondent à ce que nous sommes en train de devenir.
Pour que l'histoire continue, il faut simplement que l'eau se mêle à la terre. Que l'homme passe l'homme...

D'insaisissables eaux vives... La filiation psychique

Nul n'est tenu d'être père ou mère mais personne n'est exempté d'être fils ou fille. En ce sens, nul n'échappe à la filiation. Avant de nous mettre à penser celle-ci, il faut la différencier de l'engendrement. Engendrer, c'est perpétuer le vivant. Affilier, c'est introduire le vivant à l'humain. C'est permettre à un être humain de s'inscrire dans la succession des générations.

Du débat, largement médiatisé, sur les enjeux et les complexités actuelles de la filiation, deux pôles se détachent : l'un

1. Ce titre est emprunté à Marguerite Léna, « Que l'homme passe l'homme », conférence à l'Université catholique de Lille, octobre 2010.

juridique, l'autre biologique ou génétique[1]. En contrepoint de ces deux pôles, la filiation psychique est un concept flou. Parce qu'elle relève grandement de l'inconscient, il est difficile de la matérialiser. Nous ne la tenons plus comme une référence où s'enracine la vie psychique du sujet.

Au cours des années, je me suis exercée à suivre l'histoire des filiations et des désaffiliations qui courent, silencieuses, sous l'histoire des vies. J'ai progressivement acquis la conviction que la force filiative augurait considérablement de la force identitaire d'une personne. Comme l'eau vive court à fleur de sol, la filiation irrigue et vitalise la psyché humaine. La filiation nous traverse. Elle influence certains de nos comportements et de nos actes. Elle insuffle nos élans, soutient nos désirs, oriente nos choix inconscients. Elle peut acheminer certaines vocations, déranger le cours tranquille de nos vies. Lorsqu'on y prête attention, l'alchimie de l'énergie psychique qui circule entre générations est une source constante d'étonnement.

Entre la dette et le don, le grand nouage

Nous nous sommes habitués – trop peut-être – à l'idée qu'une famille se résume à un ensemble de personnes, vivant sous le même toit, partageant certaines affinités ou habitudes. Toutefois, ce qui fait une famille, ce n'est ni une vie en commun ni même la force partagée des sentiments, mais

1. Le généticien Axel Kahn note qu'il y a aujourd'hui un acharnement sur la filiation naturelle : « De nos jours, on a l'impression que les biologistes de la reproduction proposent et mettent en œuvre des méthodes de plus en plus audacieuses et perfectionnées, parfois incertaines, pour garantir, malgré les obstacles biologiques, une filiation génétique, comme si elle seule méritait d'être valorisée. » Axel Kahn et Christian Godin, *L'Homme, le bien, le mal*, *op. cit.*, p. 174.

davantage un espace/temps permettant à deux générations de se succéder. L'idée d'un relais ne suffit pas à donner la mesure de ce qui se passe. Pour que les générations s'ancrent l'une à l'autre, il faut qu'elles se rencontrent, qu'elles se façonnent et se pénètrent mutuellement. Là est attendue la filiation psychique, non plus seulement comme l'inscription simple dans une lignée, mais comme un transfert puissant de forces vives.

On ne peut se représenter ce transfert qu'à partir de la discontinuité majeure que représente l'écart entre générations. Sur ce point, notre culture s'attarde peu. Les parents et les enfants, c'est bien autre chose que les grands et les petits réunis, dans la mesure où l'acte d'engendrement fait rupture. Les premiers ont engendré et mis au monde les seconds, qu'ils ont pour mission d'élever. Les générations en présence sont vouées à occuper les rives opposées. Entre elles, il y a non seulement le temps écoulé qui continue à passer, mais le lit même du fleuve, l'écart en creux qui ne saurait être aboli.

À partir de cette discontinuité s'instaure un lien obligé qui n'est pas de même nature des deux côtés et s'organise dans le nouage permanent et réversible de la dette et du don [1].

L'obligation parentale procède d'une mise à disposition de soi envers l'enfant. Être parent, c'est accorder un énorme crédit de temps, d'attention, de compétence au profit de ceux que l'on a introduits au monde et qui sont trop fragiles pour pouvoir vivre et penser leur vie par eux-mêmes. Le don en question n'est pas seulement éducatif, affectif ou matériel, mais d'une autre nature, plus secrète, plus libidinale, au sens large du mot. Pour l'enfant qui s'en nourrit, c'est un appel à être dans le sillage du couple parental, une véritable «passe» de vie.

L'obligation filiale s'enracine dans l'acceptation du don

1. Voir Nathalie Sarthou-Lajus, *L'Éthique de la dette*, Paris, PUF, 1997.

énorme que constitue le fait d'avoir été désiré, conçu, porté, nourri, éduqué pendant cette longue période de dépendance infantile. Être enfant, c'est accepter le don de vie mais aussi l'héritage d'une histoire familiale, d'une hérédité, d'un patrimoine affectif et psychique. C'est aussi consentir à prendre place « dans un monde déjà là [1] », c'est-à-dire accepter l'idée de n'être pas à l'origine de son existence. Nous marchons toujours dans les pas d'un autre. Nous parlons, nous agissons, nous écrivons « de seconde main », parce que d'autres, avant nous, ont parlé, agi, écrit.

Autour de ce lien mutuellement obligé, de ce nouage entre générations, le flux psychique circule, se transfère, la filiation s'exerce dans l'ordinaire des jours, des paroles, des gestes échangés, ne cessant de remanier les traces, de les mêler, de les effacer et de les réécrire. Il faut y voir une véritable passation d'humanité à partir de laquelle les potentialités d'un être vivant cherchent à s'actualiser. À nouer et à dénouer les liens qui nous attachent à ceux qui nous précèdent, nous nous accomplissons, nous devenons auteurs de nos vies. En restituant la dette, en la faisant basculer vers ceux qui nous succèdent, nous nous humanisons.

Aujourd'hui, l'idée d'un lien obligé a quelque chose de dérangeant. Elle entame notre vœu de liberté. Elle sollicite le spectre de l'asymétrie. Dans la filiation, l'individu ne perçoit que l'assignation, la fixité aliénante, l'enfermement : « Pourquoi aurais-je besoin d'en passer par ceux qui m'ont précédé pour devenir moi-même ? Ne suis-je pas en puissance ce que je suis ? » Quand les générations précédentes voyaient dans l'asymétrie des places une promesse d'accomplissement, aujourd'hui parents et enfants y pressentent la restriction identitaire, la réduction des possibles de l'être. Le principe de la dette comme fondement du lien entre

1. Selon la formule de H. Arendt, « La crise de l'éducation » (1959), *loc. cit.*, p. 245.

générations et impulsion à vivre est difficilement pensable. Moins de don, moins de dette, moins d'obligations réciproques, pense-t-on. Que nul n'enferme, ni ne pèse. Que nul n'oblige. Le jeu doit rester ouvert au libre, au possible et au réversible...

Cet assouplissement filiatif est une tendance contemporaine. Il n'est pourtant pas systématique. La question de la dette se pose régulièrement dans la clinique. Certaines personnes consultent ou entreprennent une thérapie parce qu'elles se sentent entravées, empêchées dans leur projet de vie, en butte à un sentiment d'impasse ou d'impuissance existentielle. Il s'agit parfois de situations banales, survenant en dehors de psychopathologies avérées. Un jeune adulte peut ainsi reculer devant certaines étapes de la maturité, craindre de s'engager dans une relation de couple ou un projet de famille parce qu'il se sent enlisé dans un héritage familial, enfermé dans une mémoire généalogique, une tradition, un système de croyance ou de morale inintégrable.

Une autre difficulté, devenue fréquente, tient à la réticence éprouvée par de nombreux parents à transférer la dette, à la faire basculer vers les plus jeunes, à la faire changer de bord. Un père m'explique s'inquiéter du baccalauréat, tout proche, de son fils âgé de dix-huit ans. Il mentionne que, n'ayant pas accès à ses bulletins, il ne parvient pas à situer le niveau scolaire de l'adolescent. Devant mon étonnement, il ajoute : « Mon fils est majeur. C'est son droit le plus strict de ne pas me tenir informé de ses notes... » Dans un contexte de vie très différent, une mère relate avoir, au cours d'une altercation violente, reçu une gifle de sa fille adolescente. Ma question relative à des excuses ou à une éventuelle sanction semble la surprendre : « Que peut-on exiger d'un enfant lorsqu'il va mal ? » Je pense encore à certains parents de familles recomposées, corvéables à merci le week-end où ils ont la garde de leurs enfants et n'osant pas demander à ceux-ci la moindre participation aux tâches ménagères. Tout se passe comme si ces parents continuaient à se sentir redevables envers un enfant qui, lui, l'est de moins en moins envers eux. Cet effacement collectif de la dette a pour conséquence un affaiblissement du sentiment de gratitude. Ce mouvement intime et intuitif de reconnaissance à l'égard du don ou du donneur, fût-il silencieux, semble en effet étranger aux jeunes générations.

En réalité, si la relation est moins obligée qu'autrefois, si le nouage est moins serré, le don parental appelle encore une contrepartie, mais d'une autre teneur. Il attend d'être payé en retour, en monnaie affective ou narcissique. Plus que jamais, les parents ont besoin de leurs enfants pour conforter leur identité. Leur don n'inscrit plus la dette dans une temporalité ; il appelle au contre-don immédiat. Là est le changement, dans un acquittement immédiat qui court-circuite l'épreuve du temps long et son énorme potentiel maturatif. Le contrat entre générations s'apparente désormais à un libre-échange, donnant-donnant, où chacun peut espérer retrouver l'équivalent de ce à quoi il renonce. La dette prématurément acquittée se réduit à une sorte de solde pour tout compte réitéré et ne soutient plus la promesse d'un accomplissement de soi. En ce point, elle cesse d'être filiative.

Les bras morts de la filiation

La famille traditionnelle permettait une relative stabilité filiative. Celle-ci s'exerçait dans le jeu constant et instable de deux lignes de force : l'une, verticale, par rapport aux ascendants – la parenté ; l'autre, horizontale, par référence à ce qui s'échange entre époux – la conjugalité. La banalisation actuelle du divorce nous oblige à repenser cette articulation. Aujourd'hui, la parenté et la conjugalité se sont grandement dénouées. Il y a environ 115 000 divorces prononcés chaque année en France. Un mineur sur quatre voit ses parents se séparer[1].

Deux types de situation peuvent, dans la réalité, se présenter. Dans le premier, la séparation du couple entraîne une rupture unilatérale de la parenté. La filiation peut alors se clore sur une seule lignée, se rabattre sur un seul parent. Dans les faits, un divorce s'accompagne souvent de l'effondrement du lignage paternel[2]. Dans un second type de situation, la parenté cherche à survivre à la conjugalité dénouée. La relation avec l'enfant est maintenue par la volonté des deux parents et, selon des modalités variables, se réorganise après la rupture du couple.

Quelle que soit la situation, nous nous habituons à l'idée d'une filiation transitive, s'exerçant directement de parent à enfant, sans être médiatisée par la conjugalité. Nous résistons à envisager les conséquences d'un déséquilibre entre le parental et le conjugal et, plus précisément, d'une parenté brutalement dissociée de la conjugalité. Après tout, se dit-on, l'enfant de parents séparés sera toujours fils ou fille de...

De nombreuses cures d'adultes révèlent pourtant après coup la portée psychique de cette rupture d'équilibre, particulièrement si celle-ci est survenue tôt dans la vie de l'enfant. La remémoration des événements passés, lorsqu'elle est possible, dit alors à quel point l'enfant a pu vivre la désunion parentale comme la sienne et, dans certains cas, l'a intégrée à sa vie psychique.

Cet enfant, bien souvent, n'a pas les moyens de comprendre et se trouve brutalement sevré d'un espace nourricier. Il ne peut plus puiser à l'union désirante de ceux qui

1. Enquête « Histoire de vie – Construction des identités », Insee, 2003, < www.insee.fr >.

2. Selon l'association SOS papa, seulement 8,6 % des enfants de couples séparés vivent avec leur père et, d'après Évelyne Sullerot, deux millions d'enfants vivent en France sans la présence de leur père (*Le Grand Remue-ménage*, *op. cit.*, p. 188).

lui ont donné la vie. Les sources irriguaient de toutes parts, et voilà que ça ne coule plus, que ça ne pulse plus. Le flux psychique se trouve brutalement dévié, détourné de son cours naturel, réduit à moitié…

Voici un exemple de ce que je tente d'approcher. Je le retiens en raison de sa portée métaphorique. Après quelques mois d'analyse, Marianne se souvient avoir dérobé et enterré dans le jardin la bague de fiançailles de sa mère. Elle avait alors cinq ans et ses parents étaient en instance de divorce. La jeune femme s'interroge longuement sur la portée de ce geste irraisonné : l'enfant d'autrefois cherchait-elle à conjurer un drame imminent ? En dérobant cette bague, en la mettant en terre, tentait-elle de symboliser une perte pressentie inéluctable ? Comme Marianne, je perçois la forte incidence identitaire de cet ensevelissement à la limite du deuil. Je l'interprète comme une solution inconsciente trouvée par la jeune psyché pour ne pas se décomposer en même temps que la famille, pour sauver la part désaffiliée et l'emporter en soi.

Marianne s'étonne d'autant plus de cette remémoration qu'elle ne se souvient pas avoir consciemment souffert de la séparation de ses parents. Ce fait est assez fréquent. L'enfant n'éprouve pas nécessairement, sur le moment, les effets de ce qu'il vit. Il a une plasticité qui lui permet de trouver des solutions pour remettre à plus tard ce qui fait mal. Pourtant, le coup a porté. Dans l'inconscient, l'événement est archivé. Ce qui fait rupture dans la continuité du sentiment d'existence sans pouvoir être symbolisé ne cesse de vouloir revivre. « Ce ne sont pas les événements eux-mêmes qui ont une action traumatique, dit Freud, mais leur reviviscence sous forme de souvenir[1]. » C'est parfois beaucoup plus tard, bien au-delà de

1. Sigmund Freud, « Nouvelles remarques sur les psychonévroses de défense », in *Névrose, psychose et perversion*, trad. Jean Laplanche (dir.), Paris, PUF, 1973, p. 63.

l'enfance et même de l'adolescence, que le « bras mort » de la filiation, ce courant affectif brutalement asséché, se réveille. Sous certains effondrements de l'âge adulte, il arrive qu'on le perçoive. L'événement à l'origine de la décompensation peut paraître relativement insignifiant, mais il fait collusion avec l'accident passé qu'il exhume de l'oubli et propulse sur la scène psychique, se chargeant ainsi d'un potentiel traumatique. Dans le cas de Marianne, c'est le départ de son fils aîné à l'étranger qui précipita le vécu dépressif.

Gardons-nous de généraliser. Si l'idée d'après-coup est une clé de lecture incontournable pour comprendre les accidents de la maturité, tant il est vrai qu'en nous-mêmes tout demeure, du moins en trace ou en creux, la reviviscence reste évidemment probabiliste. Certaines filiations précocement déroutées ne feront pas parler d'elles. L'âge de l'enfant et sa maturité, la qualité de l'environnement parental, la dimension plus ou moins conflictuelle de la séparation, l'aptitude de chacun à symboliser ce qui est vécu, constituent un ensemble d'éléments qui feront que la séparation conjugale affectera plus ou moins profondément la construction identitaire.

Quel que soit le destin de ces filiations réduites ou déroutées, nous gagnerions pourtant à réhabiliter l'idée selon laquelle un enfant se construit à la rencontre de la conjugalité et de la parenté, c'est-à-dire non seulement dans ce que chacun de ses parents lui donne, mais aussi dans ce qu'il perçoit de ce que se donnent ses deux parents entre eux. L'extension rapide du divorce et sa banalisation sur une période très courte nous amènent à considérer celui-ci comme une fatalité des temps modernes qui, pour être encore mal assimilée, nous prive d'une réflexion libre et créative.

Tous les couples séparés ou en voie de l'être ne sont pas prêts à engager cette réflexion, et notamment à questionner ainsi leurs responsabilités parentales hors des liens conjugaux. Mais certains le peuvent et le veulent. « Nous sommes un couple parental, me disait la première fois où je les rencontrais ce jeune père de famille accompagné de son ex-épouse. Nous ne vivons plus ensemble mais nous cherchons à réfléchir à notre façon d'être parents. » De telles démarches inspirent le respect. On y pressent un champ d'exploration nouveau, un défi à relever pour les générations à venir : comment un homme et une femme séparés peuvent-ils « conjuguer » leur présence auprès de l'enfant sans vivre ensemble ? Qu'y a-t-il à inventer pour qu'un enfant puisse, au-delà de la séparation de ses parents, continuer à puiser des forces vives dans le grand flux psychique de la filiation ?

La famille en loft, ou la filiation au risque de la recomposition

La maison « racontée » parle souvent de ses habitants, de la façon dont ils vivent ensemble et des liens qui les unissent. Sophie était intarissable sur son loft. Ancienne fabrique rénovée il y a quelques années, ce loft, c'était toute sa vie, ou plus exactement tout ce qu'elle voulait que sa vie soit : un paradis sur terre, une thébaïde familiale. Dans ce lieu hors du monde vivaient ensemble la jeune femme et son compagnon, deux enfants nés de leur union et quatre autres nés de leurs mariages précédents. Les « ex » se mêlaient ponctuellement au groupe.

Les chambres étaient disposées autour d'un vaste séjour. Pas de porte, peu de cloisons. Enfants et parents circulaient librement dans un espace/temps pressenti commun. Cette vie en loft, à mesure qu'elle m'était décrite, m'apparaissait comme la métaphore d'un certain type de vie de famille où la recomposition repose sur le regroupement de filiations différentes, où les générations se côtoient de près, hors de tout lien obligé.

Jusqu'aux années 1970, les parents étaient des gens mariés qui élevaient des enfants qu'ils avaient, en général, mis au monde. Cet état de fait n'est plus une évidence. Aux États-Unis, 50 % des enfants ne vivent plus avec leurs parents biologiques. Il existe aujourd'hui des parentés biologiques, légales, sociales, affectives qui ne se superposent pas entièrement. La pluri-parentalité et la parentalité fluctuantes sont devenues courantes. En raison des divorces et recompositions familiales, de la PMA et de l'homoparentalité, il est de plus en plus courant qu'un enfant ait des parents biologiques, des parents légaux et des parents sociaux. On peut être l'enfant d'un couple qui ne vous a pas conçu, conçu par des parents qui ne vivent pas en couple, éduqué par des parents qui n'en ont pas le statut légal. L'exercice parental à plusieurs est devenu courant. Par boutade, on dira que les parents ont moins d'enfants et que les enfants ont plus de parents qu'autrefois. On ajoutera que le nombre des parents que l'on a peut se modifier au cours de la vie. L'ensemble procure donc une impression de mouvance, de confusion qui tranche avec la fixité filiative d'antan.

L'enfant contemporain grandit ainsi au cœur d'une filiation arborescente où les liens familiaux sont à la fois emmêlés et fragmentés. Il se familiarise à la pluralité des places, des rôles et des statuts. Il s'accommode d'identifications partielles, superficielles. Le flexible l'emporte désormais sur l'ancrage. Chacun se vit un peu comme l'autre. L'enfant est un peu parent, le parent toujours adolescent. Les catégories s'interpénètrent et se contiennent l'une l'autre. « Je suis l'homme de ma mère, le père de ma petite sœur et, à certains moments, le frère de mon père qui vit seul, loin de la maison. Auprès de chacun, je suis un autre », confiait ce collégien en cours de consultation. Cet enfant-là, comme d'autres, avait éprouvé la fragilité des liens familiaux. Ce qu'il en déduisait, plus ou moins consciemment, c'était sa propre vulnérabilité face à l'attachement. L'union des adultes était trop aléatoire pour qu'il s'y réfère inconditionnellement. Mieux valait se greffer ici et là à défaut de s'ancrer plus profondément.

Ce que la culture du loft met particulièrement en évidence, c'est l'aisance des nouvelles familles à se mouvoir dans un espace faiblement différencié. Si dans la « maison de maître » – entendons la famille patriarcale –, les différences ordonnaient les espaces, ne cessant de faire parler d'elles, dans le loft contemporain, l'indifférencié s'installe sous couvert d'harmonie, de façon insidieuse, sans faire de bruit. Il gagne les esprits et les mœurs en silence.

L'écart entre les générations peut être reconnu, mais il est surtout perçu dans une dimension temporelle. Il se résume à une différence d'âge. Certains sont plus avancés que d'autres sur l'échelle du temps. Les grands vivent ainsi auprès des plus petits qu'ils n'ont pas nécessairement engendrés, ni accompagnés pendant la première enfance. Les générations en présence n'occupent plus des rives opposées. Elles ne se tiennent plus en vis-à-vis autour de cette discontinuité majeure que représente le grand nouage de la dette et du don. Dit d'une autre façon, la relation parent/enfant peut être qualitative, éducative, affective, mais elle n'est que partiellement – parfois très peu – filiative.

Il convient de garder à l'esprit que, au-delà d'un certain niveau d'indifférenciation, la filiation est impossible. Et si la filiation est impossible, le risque d'inceste s'accroît. Car la filiation est garante des interdits familiaux et, en particulier, de l'interdit de l'inceste. « Nul ne saurait avoir de commerce sexuel avec celles et ceux qui sont engagés par la circulation du don et de la dette, axe du lien de filiation [1]. » Moins la famille est filiative, plus s'accroît la potentialité incestueuse.

Certains parents sont intuitivement sensibles à ce risque, comme en témoigne l'anecdote suivante. Une adolescente, fille unique, vient d'avoir ses premières règles. Son beau-père salue l'événement avec une familière gaieté : « À présent,

1. Christian Flavigny, *Avis de tempête sur la famille*, Paris, Albin Michel, 2009, p. 104.

dit-il, j'ai deux femmes à la maison... » Ce qui amène la mère à réajuster sur le même ton d'humour: «Non, tu as une femme et une jeune fille !» La ponctuation, anodine en apparence, n'a rien de sentencieux. Elle rétablit pourtant l'écart entre générations. Elle réaffirme la réalité filiative et dissuade le fantasme incestueux. À l'opposé de cette remarque, écoutons la lucidité rétrospective d'une autre mère évoquant un inceste familial entre «quasi-frères et sœurs»[1] : «Dans ce qui est arrivé chez nous, chacun a sa part. J'ai la mienne. Il y a eu des proximités que je n'ai pas empêchées, des complicités que j'ai laissé faire. Nous étions bien ensemble... » Si de tels témoignages méritent d'être relatés, c'est parce qu'ils nous rappellent que la différence est un principe de croissance. Aider un enfant à grandir, c'est ménager autour de lui un espace suffisamment différencié entre hommes et femmes, entre parents et enfants, entre frères et sœurs. C'est promouvoir constamment la pensée de la différence.

Au regard de configurations familiales atypiques, s'est imposée la notion de compétence parentale puis, dans la foulée, celle de parentalité (voir chapitre 7) à laquelle il nous faut revenir, pour l'opposer ici à la notion de parenté. Ce que la parentalité interroge de façon prioritaire, c'est la teneur de la fonction parentale, celle-ci pouvant s'exercer hors de la filiation. En effet, dans les familles recomposées, les beaux-parents ou les coparents ont à endosser des responsabilités dont bien souvent les «premiers parents» se sont dessaisis.

La parentalité est concrète, pragmatique. C'est une notion opératoire qui répond au désarroi des nouvelles familles dans lesquelles les places sont souvent mal définies et difficiles à désigner. On peut se la représenter à travers des actes,

1. Les quasi-frères et sœurs n'ont pas de lien de parenté génétique mais vivent ensemble, sous la responsabilité des adultes qui ne sont pas leurs parents.

des attitudes, des comportements qui s'ajustent au gré de la pratique éducative et des innombrables débats que celle-ci soulève : que faire, que dire, que penser, face à telle ou telle situation ? La parenté a peu de chose à voir avec ce pragmatisme. Elle se noue autour du lien obligé et ne cesse de désigner les places et les différences.

Dans le contexte de recomposition familiale, on parle souvent de références ou de figures parentales. La figure contemporaine du référent peut être rapprochée de celle du témoin qui, elle-même, admet une gradation. Au niveau le plus commun, le témoin se trouve là par hasard. Il a vu et, si on le lui demande, il peut rendre compte. À un niveau plus élevé, le témoin peut attester d'une vérité, d'un engagement ou d'une relation.

Cette idée d'un témoignage est au cœur de la filiation psychique. Le parent-témoin n'est pas celui qui fut à l'origine mais celui qui peut attester de l'introduction au monde de l'enfant, de son humanisation première. Peu ou prou, ce parent-témoin s'est senti obligé envers cet enfant et, en retour, lui a demandé d'être son obligé. À partir de cette mutualité de l'échange, il peut témoigner du nouage entre deux générations, du passage de l'une à l'autre. Il est un passeur d'histoire en même temps qu'un passeur d'homme. « J'ai eu trois pères, disait un analysant. Un seul a compté. C'est celui qui m'a conduit à l'école, m'a puni et m'a fait rire. Dans le père que je suis aujourd'hui, il y a cet homme qui, sans être mon géniteur, m'a regardé comme son fils. »

C'est parce qu'elle s'inscrit dans cette rencontre filiative que l'action éducative se légitime. En dehors, elle relève du savoir-faire. Elle dépend d'une compétence inégale et donc toujours contestable. À l'extrême, elle peut être vécue par l'enfant comme arbitraire : « De quelle place me parle donc ce beau-père / cette belle-mère ? Qui est-il / elle pour me contraindre ? » « Ce type-là, commente Axel en parlant de son récent beau-père, il est sympa. Le seul problème, c'est qu'il est mon beau-père ! – Qu'est-ce qu'un beau-père ? lui demandé-je. – C'est un invité qui reste… » Hors d'un espace filiatif, le beau-père n'a aucune légitimité pour éduquer. Car ce qui légitime l'éducateur, ce n'est ni sa place de nouveau conjoint, ni sa compétence personnelle, ni même la qualité affective de la relation. C'est bien davantage la mémoire de son engagement passé dans son rôle de témoin. C'est la qualité et la force de ce témoignage. Il est peu probable que la légalisation du statut de beau-parent ait un impact très profond sur cette légitimité lorsque celle-ci est manquante. Le juridique peut définir des rôles, soutenir une fonction éducative, mais il ne peut pas désigner une place symbolique.

En écoutant certains parents évoquer leur vie de famille recomposée, il m'arrive souvent de m'interroger : que deviendra l'enfant qui a grandi dans une famille en loft ? Ne préjuge-t-on pas de la capacité d'un être humain de se construire dans un espace filiatif à ce point brouillé, fragmenté ?

Une tentation serait de retrouver la « maison de Maître » qui était aussi celle du père. Fermer les portes, remettre des cloisons, des limites, rétablir les distances, les différences, réinscrire une certaine géométrie de l'espace familial… En bref, sortir du loft. Une autre consisterait à s'habituer à l'idée qu'il est possible de s'humaniser dans des espaces moins différenciés, voire de trouver un gain possible dans une telle arborescence… Après tout, l'enfant contemporain, qui a grandi au rythme des ruptures et des recompositions, n'est-il pas plus adaptable, plus flexible que l'enfant d'autrefois ? Cet enfant, appelé dès son plus jeune âge à côtoyer des formes inédites d'alliance et de parenté, ne pourrait-il pas puiser une richesse relationnelle dont il fera une force ?

L'homoparentalité, fait minoritaire ou question d'époque ?

Il faut ici nous arrêter un moment sur la question de l'homoparentalité[1]. Ce phénomène minoritaire, relativement marginal, est néanmoins totalement inédit puisque aucune culture n'a, jusqu'à présent, légalisé une parenté homosexuelle[2]. Son intérêt médiatique s'explique en grande partie dans le cours des mutations importantes qui affectent la famille contemporaine. Aux États-Unis, on évalue à plusieurs millions le nombre d'enfants vivant dans une famille homoparentale. En France, à plusieurs centaines de milliers[3].

Deux types de situation familiale se détachent dans ce paysage très disparate, chacune ayant son vécu singulier et ses difficultés propres.

Dans les familles à structure biparentale, les enfants sont exclusivement élevés par leurs parents de même sexe. L'un d'eux, désigné dans le livret de famille pour avoir reconnu ou adopté l'enfant, a le statut de parent légal. L'autre, en charge éducative, considéré comme parent social, n'est pas reconnu par la législation française. L'arrivée de l'enfant a pu se faire par adoption. La loi française permet en effet qu'un enfant soit adopté par un couple marié depuis plus de deux ans ou par une personne seule de plus de

1. Le terme « homoparentalité », créé en 1997 par l'Association des parents gays et lesbiens (APGL), est un dérivé du terme de « maternalité » utilisé par Paul-Claude Racamier. C'est un contresens, puisqu'il signifie littéralement « même parent ». Il définit toute situation familiale où une personne se désignant comme homosexuelle est le parent d'un enfant.

2. Maurice Godelier note que les anthropologues, après inventaire de tous les systèmes de parenté existant sur terre, n'ont pas trouvé de famille homoparentale. « L'homoparentalité constitue une évolution irréversible », *Le Monde*, 4 décembre 2010.

3. Martine Gross et Mathieu Peyceré, *Fonder une famille homoparentale*, Paris, Ramsay, 2005, p. 23-24.

vingt-huit ans[1]. Dans d'autres cas, l'enfant a été conçu par procréation, c'est-à-dire par insémination artificielle avec donneur pour un couple de lesbiennes ou, plus rarement, par recours à une mère porteuse (maternité pour autrui) dans le cas d'un couple de gays[2].

Les familles à structure multiparentale regroupent elles-mêmes deux types de situation. La plus courante est celle des familles recomposées. L'enfant est né d'une union hétérosexuelle antérieure. Il a donc connu une première étape filiative. De près ou de loin, il a été mêlé au changement d'orientation sexuelle d'un parent et à la décomposition de la famille d'origine. Dans un second type de situation, la famille s'est composée sur le mode de la coparentalité. Un homme et une femme ont conçu un ou plusieurs enfants et les élèvent, en vivant en couple avec une autre personne de même sexe. Il s'agit donc d'une union hétérosexuelle entre deux couples homosexuels. Il peut donc y avoir deux à quatre personnes autour de l'enfant, c'est-à-dire plusieurs espaces de filiation susceptibles de s'entrecroiser. Cette modalité ne nécessite aucune autorisation légale. L'éducation reposera sur la garde alternée dont les modalités seront définies par une charte de coparentalité.

Du côté des parents, une difficulté fréquemment évoquée en consultation concerne l'engagement asymétrique des deux adultes auprès de l'enfant. Un seul parent est légal. C'est le parent biologique ou adoptant. L'enfant porte son nom et, en cas de décès, héritera de lui. Le parent social n'a pas de statut

1. Cette disposition légale a pour conséquence la dissimulation des procédures d'adoption excluant le conjoint pour la bonne raison que la mention de l'homosexualité sur un dossier d'adoption entraînerait un refus d'agrément.

2. Ces techniques sont actuellement interdites en France dans un contexte homoparental. En revanche, elles se pratiquent aux Pays-Bas, au Luxembourg et en Belgique. Elles incluent des variantes allant du donneur totalement anonyme au donneur connu, voire, dans certains cas, au père identifié, susceptible de devenir un référent paternel.

légal et se trouve inévitablement en difficulté dans son rôle d'éducateur. Pour bien des couples, la solution la meilleure consiste, en l'état des choses, à recourir à une adoption simple puis à demander le partage de l'autorité parentale.

La question de la visibilité – ce qu'on appelle communément le « *coming-out* », la « sortie du placard » – est également constante. Dire ou ne pas dire la vérité ? Comment ? À qui ? Où s'arrête cette injonction de transparence ? Où est la juste mesure entre la clandestinité qui cache et la pudeur qui protège ? Cette question sera quotidienne pendant de nombreuses années. Devenir parent, lorsqu'on est homosexuel, c'est s'engager à assumer socialement son homosexualité, c'est-à-dire à prendre en compte de probables réactions homophobes. Celles-ci se nourrissent essentiellement de la prégnance du fantasme sexuel et du cortège d'ombres que celui-ci véhicule. Là prendrait naissance une présomption d'incompétence parentale, par ailleurs accréditée par la société actuelle, puisqu'un couple pacsé ne peut ni adopter ni avoir recours à la PMA.

Du côté des enfants, les difficultés sont également présentes. La question de l'origine, plus complexe qu'il n'y paraît, fait actuellement l'objet de nombreux débats : il y a quelque temps encore, le geste procréatif médical par insémination artificielle avec donneur anonyme reposait sur une dissimulation de l'origine biologique. Le maintien du secret de l'origine est largement remis en question aujourd'hui en raison de l'assertion selon laquelle l'enfant doit connaître l'histoire de sa conception et de sa naissance, faute de quoi il risque de se trouver, un jour ou l'autre, en difficulté face à son avenir. En ce sens, il faudrait différencier les homoparentalités dont l'origine n'est pas cachée (homoparentalités secondaires dans le cas des familles recomposées et coparentalités) de celles dans lesquelles l'arrivée de l'enfant s'est faite dans l'anonymat et la transgression (adoption ou PMA).

De récentes études françaises et américaines ont cherché à prouver l'« innocuité homoparentale » : la qualité parentale serait sans rapport avec l'orientation sexuelle des parents. Aucune de ces études ne mentionne le lien entre la qualité de l'homoparentalité et la nature de l'homosexualité des parents. Or l'homosexualité recouvre des champs psychologiques très variés.

Il existe *des* homosexualités qui engagent différemment la maturité homoparentale. Certaines d'entre elles ne sont pas dominées par des enjeux narcissiques majeurs et laissent la relation ouverte au monde et à autrui. D'autres s'inscrivent dans un climat d'insécurité identitaire plus marqué. Les défaillances de la symbolisation sont plus présentes, l'altérité, mal acquise, est parfois problématique : l'autre (l'ami, l'enfant), insuffisamment différencié, peut alors être inconsciemment appelé à soutenir l'identité par l'identique, à réassurer un sentiment d'existence précaire. De telles homosexualités semblent peu conciliables avec une vision éducative.

Quoi qu'il en soit, on peine à se représenter les répercussions à long terme d'une enfance privée dès l'aube de la vie du principe même de la différence des sexes, c'est-à-dire de la présence d'un père et d'une mère. Dans les échanges que j'ai pu avoir avec certains homoparents, un fait retient mon attention, c'est la dissociation entre les deux principes de différence. La différence des sexes est tenue pour négligeable alors que celle des générations est bien souvent considérée comme fondatrice des rapports humains et, à ce titre, retenue comme une référence incontournable. Une telle disjonction paraît pourtant difficilement pensable. Toute filiation s'inscrit dans la différence des sexes, de même que l'identité sexuée se définit dans une différence générationnelle. Être une fille, c'est être né d'un corps du même sexe que le sien. Être un garçon, c'est être issu d'un corps de sexe différent.

Au terme de cette réflexion, il nous faut bien reconnaître que, si la famille homoparentale est un fait minoritaire, elle est aussi une réalité d'époque.

Quand la famille recomposée efface la différence des générations, la famille homoparentale néglige la différence des sexes. L'une et l'autre sont emblématiques d'un certain état d'esprit contemporain où les grandes différences ne s'imposent plus dans leur portée symbolisante et universelle mais se trouvent démultipliées dans une série de différences réduites, amenuisées, qui appellent à de nouveaux types de liens, de sentiments et d'usages. La famille, c'est aujourd'hui l'espace enchanté des petites différences : l'autre existe. Il est là. Il n'est pas nié. Il n'est pas absent. Mais il est moins sexuel, moins générationnel. Il est un frère envers lequel on ne se sent pas obligé et qui, lui-même, n'a pas le pouvoir de contraindre.

« Y a-t-il encore quelqu'un ? »
De l'adresse à la reconnaissance

« Tu ne m'as jamais écoutée », disait une adolescente à sa mère au cours d'un entretien familial. « Comment l'aurais-je pu puisque tu ne m'as jamais parlé », répondit celle-ci. « Mais si tu m'avais écoutée, je t'aurais parlé… » Ce dialogue de sourds, comme seules mères et filles peuvent en avoir, met pourtant en évidence un aspect essentiel : l'écoute précède la parole et la promeut. Sans l'illusion qu'il sera compris, l'*infans*, celui qui ne parle pas, n'oserait pas ce saut prodigieux que constitue l'accès au langage. Avant d'apprendre à prononcer les mots et à les ordonner, cet enfant apprend à les diriger. Ce qui fait advenir la parole, c'est le creux d'une oreille.

Paul Ricœur souligne la différence entre la parole et l'adresse : « Dire quelque chose, c'est le sens ; sur quelque chose, c'est la référence à l'extralinguistique ; à quelqu'un, c'est l'adresse, base de la conversation[1]. » Il y a en effet une fonction du langage qui vise à établir et à maintenir le contact avec l'interlocuteur. En cherchant le vis-à-vis, l'adresse soutient l'élan vers l'autre. S'adresser à quelqu'un, c'est se tendre vers lui et déjà attendre de lui une écoute. Accepter d'être l'adresse de l'autre, c'est donner à cet autre la possibilité de parler. C'est donc, en deçà du message lui-même, reconnaître l'existence d'une parole et d'une demande.

Cette adresse dont est attendue une reconnaissance est au fondement de la filiation psychique. Il y a dans l'adresse de l'enfant à son parent la recherche d'un interlocuteur susceptible d'entendre, de répondre, de se porter garant, de cautionner, d'interdire, de protéger. « Je m'adresse à toi mon père / ma mère et j'attends en retour que tu me reconnaisses comme ton enfant. J'ai besoin de te rencontrer dans le vis-à-vis, d'être "en-visagé" de toi, car toi seul peux me dire en me regardant qui je suis. » Il y a dans la reconnaissance du parent une attestation qui instaure la réciprocité filiative. « Je te reconnais. Tu es mon enfant. Être père / mère m'oblige à te répondre, à répondre de toi... » Notons au passage que l'autorité véritable s'exerce dans cette rencontre, ce qui la différencie du pouvoir qui, lui, s'exerce en aveugle, sans connaître le visage de l'autre. C'est parce que l'enfant est reconnu par ceux qui ont la charge de l'élever qu'il s'adresse à eux. C'est parce qu'il s'adresse à eux qu'il peut espérer être reconnu comme sujet de sa parole.

Pendant le long trajet de l'enfance, l'adresse et la reconnaissance se croisent et se décroisent, s'appellent et s'interpellent, se renforcent mutuellement. On pourrait se représenter la filiation à l'aune de cette constante confirmation croisée entre parents et enfants, dans l'ordinaire des jours, des gestes et des paroles échangées, dans l'« entre-nous » du regard, du dialogue et de l'action partagée.

1. P. Ricœur, « Devenir capable, être reconnu », art. cité.

Le besoin de s'adresser à l'autre, de le prendre à témoin de ce que l'on dit et de ce que l'on est, est au fondement des aspirations filiatives et, plus largement, des relations humaines. Ce qui permet l'adresse, c'est une qualité pressentie d'écoute et de présence. On s'adresse toujours plus loin que celui auquel on parle. On parle toujours à d'autres qu'à celui auquel on s'adresse. « Même celui qui est complètement abandonné par les gens, les fantômes, par l'animal et par les choses, même celui qui parle tout seul, ne parle pas pour lui-même », dit le poète Vladimir Holan[1]. Ce qui a été précocement éprouvé de la fiabilité de l'adresse, c'est-à-dire de la disponibilité psychique du parent, engage grandement le rapport à l'autre.

La façon dont les générations s'adressent les unes aux autres a toujours représenté une difficulté dans l'histoire des hommes. Et les grands récits mythologiques ou bibliques, gorgés de violences parricides, témoignent de cette fatalité. Le relais entre les générations n'est jamais simple et la filiation n'est jamais pure. Car, en même temps qu'il se noue entre parents et enfants, le lien obligé se charge d'une mémoire affective faite d'amour et de haine.

Hier, la puissance démesurée des figures parentales dissuadait l'adresse. La « Lettre au père » de Franz Kafka[2], exemplaire à cet égard, illustre l'insoumission majeure que représenta pour les générations passées le simple fait d'oser le vis-à-vis. Le lien filiatif était alors d'une telle puissance qu'il décourageait tout échange. Certains adultes pourraient témoigner de cet interdit de parole généré par une parenté écrasante et dissuasive. Ainsi cet homme bouleversé à l'écoute de ses propres mots : « Je réalise n'avoir jamais parlé à mes parents. Ils étaient mes parents… J'étais leur fils. À partir de là, nous n'avions plus rien à nous dire. »

1. Cité in Sylvie Germain, *La Pleurante des rues de Prague*, Paris, Gallimard, 1982, p. 29.

2. Trad. Marthe Robert, Paris, Gallimard, 2009.

Aujourd'hui, entre les générations, l'échange est plus simple, la parole est plus libre et on ne peut que se réjouir de cette évolution. Pourtant, de nombreux enfants ou adolescents peinent à trouver chez leurs parents un lieu d'adresse. Il peut y avoir beaucoup de monde à la maison sans que personne ne soit là. Pour de multiples raisons, parfois légitimes, les parents ont du mal à se rendre psychiquement disponibles à l'enfant. Celui-ci perçoit cette absence : «Quand je pousse la porte de la maison, je me pose la question : y aura-t-il quelqu'un ? Souvent la maison est pleine. Mon père absorbé devant son ordinateur, ma mère à la cuisine ou devant une de ses émissions préférées, mon petit frère à sa console de jeux ou à ses devoirs. Tout le monde est là, et pourtant il n'y a personne. La semaine dernière, à la porte de ma chambre, j'ai affiché ce mot : "Je n'y suis pas." Moi aussi, je serais pris ailleurs.» L'adolescent qui s'exprimait ainsi était capable d'humour. Ce n'est pas toujours le cas. Le recours à des moyens plus radicaux, agressifs ou transgressifs, s'avère parfois nécessaire pour forcer chez des parents indisponibles psychiquement une présence qui se refuse : «Toi, dont j'ai besoin, es-tu là ?»

Dans les familles recomposées, les figures d'adresse peuvent être multiples, intermittentes, confuses. «Mon référent pour l'école, disait une adolescente, c'est mon père. Ma mère, c'est les vacances et les vêtements. Pour les sorties, c'est l'embrouille... Mon beau-père s'en mêle et ça ne va plus.» On s'interroge, bien sûr, sur la construction d'un sujet dont la parole ne s'adresse plus et ne se reçoit plus dans un échange singulier mais se distribue au gré de références multiples, parfois mal différenciées ou éphémères. Un enfant ne peut devenir sujet de sa parole que s'il est en mesure d'identifier la place générationnelle et l'identité sexuelle de celui (ou de celle) auquel il s'adresse. À qui s'adresse l'enfant d'une famille dans laquelle les places, et parfois les identités sexuelles, sont mal définies ? Cet enfant aux multiples interlocuteurs n'est-il pas prédisposé à une moindre cohésion identitaire ?

Aujourd'hui, chacun est libre de parler, mais l'individu s'engage moins dans ce qu'il dit. Il répond moins de sa parole, il en est moins responsable. Ce qui fait qu'en retour chacun s'habitue également à ne plus recevoir la parole de l'autre ou, du moins, à la prendre pour ce qu'elle vaut, c'est-à-dire une parole dévaluée. Au sens fort, la parole n'est plus souvent une parole donnée. C'est tout le rapport à l'autre qui se trouve ainsi désengagé. Ce relâchement est un lourd tribut payé à l'individualisme, pourtant rarement perçu comme tel mais plus souvent exprimé en termes de solitude. Y a-t-il encore quelqu'un ? Quelqu'un qui m'entende et me réponde ? Et s'il n'y avait personne ? Il y a des lettres qui ne parviennent jamais à destination. On les dit en souffrance. Ainsi seraient certaines paroles de n'avoir jamais été entendues. Elles continuent à errer puis renoncent.

L'importance accordée au phénomène d'écoute, l'injonction culturelle de « se mettre à l'écoute » viendrait signifier cette fragilité ambiante de l'adresse et le besoin d'y remédier. Ce besoin d'écoute, à une époque pourtant si bavarde, explique pour une grande part le succès des psychothérapies. Ce que l'on demande à un psychothérapeute, c'est, avant toute chose, de consentir à être le témoin privilégié d'un certain récit. Dans le cabinet du psychanalyste, la question prend une résonance très singulière dans la mesure où, par le jeu du transfert, ce qui est dit au psychanalyste s'adresse en réalité à d'autres personnes, appartenant à l'histoire passée. L'adresse se démultiplie dans le jeu des correspondances : « À travers moi, à qui vous adressez-vous ?, pourrait demander l'analyste à son patient. Qui parle à qui ? Qui se tient en vis-à-vis ? » Dans ce déploiement des adresses et de leur interprétation transférentielle réside la singularité de l'approche psychanalytique : rétablir la confiance dans la parole donnée, particulièrement lorsque celle-ci a été trahie, déformée ou perdue.

L'homme qui s'engage dans le siècle nouveau n'a jamais eu autant de connaissances, de liberté, d'intelligence, de savoir-faire. Pourtant, il est inquiet, mal assuré, souvent désorienté. Ses relations sociales ou privées sont entachées d'une angoisse de la place, d'une sensibilité à la réassurance, d'un énorme besoin de reconnaissance. «Quand serons-nous suffisamment reconnus ?, interrogeait Paul Ricœur. Il y a dans cette quête, une sorte de mauvais infini[1].»

Cette lutte inflationniste pour la reconnaissance qui fragilise le lien social n'est pas étrangère aux aléas de la filiation psychique. Lorsque parents et enfants ne se sont pas assez tenus dans le vis-à-vis, lorsqu'ils ne se sont pas assez «donné la réplique», on peut craindre que ce qui ne s'est pas échangé ne laisse chez l'enfant une soif inextinguible. La reconnaissance ne cessera d'être cherchée, appelée en miroir dans le regard de l'autre, attendue de parents, de collègues, d'amis, comme une réponse qui taraude parce qu'elle ne fut pas assez donnée au départ. «Dites-moi d'où je parle, à qui je m'adresse. Confirmez-moi dans ce que je dis, reconnaissez ce que je suis.» Mais parce qu'elle est anachronique, la question risque fort de ne pas être (suffisamment) entendue et de continuer à tourmenter celui qui la pose. Certains parents en viennent ainsi, à leur insu, à transférer cette question à l'enfant lui-même, alors appelé dans une inversion générationnelle à restaurer le doute identitaire. Pierre est très attaché au fils unique de sa compagne, mais leur relation reste difficile : «Qui suis-je pour cet enfant ?, s'interroge-t-il. Certainement pas un père ! Un oncle, à certains moments ? Un grand frère ou un parrain ? Puisque je ne sais pas qui je suis pour lui, j'ai bien du mal à me représenter ce que je suis tout simplement. Voilà ce qui me manque... Une nomination, un nom, un "papa", une raison d'être.»

Ce besoin de reconnaissance, lorsqu'il est trop massivement

1. P. Ricœur, «Devenir capable, être reconnu», art. cité.

adressé à la génération suivante, aura pour conséquence de fragiliser celle-ci, car tout ce qu'un enfant met de lui-même à la disposition du narcissisme parental, il s'en prive et s'en trouvera appauvri. La « faille » se creuse toujours dans la faille d'un autre. Ainsi passe-t-elle d'une génération à une autre, secrètement portée par le cours de la filiation.

Cet individu si préoccupé de la question de la reconnaissance fut peut-être un enfant auquel n'a pas été désignée la différence des générations et des places. Il reste marqué par ce manque d'assignation initial qui aurait pu le légitimer. Il n'a pu trouver son abri subjectif. Il ne sait plus très bien où il est, ni où il va. C'est un homme désinscrit, un étrange locataire aux identités multiples. Pour quelque raison oubliée, il ne s'est pas logé en lui-même. Ce qui lui manque, c'est un chez-soi.

On peut penser qu'hier l'assignation fut trop marquée, la place désignée avec trop d'insistance. Aujourd'hui, le jeu de la reconnaissance s'est considérablement relâché. Hier, le lien obligé entre les générations faisait la force, au risque, il est vrai, de la liberté. Aujourd'hui, le lien dénoué court plus libre, mais au détriment de la force filiative et du fondement identitaire. Toutes les techniques de psychologie visant à l'épanouissement de soi ne seront jamais qu'un emplâtre sur une jambe de bois. Comme le dit Marcel Gauchet à propos de l'enfant né du désir d'enfant : « La chaleureuse estime de soi qu'on se sera efforcé de leur insuffler n'y aura rien fait : quelque chose leur aura fait défaut, justement, pour acquérir ce soi, pour devenir eux-mêmes[1]... »

1. M. Gauchet, « L'enfant du désir », *loc. cit.*, p. 120.

IX

La marche des innocents

Retrouverons-nous la pensée du mal ?

Voilà trop longtemps que je vivais près de ma conscience.
Je voulais fuir le poids des ombres et celui de la chair.
Je rêvais d'innocence.
J'avais beau m'étourdir, le fond de l'air restait lourd. Je n'étais plus coupable, mais je devenais fragile, anxieux.
J'avais la chair à vif. Mes douleurs étaient démesurées.
Il fallut me rendre à l'évidence. Une vie, ce n'est jamais très propre...
Mais comment réhabiliter la pensée du mal ?

Il y a bien longtemps, j'ai rencontré, alors qu'il était hospitalisé en psychiatrie, un homme fortement déprimé, philosophe de profession, qui m'a tenu les propos suivants : « Voilà des années que l'on cherche à m'enlever ma faute. Et moi, voyez-vous, j'y tiens. Cela ne m'intéresse pas de savoir de quoi je suis coupable. Je sais que je le suis, cela suffit. »

Il ne convient pas ici de s'attarder sur la détresse mélancolique qui émane de ces paroles. Il n'est, en revanche, pas anodin que celles-ci, longtemps oubliées, me reviennent à l'esprit, au début d'une réflexion sur la relation que l'homme contemporain entretient avec le mal. C'est la noblesse de certaines douleurs morales de détenir une part de vérité universelle. Ainsi les grands malades sont-ils, parfois à leur insu, les interprètes des dérives et des écueils d'une époque.

Hier, la société culpabilisait ce qui aurait pu demeurer

innocent. Aujourd'hui, voudrait-elle innocenter ce qui devrait rester coupable ? Voilà comment, bien longtemps après les avoir entendues, je comprends les paroles énigmatiques d'un homme rongé par la mélancolie : que l'on me rende ma faute, que l'on me rende le droit à une certaine culpabilité dont j'entrevois qu'elle est aussi le signe de mon humanité…

« Nous ne voulons plus de l'œil en nous »

Dans la société traditionnelle, la dualité bien / mal donne sens à l'existence et s'impose comme le fondement d'une culture qui ne cesse de rappeler à l'homme son combat contre le péché. Aux prises avec cette dualité, l'homme coupable est déchiré entre ses désirs et les interdits que la société lui impose. Sa santé psychique tient à sa capacité de transcender ce conflit : c'est l'âge d'or de la névrose.

Progressivement, cette ordonnance qui, depuis des siècles, charpentait l'histoire du monde occidental, s'effrite. Les institutions ne tiennent plus le même langage, ne désignent plus les mêmes interdits, ne sanctionnent plus de façon identique. Ce qui est permis d'un côté ne l'est plus de l'autre. Ce qui est dit ici se trouve contredit plus loin. À cette déliaison s'ajoute l'évolution extrêmement rapide des mentalités, en particulier dans le domaine des mœurs. Les figures emblématiques du mal s'effacent, se déplacent, se compliquent.

Loin du ciel, le sens moral perd sa dimension tragique. Si Dieu n'existe pas, tout n'est peut-être pas permis mais devient, tout au moins, questionnable. L'homme-individu se déshabitue de ce commerce frontalier entre ce qui est permis et ce qui ne l'est pas, entre le licite et l'illicite. En même temps qu'il se libère des tourments de sa conscience, il évacue le débat moral. Il refuse l'intériorité du mal. Il ne veut plus de l'œil en lui.

La division intérieure cède alors progressivement à la

confusion en soi. L'homme n'est plus déchiré mais, bien souvent, perplexe, inquiet, perdu. L'examen de conscience évolue vers l'introspection, la réflexivité. Il n'est plus question de s'accuser ou de se pardonner mais de comprendre, d'analyser, d'interroger le poids des héritages, l'enchaînement des événements, le choc des traumatismes. Les confessionnaux se vident et les cabinets des psychothérapeutes se multiplient. On ne vient certes pas y chercher l'absolution, mais on y travaille sur soi-même : les penchants, les travers, les transgressions cherchent à s'expliquer par des conditions psychologiques, affectives, ou encore par les traces ténues du mortifère qui courent entre les générations. L'analyse du passé non seulement justifie, mais elle excuse.

C'est en réalité toute une approche de l'être humain, de son rapport au monde et à l'autre qui se transforme. On pourrait parler au sens fort d'une « démoralisation », qui correspondrait à un retrait des valeurs morales au profit d'une autodétermination individualiste, laissant à chacun le pouvoir de poser et de déplacer les interdits, les repères et les limites, c'est-à-dire de vivre sa vie, à moindre mal, dans le meilleur des mondes possibles.

Parallèlement, se propage une intolérance grandissante à l'idée de culpabilité : péché, faute, morale deviennent des mots imprononçables. Ils appartiennent à l'univers morbide qui stigmatisa les générations précédentes et dont on ne veut plus.

Les dogmes de la déculpabilisation n'ont pourtant pas apaisé totalement le sentiment de culpabilité. Ils l'ont transformé et, de toute évidence, complexifié : « Je consulte, disait cette jeune femme, quelques mois après une interruption volontaire de grossesse décidée pour des raisons qualifiées de confort, parce que je me sens coupable..., non de mon geste lui-même, mais plutôt coupable de me sentir coupable. » Devant mon étonnement, elle poursuivait : « Mon compagnon, mes proches ne me comprennent pas : ce geste était légal. Je le souhaitais et je ne le remets pas en question. D'où vient alors cette mauvaise conscience qui ne me quitte plus ? Que dois-je en faire ? » Cette introduction, qui avait le mérite de poser assez clairement le débat, illustre un aspect de la culpabilité contemporaine. Le dilemme se situe moins entre le désir et l'interdit qu'entre la norme et la réalité subjective : tout me dit que j'ai le droit, or je me sens coupable. Pourquoi ? Que faire, en effet, d'une culpabilité s'il n'y a plus de faute réelle ? Si la loi autorise, si la norme permet, d'où vient le sentiment coupable ? Aider cette jeune femme à prendre la mesure d'une culpabilité à l'égard de ce qu'on pourrait nommer les « lois non écrites » lui permettrait-il d'éviter une dégradation ultérieure de sa qualité d'être et de sa vie intérieure ?

Des exemples de ce type abondent dans la clinique. Ainsi dessaisie de son objet, sans le support d'une faute réelle, la culpabilité ne parvient plus à s'inscrire dans le champ des représentations collectives. Elle n'a plus de lieu pour être et, dès lors, plus lieu d'être. Elle devient diffuse, flottante, comme peut l'être une certaine dépressivité par rapport à une dépression avérée. Culpabilité blanche, pourrait-on dire.

Si l'effacement de la faute ne draine plus la culpabilité consciente, la question du mal n'est pourtant pas évacuée. Elle se pose simplement en des termes différents : que faire du mal si, dans nos contrées complaisamment psychologiques, il n'y a plus personne pour le reconnaître et le désigner ?

On a beaucoup reproché à la psychanalyse d'avoir participé à cette déculpabilisation collective : fasciné par la découverte de son inconscient, l'homme en aurait oublié sa conscience morale... C'est aller un peu vite, car, pour le psychanalyste, il existe une culpabilité saine qui reconnaît le mal en soi et permet d'ancrer le sens moral indissociable de la subjectivité. Dans la théorie freudienne, le complexe d'Œdipe marque l'acmé d'un mouvement de culpabilisation chez l'enfant, éprouvé entre le moi et l'autorité parentale. De façon synthétique, on dira que la résolution de l'œdipe permet à la conscience morale de se former par l'intériorisation des interdits. La culpabilité vécue et progressivement transcendée avec l'aide de l'entourage permet à l'enfant d'accéder à une maturité psychique et affective. Parallèlement à cette culpabilité saine qui promeut un processus de transformation intérieure, la culpabilité pathologique, celle du névrosé en particulier, témoigne de la permanence anachronique d'une conflictualité œdipienne et d'une difficulté à pacifier le débat moral.

De l'importante théorisation psychanalytique, la post-modernité semble ne retenir que cette version morbide. Elle perçoit toute forme coupable, toute tension ou angoisse morale comme une imperfection constitutionnelle, un vice de fond. Elle ne différencie pas la culpabilité saine de la culpabilité névrotique. La santé psychique serait exempte d'états d'âme, de tourments et de conflits intérieurs. Elle s'apparenterait au silence de la conscience.

Ce qui, aujourd'hui, n'est plus pensable, c'est l'intériorité originelle du mal, le mal « déjà là », le mal comme composante de l'être que la tradition judéo-chrétienne appelle le péché originel et que la psychanalyse tente d'approcher avec les notions de pulsion de mort et de masochisme primaire.

L'homme des générations précédentes, convaincu d'être originellement pécheur, travaillait constamment à repousser sa culpabilité. La faute n'était jamais très loin. L'homme contemporain cherche, dès le début, à s'éprouver innocent. Il rêve d'une terre lointaine, de ce premier jardin peut-être, où tout était innocence. Il est habité d'une croyance singulière selon laquelle ce lieu existe quelque part… Il lui appartient de le découvrir ou, à défaut, de le fabriquer.

Clinique de l'innocence

On s'est culturellement habitués aux innombrables aménagements de conscience qui permettent d'évacuer ou de réduire la tension morale. Il y a d'innombrables degrés dans ce processus de déculpabilisation. Il y a d'infinies nuances dans la façon dont, autour d'une culpabilité refusée, se déplacent et se redistribuent les forces du mal. En fonction de ces réaménagements se sont progressivement révélées de nouvelles modalités relationnelles, de nouvelles façons d'être à autrui, mais aussi d'autres formes de malaise, d'autres troubles psychiques. Ainsi, selon la poussée de résistance mise en œuvre se dessinerait une clinique de l'innocence.

Ignorer le mal : faire l'ange ou l'enfant

Une première façon de se protéger de la pensée du mal, c'est de l'ignorer. À celui qui veut l'ignorer, cette pensée ne se pose pas. Et quiconque voudrait la rappeler apparaît d'emblée comme suspect d'être moralisateur, redresseur de torts, rabat-joie : « Pourquoi voir toujours le mal ? », « Pourquoi penser à mal ? », « Où est donc le mal ? ». Le tour de passe-passe est tel que, dans son appel à l'« ouverture d'esprit », l'« ange » parvient à culpabiliser celui qui se risquerait à rappeler l'énoncé moral : le mal, pourquoi en faire toute une histoire ? Ce refus d'un discernement moral s'accompagne souvent d'un retrait de l'intelligence critique, rationalisé en termes de bienveillance : « Ne portons pas de jugement… » Juger devient assimilable à préjuger, à mal juger et, face à l'injonction libérale éveille un soupçon d'intolérance. La liberté de conscience n'est alors plus très loin de la liberté d'indifférence, cette morale du « pourquoi pas ? », degré le plus bas de la liberté dont parlait Descartes.

« L'ignorant » est maître dans l'art de s'accommoder, d'éluder quand il faut, de contourner, de détourner. Il sait ne pas voir. Plus exactement, il ne voit que ce qui lui convient. Il n'est jamais corrompu par ce qu'il approche. Il passe. Il a appris à évacuer tout dilemme, à faire « comme si ça n'existait pas ». Il pourrait être « celui qui ne dort jamais » décrit par Christian Bobin[1], sorte « de diable sans noirceur, de diable enfantin », homme sans ombre parce que sans intériorité, comme dessaisi de la permanence de son être. Cet homme-là fréquente peu le cabinet du psychanalyste, et si d'aventure il s'y risque, c'est par erreur... Il ne s'y attarde pas. « Remuer le sombre de ma vie ne m'intéresse pas. J'ai besoin de lumière, d'action et de grand air », me disait, après quelques rencontres, un de ces visiteurs égarés. Ce point de vue était respectable. Tout le monde n'est pas fait pour s'aventurer dans les lieux intérieurs.

Il est pourtant étonnant de remarquer à quel point l'individu contemporain, si peu coupable, se montre parfois si prompt à avouer. Selon Michel Foucault, l'homme occidental se serait transformé en « bête d'aveu »[2]. Entre le refus de se culpabiliser et la propension à avouer, la contradiction n'est qu'apparente. Bien souvent, l'aveu n'est qu'une agilité de la conscience qui permet d'évacuer la tension morale et de gagner au passage un surcroît de narcissisme. L'aveu a donc plus souvent à voir avec l'exhibition qu'avec le sens moral : « J'avoue. Voyez donc, j'ai commis le mal et je l'ai vaincu. » Plaider coupable, c'est alors plaider pour soi, plaider sa cause. D'une certaine façon, c'est plaider l'innocence...

La voie de l'ignorance mène aux multiples stratégies de

1. Christian Bobin, « Celui qui ne dort jamais », in *La Part manquante*, Paris, Gallimard, 1989.

2. Michel Foucault, *Histoire de la sexualité, I. La Volonté de savoir*, Paris, Gallimard, 1976, cité par Jean-Claude Guillebaud, *Le Goût de l'avenir*, Paris, Seuil, 2003, p. 148.

l'insouciance, de la désinvolture et de l'irresponsabilité. « J'appelle innocence, dit Pascal Bruckner, cette maladie de l'individualisme qui consiste à vouloir échapper aux conséquences de ses actes, cette tentative de jouir des bénéfices de la liberté sans souffrir aucun de ses inconvénients[1]. »

Cette irresponsabilité bienheureuse, perceptible sur le plan collectif, peut être comprise comme la réplique opposée d'un désarroi éprouvé face à une excessive responsabilisation de soi-même. L'homme contemporain se tient au cœur de ce paradoxe qu'il ne cesse de vouloir négocier : en raison de l'exigence du pacte noué avec lui-même, il est à la fois soumis à une autoévaluation constante de ses choix et de ses actes, et, par ailleurs fasciné par l'enfance, tenté par le besoin anachronique d'en conserver les privilèges, en particulier l'insouciance. Un analysant très engagé dans sa vie professionnelle murmurait : « Il me vient l'image d'un jardin clos sous les platanes, un jardin où il serait possible de jouer sa vie sans avoir à la vivre vraiment… une grande récréation où chacun aurait le loisir de faire semblant et, si ça tourne mal, de dire : pouce ! J'arrête. Ce n'est plus du jeu ! »

La psychanalyse propose une autre lecture du phénomène de l'irresponsabilité ambiante. La responsabilité adulte n'est en effet possible que si elle s'est construite sur une culpabilité infantile, éprouvée et dépassée. Le petit enfant ne trouve l'accès à sa subjectivité qu'en transcendant ses vœux incestueux et la culpabilité qui leur est associée. À ce moment-là, l'innocence est à jamais perdue. Ce que nous pouvons formuler de la façon suivante : la culpabilité éprouvée ouvre à la responsabilité alors que l'innocence l'en prive. L'innocence, c'est le temps d'avant l'œdipe, le temps d'avant la pensée de la faute, le temps qui n'est pas encore soumis à la loi des hommes.

Les parents d'aujourd'hui semblent totalement gagnés à

1. P. Bruckner, *La Tentation de l'innocence*, *op. cit.*, p. 14.

l'idée que, pour s'épanouir et avoir confiance en lui, l'enfant ne doit pas se sentir coupable. Ils ne reconnaissent pas dans l'expérience infantile de la culpabilité la matrice de la responsabilité à venir. Ainsi, pour préserver l'enfant, leur arrive-t-il parfois d'endosser une culpabilité qui n'est pas la leur. Le fait n'est pas sans conséquences : il y a fort à parier que cet enfant qui n'a pas appris à user des ressorts maturatifs de la culpabilité devienne un adulte en mal de responsabilité. En ce sens, l'idée plaisante, peut-être même complaisante, selon laquelle on peut être responsable sans être coupable n'est pas fondée. En réalité, toute responsabilité repose sur un fond de mémoire coupable.

Ce qui est collectivement attendu, c'est que chacun fasse au mieux avec lui-même et s'accommode d'une autonomie allégée de toute responsabilité envers autrui. En ce point, le système individualiste se durcit car, ce que l'on a refusé de donner au collectif, il faut bien reconnaître qu'on en est également privé. Si chacun se désengage dans la vie sociale, il n'y a plus personne pour se porter garant vis-à-vis d'autrui. Plus la déresponsabilisation se généralise, plus il devient nécessaire de désigner un coupable et de le dénoncer. La responsabilité ne sera plus partagée mais imputée. Alors se distillent la peur, l'insécurité et la méfiance, à l'origine de nouvelles formes de souffrance psychique repérables, par exemple, sur la scène du travail et de l'entreprise.

Nous sommes ici au seuil de l'espace, devenu vénérable, des victimes, qui témoigne d'une étape plus marquée dans la clinique de l'innocence.

Souffrir le mal : être victime

La pensée de la souffrance est devenue la grande compagne de notre temps. Elle rôde autour de nos maisons et de nos vies. Avec elle, le mal n'est plus ignoré mais au contraire reconnu, clairement identifié et tenu à l'extérieur de soi. Le mal est là puisqu'on en souffre. Sa représentation est possible dans une mise en scène qui départage celui qui le commet et celui qui le subit.

Est mal ce qui fait mal à autrui, ce qui le blesse et lui porte atteinte. Ce qui fonde le mal, c'est alors moins le rapport à la loi que le rapport à autrui. Ce qui le caractérise, c'est moins la question morale que celle du préjudice : « Fais ce que tu veux, débrouille-toi avec ta conscience, mais surtout ne fais de mal à personne. » En cours de thérapie, une mère me disait que son fils, âgé de douze ans, avait pris beaucoup de plaisir à dépecer le cadavre d'un chien mort. Elle relatait le fait avec une sorte d'étonnement intrigué, mais, au cours du même entretien, elle soupçonna, avec inquiétude ce même garçon d'avoir des jeux sexuels avec sa petite sœur. Malgré mon invitation, il ne fut pas possible à cette mère de rapprocher la valeur transgressive et immorale de ces deux faits : jouir du corps d'un autre lui apparaissait condamnable dans la seule mesure où ce corps vivant était susceptible de souffrir : « L'animal était mort. Où est donc le mal ? » Telle fut, sur le moment, la teneur inquestionnable de sa réflexion. Cet exemple illustre un état d'esprit contemporain dans lequel la notion de tort fait à autrui détermine l'appréciation du mal commis. Ce fait n'est pas étranger à la morale de consentement dont Michela Marzano interroge les fondements [1]. Tout se passe, dit la philosophe, comme si le consentement légitimait l'action : ce qui est mal, c'est d'infliger à autrui ce à quoi il n'a pas consenti.

De cet état d'esprit se nourrit l'idéologie victimaire. La victime est celle qui n'a pas consenti. Dans une culture marquée par l'effacement du sens moral, les catégories du bien et du mal semblent s'effacer sous celles de victime et

1. Michela Marzano, *Je consens, donc je suis... Éthique de l'autonomie*, Paris, PUF, 2006.

de coupable, engendrant d'autres cadres de pensée et une nouvelle lecture des événements. « Aujourd'hui, dit Antoine Garapon, ce qui fait consensus, c'est moins l'outrage fait aux lois que l'intolérable souffrance de la victime[1]. » Pour l'homme d'aujourd'hui encore nourri de christianisme, la victime est d'abord innocente. Ce qui sous-tend la tentation victimaire serait un vœu d'innocence : pour être innocent, il faut être victime. Et pour être victime, il suffit que l'autre soit méchant, que le monde soit cruel ou que le passé soit coupable.

L'homme qui consulte est souvent blessé. Il estime avoir subi un préjudice qu'il voudrait énoncer, partager. Cette demande, toujours légitime, doit être entendue. En préalable de toute alliance thérapeutique, il y a une posture simplement humaine, qui consiste à accueillir la souffrance de celui qui l'exprime. Il arrive pourtant que celui auquel on demande d'écouter s'interroge : une larme est-elle vraiment une larme ? Celui qui a mal a-t-il vraiment mal ? Jusqu'à quel point être victime ?

Il y a de véritables offensés, de vrais malheureux, mais aussi, compte tenu de cette aura victimaire actuelle, une invitation culturelle à s'approprier, sous quelque motif, une identité d'affligé, d'abusé, de harcelé. On se souvient de la boutade du psychiatre américain Mark Gold : « Vous n'auriez pas pu choisir un meilleur moment de l'histoire humaine pour vous sentir malheureux[2]. » Le malheur a toujours été citoyen du monde, mais ce qui a changé, c'est qu'aujourd'hui il parle et on l'écoute. Davantage même, on l'honore. Ce qui a changé, ce n'est donc pas la souffrance elle-même, mais le fait que celle-ci soit simultanément moins tolérée et plus

1. Antoine Garapon, « Leçons d'un automne belge », *Esprit*, n° 12, 1996, p. 134-149.

2. Mark S. Gold, *The Good News about Depression*, New York, Villard Books, 1987.

exaltée. D'où cette multiplication des petites victimes et, parallèlement, des petits tyrans qui alimentent les innombrables drames de la vie ordinaire. Chaque famille, chaque institution ou entreprise aurait les siens. Les demandes de consultation pour ce motif abondent : que faire de ce mari pervers, de ce chef despote ? Comment se débrouiller avec cette mère castratrice, ce fils ingrat ? Comment vivre avec cette famille impossible, cette filiation toxique ? Chacun a ses bonnes raisons de se sentir l'offensé d'autrui ou de la vie. Derrière une telle disposition qui invite aux surenchères, nous avons identifié les conséquences d'une altérité acquise sur un mode essentiellement narcissique, c'est-à-dire prédisposée à vivre avec une acuité particulière toute différence, tout malentendu, tout écart (voir chapitre 2). Cet état d'esprit n'est pas réservé à quelques personnalités sensitives. Il nous pénètre profondément et sous-tend nos réactions ou attitudes inconscientes.

Un certain nombre de professions et de professionnels sont aujourd'hui au service des victimes. Les cellules d'urgence médico-psychologique, dites encore cellules de crise, les techniques de débriefing, les centres de victimologie pour adultes et enfants, la prise en charge des endeuillés, les groupes de parole, les centres de maltraitance sont autant de structures qui oscillent entre la prise en charge du préjudice et le soutien des victimes. Ce service, qui s'inscrit dans une logique compassionnelle chère à notre époque, n'est pas sans danger. Il existe une fascination immémoriale pour la souffrance qui peut abraser la fonction thérapeutique : trop de difficulté fragilise l'homme, mais trop d'assistance menace son autonomie. Le risque, bien connu de ceux qui travaillent dans les centres d'aide aux victimes, est que la position victimaire finisse par tenir lieu d'identité.

Nous savons ce qu'une répartition trop radicale entre celui qui fait le mal et celui qui le subit a d'accommodant. Ni le bien ni le mal ne sont totalement purs. Ni le coupable ni la victime ne sont totalement noir ou blanc. C'est ce que relevait déjà Hannah Arendt en 1963, dans une célèbre lettre à Gershom Scholem : « À l'heure actuelle, mon avis est que le mal n'est jamais "radical", il est seulement extrême [...][1]. »

Cette impossibilité de démêler le pur et l'impur pourrait être illustrée par le statut de la plainte, qui entretient avec le mal un commerce soutenu et discret. « Il y a dans toute plainte une subtile dose de vengeance », disait Nietzsche[2]. Si les centres d'aide aux victimes connaissent aujourd'hui un tel succès, c'est sans doute parce que la plainte y est entendue sous deux registres : elle est « déposée » auprès du psychologue prêt à l'accueillir et, parallèlement, grâce à l'aide d'un avocat, « portée contre », par action en justice. Le patient est reconnu comme une personne en souffrance, mais aussi comme un individu de droit. Derrière le plaintif, il y a un plaignant, et derrière le plaignant, une revendication. « Aujourd'hui, disait un médiateur familial en évoquant certains aspects de son travail, le chagrin est devenu quérulent. Il use de ses larmes comme de ses poings. »

Autrefois, les figures du destin étaient d'une telle puissance qu'elles n'entraînaient pas le besoin de riposter. La guerre avait tué, l'orage avait ravagé la récolte, la maladie avait emporté le nouveau-né... Il n'y avait rien d'autre à faire que de « pardonner au réel d'être ce qu'il est », comme le dit si bien la théologienne Lytta Basset[3]. Voilà ce qui a fondamentalement changé. Nous sommes passés d'une acceptation du destin sans coupable à une sensibilité au préjudice qui, elle, veut un responsable. La meilleure parade au mal

1. Cité in Gershom Scholem, *Fidélité et utopie*, Paris, Calmann-Lévy, 1978, p. 227.

2. Friedrich Nietzsche, *Le Crépuscule des idoles*, in *Œuvres philosophiques complètes*, t. VIII, trad. Jean-Claude Hémery, Paris, Gallimard, 1974, p. 127.

3. Lytta Basset, *Le Pardon originel*, Genève, Labor et Fides, 2005, p. 438.

subi devient la contre-attaque légale. La voie est ouverte aux inculpations et aux procédures de tous ordres.

Dans l'espace de la souffrance se pose souvent la question du pardon qui est un rouage essentiel des liens humains.

À la figure du pardon, encore très proche de la mémoire judéo-chrétienne et des rites qui lui sont associés (comme ceux de pénitence, d'absolution, de confession), on préfère aujourd'hui celle de la réparation. La psychanalyse anglaise, en particulier Mélanie Klein et Donald Winnicott, nous ont familiarisés avec cette notion, dont la teneur s'est néanmoins considérablement affaiblie à mesure qu'elle s'éloignait de sa conception initiale. Pour beaucoup, la réparation désigne une action juridique, un dédommagement substantiel ou financier dont, pour la victime, seront parfois attendues des vertus magiquement thérapeutiques. Une jeune mère douloureusement endeuillée après la mort de son nouveau-né m'expliquait avoir, sous la pression de son entourage, intenté un procès à son médecin. « Je n'en avais pas vraiment le souhait. Aucune justice ne me rendra jamais mon enfant, mais on m'a convaincue que cette action m'aiderait à tourner la page. » Cette jeune femme pressentait sans doute que s'en tenir à cette plainte, c'était rabattre la dimension symbolique de la réparation sur la dimension matérialiste, réduire l'esprit à la lettre. C'était aussi courir le risque de la désillusion. Car si, dans certains cas, un dédommagement réel peut être nécessaire, bien souvent, face à de graves préjudices ou maltraitances psychiques, il demeure sans effet durable. « J'ai dénoncé, accusé, traîné mon agresseur en justice. Pendant des années, je n'ai vécu que pour cela. Aujourd'hui, justice est faite… Viennent d'autres questions : Si je ne suis plus celle qui fut abusée, alors qui suis-je ? Que faire de ma vie ? », s'interroge une jeune patiente.

Nous gagnerions à nous sensibiliser à l'idée que, en marge de ce type de réparation sociale, un autre travail est nécessaire, plus discret, qui, solitaire ou accompagné, s'accomplit dans l'intériorité de soi. Le mot de pardon qui conviendrait à ce contexte recouvre cependant des réalités très différentes. Dans sa forme la plus légère, le pardon peut être un « oubli de fuite », comme disait Paul Ricœur[1], une liquidation courtoise, un formalisme d'usage. Dans d'autres cas, il représente une étape permettant à l'histoire de se clore ou de se poursuivre autrement, une façon de réengager le dialogue et le lien. Ce qui est alors à restaurer, c'est la capacité d'aimer.

Le pardon dépend de la nature de la faute, de sa gravité, mais aussi de la personne qui le vit. On pardonne avec ce que l'on est, comme, en d'autres circonstances, on a pu soi-même se sentir pardonné, aimé ou haï.

Dans ses formes extrêmes, le pardon s'affronte au mal, il prend la mesure de l'offense, que celle-ci soit subie ou agie. Il l'éprouve, il accepte de se laisser traverser par elle. Il n'efface pas le souvenir mais le détache de son contentieux affectif, le décharge de son poids de ressentiment, de rumination et de rancune. Enfin, il consent à différencier l'acte de l'homme, la faute de son auteur.

Car la haine ne doit pas séjourner trop longtemps chez un être humain. Il faut qu'elle se sépare de celui qui l'a portée, qu'elle s'éloigne et rejoigne le cours obscur et anonyme des histoires du monde. Alors, elle se fondra dans la trame du vivant et se laissera oublier. Voilà ce qu'on peut attendre du pardon véritable : qu'il aide la haine à passer.

Certaines thérapies acheminent ce passage, ce qui en fait une expérience à fort potentiel d'humanisation. Vient parfois ce moment singulier où celui qui a subi la faute la prend à sa charge, l'endosse et la fait sienne. « J'ai sur mes mains la violence du tueur », disait la mère d'une petite fille violée. C'est une audace extrême de la pensée que de pardonner à celui qui ne se repent pas, de prendre, ne serait-ce qu'un moment, la faute à sa place, non pour la garder mais

1. Paul Ricœur, *La Mémoire, l'histoire, l'oubli*, Paris, Seuil, 2000, p. 580.

pour la remettre dans le mystère du mal qui est aussi celui de l'humaine condition.

À l'extrême du dépouillement, il y a toujours une renaissance. Hannah Arendt associait au pardon l'idée de natalité qui pourrait représenter la possibilité d'advenir un peu plus à soi-même. « Celui auquel j'ai mis tant d'années à pardonner ne saura jamais qu'au fil de la marche, je suis devenue une autre », disait encore cette mère admirable d'humanité.

Venger le mal : exterminer

À mesure que la conscience morale s'efface, la méfiance à l'égard du monde augmente. Tout clinicien connaît cette avidité particulière avec laquelle certaines personnes se tendent vers le malheur environnant et semblent toujours prêtes à se nourrir des faits divers les plus sordides pour justifier leur ressentiment.

Ce monde mauvais, chargé de dangers et de menaces, inspire le soupçon. Il justifie la haine qu'en retour on lui porte, ce qui revient à dire que, au-delà d'un certain seuil, le déni de la culpabilité légitime une logique de l'accusation. « Cette haine en nous, nous la craignons tellement que nous sommes poussés à l'utiliser en la déplaçant sur d'autres personnes par un des mécanismes les plus violents, la projection », dit Mélanie Klein[1]. C'est la teneur de la fable du loup et de l'agneau : l'instance accusatrice dénigre l'autre pour mieux se préserver elle-même et se soustraire à tout jugement.

En matière de culpabilité nous sommes passés de l'excès au déni, ce qui contribue à renforcer la logique de l'accusation : Le mal n'est plus ignoré. Il n'est pas davantage

1. Mélanie Klein, *Envie et gratitude*, trad. Victor Smirnoff, Paris, Gallimard, 1968.

désigné dans un espace victimaire. À présent, il mobilise une action qui vise à le combattre, à le venger. C'est le mal contre le mal. L'étape ultime de la clinique de l'innocence repose sur une position paranoïaque et conjure l'angoisse dépressive de se reconnaître coupable.

Un double clivage tend à s'opérer: le mal perd son intériorité. Refusé en soi, il sera systématiquement traqué, dénoncé à l'extérieur. Il perd aussi son ubiquité et deviendra manichéen, tant est forte chez l'être humain la tentation d'idéaliser ou de diaboliser les événements de l'existence.

Plus on avance dans la quête d'innocence, plus il est impératif de personnifier le mal, de le projeter « sur quelques-uns dans le monde » appelés à devenir boucs émissaires. C'est l'extrême du système, devenu familier depuis les écrits de René Girard, qui consiste à désigner le coupable, à le sacrifier pour maintenir une homéostasie d'innocence (voir chapitre 3). En ce point, parfois, passe la main du diable…

La perversion est devenue symptôme d'une époque qui refuse l'idée du mal. La dramatisation médiatique du pédophile, celle du trader débauché ou de l'immigré crapuleux seraient à resituer dans cette mentalité contemporaine qui, ayant perdu la capacité de penser le mal, préfère s'en décharger sur un individu ou un groupe émissaire. Le mal dénoncé est un mal dont on cherche à se dédouaner, mais il est aussi un mal dont on pourrait jouir secrètement. Nous touchons là cet amour du mal qu'évoque André Green: « Le méchant dit-il, ce n'est pas celui qui fait le mal mais celui qui aime le mal. Tout le monde fait le mal, mais certains l'aiment. Aimer le mal, qu'est-ce que c'est? Est-ce jouir de la souffrance d'autrui? Sans doute et c'est le cas le plus banal. Mais il y a un amour du mal beaucoup plus radical, bien plus impersonnel. Aimer le mal, c'est aimer le détecter, le désigner, le localiser pour trouver matière à l'exterminer, pour penser qu'une fois le mal vaincu et anéanti, le bonheur et le Souverain Bien régneront sans partage[1]. »

André Green note encore que les exemples abondent dans l'histoire où la haine, entièrement déculpabilisée, extériorisée, justifiée par des idéaux, ne se contente pas de promouvoir le bien mais se préoccupe surtout d'éradiquer le mal, de l'éliminer, dans ce qui risque alors de devenir une obsession purificatrice. Le bien escompté justifie le mal agi. Une spirale démoniaque peut s'installer qu'Albert Camus résumait en peu de mots : « Il s'agit de savoir si l'innocence, à partir du moment où elle agit, ne peut s'empêcher de tuer[2]. » À ce point, le moraliste dira que l'innocence représente le péché contre l'esprit. Le psychanalyste, lui, pensera qu'il est un rempart ultime et désespéré contre l'angoisse mélancolique.

Les destins de l'imposture

Le besoin qu'a un être humain de s'innocenter a toujours existé. Il est aujourd'hui plus répandu et surtout davantage mobilisé face à la complexité et aux exigences de la trajectoire individualiste. Comme le montre Pascal Bruckner, l'innocence est devenue une tentation[3]. Elle est une tentation pour l'individu à bout de souffle qui ne parvient pas toujours à assumer une liberté trop récemment acquise pour que soit clairement représenté ce à quoi elle engage. Elle est une tentation face à l'extrême difficulté qui consiste pour une personne à exercer ses capacités de jugement et à assumer les conséquences de ses actes.

1. André Green, « Pourquoi le mal ? », *Nouvelle Revue de psychanalyse*, n° 38, 1988, p. 251.
2. Albert Camus, *L'Homme révolté*, Paris, Gallimard, 1966, p. 14.
3. P. Bruckner, *La Tentation de l'innocence*, *op. cit.*

Dans ses formes tempérées, cette tentation d'innocence représente une trêve face à l'éprouvante construction de soi, un bout de rêve, une pensée d'ange ou d'enfance… Elle peut être de passage, s'apparenter à un temps de pause où il devient possible de se bricoler quelque commodité de conscience. Aucune vie n'en est exempte. Dans d'autres formes plus extrêmes, de tels aménagements ne sont plus transitoires. Ils se répètent et se durcissent. L'innocence n'est plus seulement une tentation. Elle relève d'une nécessité durable. Elle est parfois le dernier moyen, figé, désespéré, tragique de tenir la trajectoire de l'existence.

Est-il plus difficile de se reconnaître originellement coupable et de combattre cette culpabilité ou de se penser innocenté dès le départ et de vivre en supportant l'imposture ? Est-il plus éprouvant de résister à la tentation du mal ou de résister à la tentation de l'innocence ? L'alternative résume l'hésitation contemporaine à se laisser saisir par le débat moral ou à l'évacuer. Le spectre des réponses est large. Il existe d'innombrables étapes, des nuances infinies dans la négation du mal. Aux deux extrêmes, on pourrait différencier le pervers dépourvu de tout sens moral, qui est un imposteur qui s'ignore, du déprimé ou de l'anxieux qui se sait coupable et tente, par ses propres moyens, de se dégager de l'imposture culturelle. Disons que le pervers ignore ce que le déprimé perçoit confusément. Le pervers ferme les yeux sur le mal quand le déprimé ou l'anxieux garde l'œil de la conscience entrouvert. Il voit d'un œil ce qu'il se cache de l'autre : « Oui, je sais bien, mais quand même… »

Quelle que soit la façon dont une personne envisage pour elle-même cette question, ce qui est perceptible, c'est qu'il existe une correspondance entre le sens moral et la santé psychique. On peut être malade d'être trop coupable mais aussi de ne l'être pas assez : « Il y a deux façons d'être dans la pathologie, disait Jacques Lacan, l'une est de ne pas sortir de la culpabilité, l'autre de ne pas y entrer[1]. »

Voilà l'idée vers laquelle tend cette réflexion : la perte du sens moral ne rend pas toujours méchant mais, plus sûrement, fragile. L'absence de culpabilité ne fabrique pas nécessairement des êtres mauvais mais, plus souvent, des hommes faibles. Il existe un rapport étroit entre l'érosion du sens moral et l'affaiblissement de la personnalité. Nier une réalité psychique ne suffit pas, en effet, à la faire disparaître. Ce qui n'est pas toléré dans la conscience se rétracte en deçà, dans l'arrière-chambre de soi, dans l'inconscient où, en toute impunité, se poursuivra l'œuvre au noir. La faute a beau vouloir s'effacer, la culpabilité se faire oublier, l'inconfort pourtant s'accroît. L'homme ne va pas mieux. Il n'a que lui-même pour se fabriquer une innocence à laquelle, bien souvent, il ne croit pas. C'est un innocent incertain, tourmenté, fondamentalement illégitime. C'est un imposteur, un imposteur culturellement obligé, et ce que toute une culture s'efforce de masquer, lui ne l'ignore pas : sous l'innocence affichée, le mal est là, invisible et invasif. À n'être nulle part, il est partout ; il délite, il consume. Il insiste pour qu'on le reconnaisse, qu'on consente à le penser. Ainsi se propagerait une innocence vaguement coupable, rongée d'un mal-être à l'origine de troubles psychiques variés. C'est le retour du refoulé, la part du diable au royaume des anges.

Les destins de l'imposture sont multiples et toujours mêlés. Certains espaces cliniques les désignent plus spécifiquement. En premier lieu, celui de la mauvaise conscience que l'on opposera, comme dans l'illustration qui suit, à la conscience morale.

Cet homme, rencontré depuis plusieurs mois, courtise une collègue de travail, à l'insu de son épouse. Il s'en veut un

1. Cité par Paul Ricœur, in Marie de Solemne (dir.), *Innocence et culpabilité*, Paris, Albin Michel, 2007, p. 39.

peu, suffisamment pour consulter, pas assez pour rompre. Il est père de famille et ne souhaite pas divorcer. Ce qu'il voudrait – c'est pour cela qu'il vient –, c'est alléger sa conscience, se débarrasser d'une culpabilité qui lui pèse et lui semble pathologique.

Cet autre patient, sensiblement du même âge, arrive à ses séances régulièrement fatigué. Il est chargé de tracas divers qu'il ressasse continuellement. Il est loin, l'esprit ailleurs, irritable, toujours anxieux. Sa famille, d'ailleurs, lui reproche cette indisponibilité relationnelle. « Pourtant, reconnaît-il, tout va bien... Enfin, rien ne va mal... »

Ce qui différencie ces deux esquisses, c'est la présence de la tension morale. Dans le premier cas, un homme, très conscient de sa faute, est divisé entre son désir et sa culpabilité clairement identifiés. La conscience morale est une instance agissante, en débat. Dans le second cas, l'homme n'est plus divisé, mais confus, habité d'une subjectivité négative où se mêlent le ressentiment, le doute, le ressassement, la rumination obsessionnelle. La mauvaise conscience s'apparente davantage à une humeur. Elle est passive. Elle subit.

Cette mauvaise conscience s'inscrit dans un contexte plus ou moins pathologique, mais elle fait partie de l'individualité contemporaine. L'homme contemporain est un innocent fondamentalement tourmenté. Il doute souvent de sa valeur, de sa place, de son utilité. Il est inquiet, habité d'une estime de lui très incertaine. Face à certaines situations ou certains choix d'existence, il est souvent plus disposé à se sentir illégitime qu'à s'éprouver coupable. Tout se passe comme si chez lui l'imposture d'innocence allait de pair avec l'accroissement de l'incertitude subjective : derrière cet adulte si peu confiant en lui-même, il y a peut-être l'impossible pensée d'une haine infléchie sur soi-même et méconnue. Et contre ce vice de fond, toutes les techniques d'affirmation de soi, toutes les recettes assertives seront sans effet durable. On n'en finit plus de soigner ceux qui n'ont pas confiance en eux et on veut pourtant ignorer la « bête tapie » en eux qui ne cesse de se diluer et de miner l'intériorité. « La tristesse vient du diable », dit l'adage. Reformulons : un mal-être vient du mal refusé en soi, du mal chassé de la pensée.

Autrefois, la santé psychique consistait à résoudre le drame de l'existence et à en faire un malheur ordinaire. Aujourd'hui, elle consisterait davantage à sortir de cette mauvaise conscience, grosse de troubles psychiques non éclos, pour retrouver un tant soit peu le tragique de l'humain. Où est le temps heureux des interdits stimulants qui permettaient de « pécher avec conviction »[1] ? Y aurait-il encore, dans un monde où tout est permis, quelques transgressions vivifiantes ? Comment les inventer ?

Certaines situations cliniques évoquent plus expressément une créativité transgressive en rupture avec la mauvaise conscience ambiante. La première fois où, à la demande de ses parents, je le rencontrai, Rémy m'expliqua avoir pris goût à chaparder dans les grandes surfaces. Les objets volés, en eux-mêmes, lui importaient peu. Il s'en débarrassait assez vite. Mais la seule idée de franchir une limite, de risquer d'être pris en flagrant délit et de se retrouver en garde à vue lui apportait un plaisir coupable dont il s'expliquait mal la nécessité. Ce jeune patient nécessitait une aide psychologique. Il m'aurait pourtant davantage inquiété s'il s'était enlisé dans une morosité dépressive ou dans quelque vapeur toxique. Mais cette façon singulière de réintroduire dans sa vie une dimension coupable et tragique autour de laquelle il semblait vouloir se ragaillardir ne présageait pas nécessairement une grave dérive identitaire. Dans un contexte d'adolescence, elle disait le besoin de s'éprouver au vif de la loi transgressée.

Le destin de l'imposture ne se résume pas à la mauvaise

1. Martin Luther : « *Pecca fortiter sed crede fortius* ».

conscience. On le reconnaît dans d'autres espaces cliniques, en particulier celui de l'insuffisance dans lequel nous avons vu une forme d'expression dépressive fréquente (chapitre 1). Un certain nombre de psychothérapies sont motivées par le besoin de comprendre et dépasser ce sentiment d'incapacité : « J'ai l'angoisse de la feuille blanche… Écrire, c'est devenu une phobie », explique un jeune journaliste. « Je n'arrive pas à être mère », constate une jeune femme épuisée par les échecs répétés d'un parcours de procréation médicalement assistée. « Pourquoi ne puis-je pas trouver un homme, comme tout le monde ? », s'interroge une célibataire inquiète. Ce qui hante les jeunes générations, c'est, face au projet individualiste, le spectre de l'incompétence, la potentialité de l'échec, l'impuissance, le ratage.

On dit couramment que les maladies de l'idéalité ont succédé à celles de la culpabilité, les tourments de l'idéal à ceux de l'interdit. « La culpabilité névrotique, dit Alain Ehrenberg, n'a évidemment guère disparu. Elle a pris la forme de l'insuffisance dépressive[1]. » Autrefois, le débat moral invitait à discerner le bien du mal. Aujourd'hui, la pression de performance exige d'être à la hauteur de ses ambitions. L'homme était en faute : il n'avait pas le droit. Le voilà en défaut : il n'y arrive pas.

Il ne faudrait pourtant pas raidir cette opposition théorique entre l'idéalité et la culpabilité. Car, en un certain lieu, ces deux fils se croisent et se nouent. Toute personne peut se sentir coupable de n'être pas capable, fautive d'être en défaut. Cliniquement parlant, les cartes sont brouillées entre la culpabilité et la honte, entre la loi et l'insuffisance, entre la névrose et la dépression.

Cette culpabilité d'insuffisance s'exprime souvent dans l'intimité des séances et s'impose parfois comme le plus terrible des examens de conscience : « Pourquoi ne puis-je

1. A. Ehrenberg, *La Société du malaise*, *op. cit.*, p. 13.

parvenir à ce que je désire le plus ? Est-ce que je participerai moi-même à rendre ce désir impossible ? » Chassée de l'espace moral, la culpabilité reflue vers celui de l'idéal. Le désir ne se négocie plus avec l'interdit mais avec l'impossible. La culpabilité d'insuffisance peut se comprendre comme le juste retour d'un fantasme d'autosuffisance secrètement vivace.

L'innocent est sans tourment, sans épaisseur, sans densité. Il est « transparent », disait Simone Weil. S'humaniser, c'est faire le deuil de cette transparence. C'est consentir à s'opacifier, c'est accepter le poids des ombres et celui de la chair, la complexité des sentiments et leur ambivalence. Être humain, c'est accepter la pesanteur.

Toute une génération rêvait de grâce. Elle cherchait une terre de cocagne, un jardin d'innocence. En refusant de penser le mal, en voulant fuir toute tension morale, elle s'est fermée aux voies de la réparation et à celles de la sublimation. Elle s'est privée d'un fort potentiel d'humanisation.

Mieux vaut s'en faire une raison. Nous ne retrouverons pas le premier Jardin. L'innocence ne fait pas partie de l'histoire des hommes. Elle est « faite pour être perdue », disait Vladimir Jankélévitch[1]. L'humanité n'advient qu'au travers du mal reconnu, débattu à l'intérieur de soi.

Nous ne pouvons comprendre le mal. Depuis l'aube des temps, la question hante les esprits sans trouver d'explication. « Le mal est sans pourquoi », dit André Green[2]. La seule chose que nous puissions faire, c'est, lorsqu'il passe près de chez nous, d'accepter de nous entretenir avec lui. Le seul dialogue humainement possible avec le mal se noue autour du sens. « C'est par le Sens que je sortirai de l'horreur », note la théologienne Lytta Basset[3]. Ce sens-là, n'a rien de

1. Cité in P. Bruckner, *La Tentation de l'innocence*, *op. cit.*, p. 96.
2. André Green, « Pourquoi le mal ? », *loc. cit.*
3. Lytta Basset, *Le Pardon originel*, *op. cit.*, p. 97.

conquérant. C'est, dans l'espace étroit de nos vies, un sens modeste, furtif, qui ne peut être que reçu, parfois, si nous y sommes prêts.

La rencontre du sens et du mal ne peut être qu'intérieure, et donc inégale. Chez certains, l'intériorité s'est constituée depuis longtemps. C'est en eux-mêmes une demeure, un abri, un for intérieur, cette « chambre à soi » dont parlait Virginia Woolf[1] ou ce « château de l'âme » cher à Thérèse d'Avila[2]. Chez d'autres, le creux est à peine formé, ce n'est qu'un pli léger dans la conscience.

Si l'éthique est devenue un mot d'époque, c'est peut-être qu'elle s'inscrit naturellement dans un espace culturel où l'exigence de liberté et l'impératif de choix s'imposent. La morale apportait autrefois une réponse, quand l'éthique aujourd'hui pose une question. Et cette question éthique ne relève pas d'un *ethos* commun. Elle n'est pas dictée d'avance. Elle est privée, éminemment singulière. Il revient à chacun de lui frayer un chemin à travers les lois instaurées, l'histoire transmise, l'expérience vécue. Pourrait être qualifiée d'éthique toute attitude qui, pour penser le mal, invite à dépasser certains lieux communs, certains préjugés commodes, et à chercher plus loin une intelligence de la vie moins accessible mais plus fondatrice.

Mais sommes-nous prêts à nous rendre vers ces lieux intérieurs ? Le voulons-nous ? Descendre nous fait toujours peur. Nous sommes des êtres du bord, de la marge. Nous sommes du dehors, toujours prêts à fuir le centre, à nous étourdir dans les rumeurs du monde.

1. Virginia Woolf, *Une chambre à soi*, trad. Clara Malraux, Paris, 10-18, 1996.
2. Thérèse d'Avila, *Le Château de l'âme, ou le Livre des demeures*, Paris, Seuil, 1997.

Épilogue

Le sable et l'humus

Je reviens de loin…

J'appartiens à une génération qui traversa les considérables transformations de la fin du XXe siècle. Je suis le rescapé d'une époque, le héros d'un temps révolu. J'ai la mémoire chargée. J'ai aimé et j'ai haï. J'ai cru et j'ai douté. J'ai eu peur. J'ai vécu. De tous ces lieux, j'ai parlé.

Voilà des années que je m'adresse à vous. Je vous ai confié mes pensées. Auprès de vous, j'ai conjuré les vides et cherché les élans. Vous m'avez vu anxieux, abattu, absent parfois. Je tiens mal en moi-même. Vous le savez, mes humeurs sont de sable. M'enliser, m'effriter, glisser hors de moi, c'est une voie toujours possible.

À vivre, j'ai appris que chacun a sa façon de traverser l'époque. Chacun a son pas. Certains buissonnent en toute insouciance, quand d'autres se désolent, s'inquiètent ou s'indignent… Ainsi vont les hommes. À chacun sa façon d'être au temps et au monde. De cette diversité, il y a lieu de se réjouir. La seule faute serait d'être absent.

J'ai rencontré beaucoup d'inquiets…

Leur talent était de s'interroger : « Où allons-nous ? De quoi sera fait demain ? Existe-t-il un avenir possible sans filiation, sans loi, sans autorité ? Jusqu'où s'étourdir dans l'innocence ? Jusqu'où se rendre maître de l'existence ? Comment remettre l'enfant à sa place ? À chercher autant la mère, peut-on devenir adulte ? » Et surtout : « Que faut-il faire face à l'impasse ? Contourner ? Forcer ? Renoncer ? Devons nous minimiser le danger ou l'amplifier afin de l'éviter ? »

S'inquiéter, c'est une façon d'aimer. Je comprenais ces questions qui étaient aussi les miennes. Il y a des barbaries qui s'installent en silence, comme il y a des fracas bruyamment inutiles. Comment, dans l'énorme bruit de fond médiatique, différencier l'essentiel de l'accessoire ? L'avancée du recul ? Qu'est-ce qui doit disparaître et qu'est-ce qui doit demeurer ? À quoi faut-il renoncer ? À quoi tenir ?

Nous sommes à un moment fragile de l'histoire des hommes. Depuis longtemps, nous avons quitté le vieil Occident, son ordre, ses lenteurs et ses croyances. Le nouvel âge nous traverse de part en part. Il nous surprend, ne cesse de nous questionner.

Il est pourtant difficile de penser l'époque dans laquelle on vit. Nous sommes pris dans la mêlée. Nous défendons nos petits espaces de vie sans percevoir l'ampleur de mouvements qui nous dépassent. Il est plus difficile encore de penser ce que sera demain. Il faudrait d'autres mots, d'autres images, des reliefs et des raisons qui nous font défaut.

J'ai longuement côtoyé les nostalgiques…

De loin, je les voyais venir… Ils marchaient à contre-jour, le regard tourné vers l'arrière, fascinés par les vestiges d'un monde perdu dont ils n'arrivaient pas à s'arracher. « Nous nous sommes trompés, ne cessaient-t-il de répéter, nous faisons fausse route. La vérité, c'était hier. »

Certains s'indignaient. Ils n'en finissaient pas de mâcher leurs humeurs à l'égard d'une idéologie qui les avait déçus. « Ce qui arrive n'était pas prévu : ni la fatigue, ni la peur, ni la solitude. Nous pensions que le monde serait meilleur. La promesse n'est pas tenue. À qui la faute ? Tout ce qui a été conquis de si rude main pourrait-il constituer notre perte ? »

D'autres en venaient à se désespérer d'un monde dont ils ne savaient plus se servir : « Les gens de la terre sont devenus infréquentables… Arrêtons cette tragique erreur de culture. Que l'on nous commande, que l'on nous donne des mots qui soient des ordres, imploraient-ils, mais que, enfin, nous soyons délivrés de cette insoutenable liberté ! »

À ces nostalgiques, à ces indignés, je dirai : on ne peut pas vivre dans la désillusion de l'humain. Je suis l'enfant de mon siècle. J'avance en sa compagnie. Il me plaît de marcher et de danser avec lui. Vivre avec son temps, c'est aller à sa rencontre et tenter de le comprendre. C'est aussi s'en étonner, lui résister, l'interpeller, débusquer ses faiblesses et ses paradoxes, dénoncer ses ambiguïtés et ses impasses.

Une certaine étape de l'individualisme s'achève. Regretter n'est pas de mise. Certains lieux ont besoin d'être blasphémés avant de se retrouver une histoire. Ainsi en est-il de certaines époques meurtries. Il fallait qu'un souffle sacrilège effraye les fondements d'une culture usée qui n'était plus crédible. Il fallait que le ciel se vide, que les maîtres se taisent et que les pères s'effacent. Il fallait que le temps lui-même, pris de court, refuse d'avancer.

Il y a, dans l'aventure que nous venons de vivre, un héritage prodigieux. Il est du côté de l'émancipation individuelle, du déploiement féminin, de l'augmentation de l'espérance de vie, de l'importance donnée aux minorités. Il est aussi du côté de la créativité, du confort de l'existence.

Il appartient au siècle qui vient d'assimiler les conséquences de cette traversée de reconstruire ce qui dans la tourmente a été détruit, de retrouver ce qui s'est perdu. Il n'y a pas de retour en arrière possible. L'histoire nous mène… Nous sommes contraints d'aller plus loin.

J'ai enfin croisé d'innombrables insouciants…

Les écouter me rendait perplexe. Étaient-ils insouciants par étourderie ? Par désintérêt ? Ou même, si l'inévitable n'a pas d'importance, par fatalisme ? L'insouciant donne toujours mauvaise conscience à celui qui ne l'est pas : pourquoi toujours envisager le pire ? Comment ne pas croire à l'heureuse providence ? Pour ne pas rompre cette musique légère, il m'est souvent arrivé de me taire. Mais le temps est venu de répondre à l'insouciance.

Les souffles sont passés sur la fin d'un siècle. Ils nous ont grandement fragilisés. Ils ont troué notre patrimoine humain, l'ont miné en profondeur, en ont dévalué le contenu. L'écart ne cesse de croître entre l'avidité consumériste et le recul des valeurs humanistes, entre la vie pour soi et le bien commun. Le monde croule sous la matière et l'esprit en vient à douter de lui-même. Peut-on faire comme si ça n'existait pas ?

Le pacte noué par l'individu avec lui-même est devenu d'une telle exigence qu'il menace les plus anciens fondements humains. Nous avons du mal à élever nos enfants, à honorer nos parents. D'une génération à l'autre, l'histoire passe difficilement. Entre les hommes et femmes, entre les parents et les enfants, entre la vie et la mort, les différences s'estompent progressivement. Nous avons de plus en plus de mal à discerner ce qui humanise et ce qui déshumanise. Une sorte de chaos nous attire. Peut-on faire comme si cela n'existait pas ?

Il y a des commodités de l'esprit auxquelles nous n'avons plus droit. Il y a des pensées dont on aimerait se passer et qui sont pourtant nécessaires. C'est une faiblesse de ne rien voir, de ne pas savoir, de se fermer les yeux. Le mal de sable gagne. Nous sommes nombreux à sentir que le sol se dérobe, que les contours s'effritent. « La culture ne sauve rien ni personne », disait Sartre. C'est vrai, mais le refus de toute culture mène plus sûrement au pire. Nous savons à présent que nous ne serons jamais tout à fait libres, ni tout à fait maîtres de nos vies. Le niveau de connaissance et d'autonomie auquel nous sommes parvenus nous engage.

Ce qui est à craindre, c'est que les conditions nécessaires à la vie commune continuent à décroître et viennent à manquer. D'autres parties du monde, jusqu'alors immobiles, se sont réveillées. Elles ont la force neuve de ce qui advient, l'audace de ceux qui, depuis longtemps, sont soumis. Comme nous avons conquis, allons-nous être conquis ? C'est une voie possible… Par insouciance, une civilisation peut s'éteindre. Il en fut ainsi pour la Grèce et l'Empire romain. Que deviendra le champ immense de notre culture occidentale ? Va-t-il s'effacer, se laisser brasser et se mêler à d'autres ? Quel que soit l'avenir, n'avons-nous pas à transmettre, bien au-delà de nous-mêmes, un peu de cet énorme patrimoine humain qui nous a civilisés ?

À chaque époque, quelque chose échappe autour de quoi émergent des enjeux collectifs et se dessine le trajet de chacun. Ce qui manque aujourd'hui, c'est la force. La force d'une culture ne repose pas seulement sur ses valeurs technologiques ou économiques. L'extrême complexité du monde ambiant et son accélération exigent la contrepartie de valeurs humanistes qui font défaut et qui seules pourraient nous fortifier. Il appartient aux jeunes générations de les penser, de les vouloir. Fortifier l'humain de l'homme, ce serait le défi du XXIe siècle en Occident.

Nous avons besoin de limites pour ne pas nous égarer aux marges. Nous avons besoin de manque pour réapprendre à désirer. Nous avons besoin d'un ensemble de valeurs universelles pour nous fonder. Nous avons besoin de créativité pour imaginer de nouvelles façons de vivre ensemble, pour inventer d'autres liens et d'autres filiations. Nous avons besoin d'une culture comme nous avons besoin d'une terre. Il y a urgence à prendre soin de cette terre appauvrie. À chacun d'entre nous d'y déposer un peu de sens et de loi, un peu de manque, de souffle et de différence. À chacun de nourrir l'humus de l'humain.

Aux méfiants et aux insouciants, aux indignés et aux inquiets, à ceux que j'ai croisés et à ceux que je ne rencontrerai jamais, j'adresse une prière :

Il y a trop longtemps que je m'enlise. Je pourrais glisser hors de l'humain… Sortez-moi des sables… Mettez-moi en vie. Que votre pensée soit un acte de délivrance. J'aspire à être davantage. Laissez-moi devenir…

Table

RÉALISATION : PAO ÉDITIONS DU SEUIL
IMPRESSION : CORLET NUMÉRIQUE, À CONDÉ-SUR-NOIREAU
DÉPÔT LÉGAL : OCTOBRE 2011. N° 97940-2 (94250)
Imprimé en France